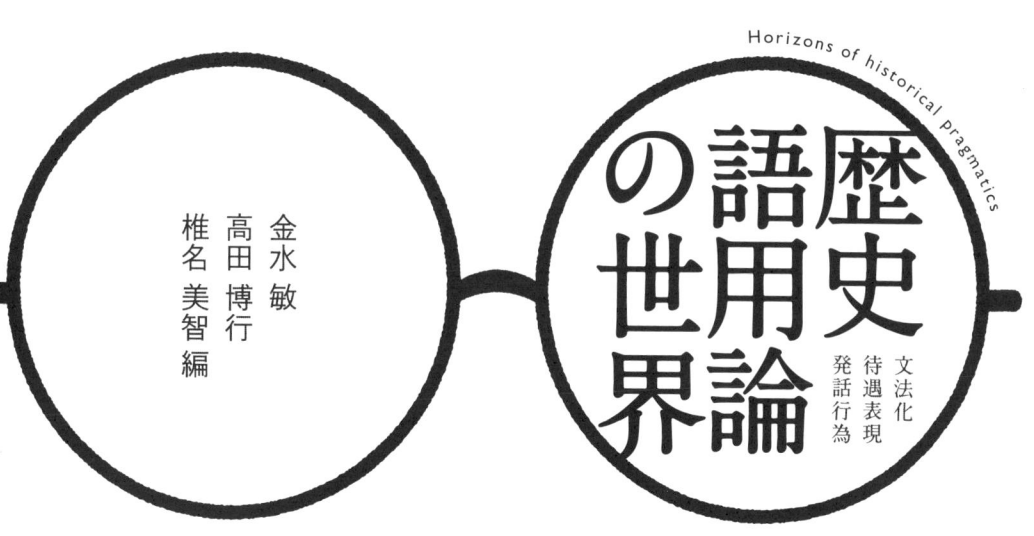

Horizons of historical pragmatics

歴史語用論の世界

文法化
待遇表現
発話行為

金水 敏
高田 博行
椎名 美智 編

ひつじ書房

はじめに

　本論文集のタイトルとなっている「歴史語用論 (Historical Pragmatics)」という用語は、1995 年にユッカー (Andreas H. Jucker) の編集した論文集 *Historical Pragmatics. Pragmatic Developments in the History of English* に由来する。ユッカー自身の定義によれば、歴史語用論は「社会構造の変化に伴うコミュニケーションの必要性から起こる言語構造の変化」と「状況コンテクストの変化から起こる言語使用の伝統の変化」(Jacobs and Jucker 1995: 6) を扱う研究分野である。その目的は次の 2 点に集約される。

　(1) 今では直接観察することができなくなった過去の言語共同体において、言語使用の慣習がどのようなものであったかを記述し理解すること、
　(2) 発話の慣習が時間の経過とともにどのように変化・発達したかを記述し説明すること。　　　　　　　　　　(Jacobs and Jucker 1995: 6)

　このユッカーの論文集が刊行された 1995 年から現在まで 20 年しか経過していない。その意味では、歴史語用論という研究分野の歴史はまだ浅い。しかし、ユッカー自身が述べているとおり、歴史語用論は「まったく新しい学問領域を指すわけではなく」(Jacobs and Jucker 1995: 26)、歴史的段階の言語に語用論的視点を適用する研究実績はそれ以前からあった。その初期の例として、Brown and Gilman (1960) を挙げることができる。英語史研究に最初に語用論的視点の導入を提案した論文としては、*Folia Linguistica Historica* に掲載された Dieter Stein (1985) 'Perspectives on Historical Pragmatics' を例として挙げることができる。主に言語の通時的変化に注目する Stein は、言語

的変化は社会的側面と切り離せないと考え、そこには2つのアプローチがあるとした。ミクロ・アプローチでは、言語変化の個々の事象には固有のコンテクストにおける文体論的・社会的意味があり、そうした変化は文体や社会が変化していくなかで徐々に広がっていくと考える。一方、マクロ・アプローチでは、外界での変化はそれを象徴的に表現する道具として言語に反映され、例えば文法化といった形で表れるとしている。つまり、言語構造は社会のコミュニケーションにおけるニーズに合わせて変わっていくと考えるわけである。ドイツ語圏の言語研究で特筆すべきは、1978年にチューリッヒで開催された「語用論的言語史へのアプローチ」と題されたドイツ語史に関する研究会議である (Sitta 1980)。報告者の一人である Dieter Cherubim は「歴史的語用論 (historische Sprachpragmatik)」という名称を用いてその研究のあり方を論じている。また、Henne and Rehbock (1979: 234ff.) もすでに談話研究の応用的側面として言語史との関わりを論じていた。

　わが国における日本語史研究のことを考えてみると、「歴史語用論」という明確な概念での研究は最近のものであるが、それ以前に長年にわたって、敬語史、待遇表現史などに関する研究として、実質的に歴史語用論的なアプローチといえる業績の蓄積がある。日本語には、古代から現代に至るまで、豊富な敬語的形式を有していたことから、敬語論は国語学・国語史にとって重要な研究分野であった。敬語はまず語彙および文法の問題として研究されたが、後に文体あるいは運用(語用論)との関連が考慮されるようになり、敬語史研究は実質的に歴史語用論的研究の先駆けともなっていった。具体的には、戦前の先駆的研究として山田孝雄(『敬語法の研究』1924年刊)、時枝誠記(『国語学原論』1941年刊)があり、また戦後には山崎久之(『国語待遇表現体系の研究』1963年刊)、辻村敏樹(『敬語の史的研究』1968年刊)等がある。近年では、菊地康人(『敬語』1994年刊)、滝浦真人(『日本の敬語論―ポライトネス理論からの再検討―』2005年刊)等の新しい敬語論において、敬語がより総合的観点から捉えられるようになり、またこうした研究が刺激となって言語運用の歴史的研究へと視点が広がりつつある。本書に収められた

日本語に関する4本の論文も、そのような流れの中で位置づけることができよう。

　以上のことを踏まえて、本論文集にはJucker (1995) が扱った英語史という研究領域の論考の他に、日本語史とドイツ語史に関する論考を集め、全体を4部からなる構成とした。まず第1部では《文法化と待遇表現》に関して英語史と日本語史の例をもとに論じる。つづく3つのセクションでは、《ひとを取り調べる》(第2部)、《ひとを説得する》(第3部)、そして《ひとに伝える》(第4部)という行為別に、英語史と日本語史、そしてドイツ語史を例にして論じる。各章の概要は以下の通りである。

　第1部《文法化と待遇表現》では、まず第1章で小野寺典子が「談話標識の文法化をめぐる議論と「周辺部」という考え方」について論じる。初めに、談話標識の通時的発達をどのような変化プロセスと捉えるべきかをめぐるこれまでの議論を整理する。通時的言語研究においては、さまざまな言語形式の変化が文法化にあたるかどうかが議論になりがちであるが、その背景には2つの異なる文法化の見方、つまり伝統的見方とより広い見方があることを概説する。「文法化のより広い見方」とは、作用域と統語的自由度の拡大をも文法化に含める考え方のことである。これらを踏まえて、最近関心が寄せられている「周辺部(periphery)」という問題点について考察する。そして、発話の周辺部、つまり「言い始めや言い終わり」で、話順構造に関する現象や話し手の行為が表されることが多いという結論に至る。

　つづく第2章「初期近代英語期における仮定法の衰退とI thinkの文法化」のなかで福元広二は、挿入詞I thinkが確立した原因の1つとしてI thinkの従属節における仮定法衰退の影響を論じる。動詞thinkの従属節の動詞には、古英語期以来、仮定法が使われてきた。しかし、中英語期以降、仮定法が衰退し始めたため、初期近代英語期では話者の命題に対する確信の程度によって、I thinkの従属節の動詞に仮定法と直説法の両方が使い分けられることになる。この論考では、初期近代英語の2つのコーパスを用いて、I thinkの従属節における仮定法の衰退と挿入的用法の著しい増加が、ほぼ同

時期に起こっていること、またIthinkの従属節における仮定法が1650年以降のシェイクスピアのフォリオでは直説法に変更されていることを明らかにする。さらに、従属節に仮定法を従える場合、Ithinkはほぼ文頭にしか現れないが、直説法を従えるようになると、副詞類のように文中や文末へと自由に現れるようになり、文法化としての発達が見られることも解明する。

　森山由紀子の第3章「11世紀初頭の日本語における聞き手敬語「－はべり」の方略的運用—社会言語学的要因と語用論的要因をめぐって」では、紀元後1000年頃の聞き手敬語「－はべり」が社会的上位者を上位に待遇し、かつ、結婚などの儀式や、出仕など公的場面におけるフォーマリティーを表すという基本的な用法を持つことを示す。実際の運用を丁寧にたどると、そのような本来の意味を援用して、その場が「仕事モード」であることをあえて示す場合や、「大人の言葉」をまねた、ままごとの言葉として用いられた例等が見出される。さらには、社会言語学的な使用基準にあえて反することで、神妙さや、慇懃無礼、皮肉、軽い対立の緩和など、語用論的なコミュニケーション方略として用いられた例もある。平安貴族社会における敬語は、身分や階級に基づいて固定的に用いられていたと説明されてきたが、この時代すでに、それぞれの会話の文脈に応じ、豊かな語用論的意味が生み出されていたことを示す。

　第2部《人を取り調べる》では、まず椎名美智が第4章「初期近代英語期の法廷言語の特徴—「取り調べ」における「呼びかけ語」の使用と機能」において、呼びかけ語という1つの言語形式からその語用論的機能を追う。これは、「形式—機能の対応づけ」の事例研究である。椎名自身が編纂に関わったイギリス初期近代英語期における法廷言語を集めたコーパスを分析データとし、そこでどのような呼びかけ語がどのように使われているのか、その全体的な使用傾向と特徴を量的分析によって明らかにする。その上で、「取り調べる」というスピーチアクトにおいて、呼びかけ語が前後の発話にどのような語用論的作用を果たし、どのような語用論的意味付けをしているのか、使用例を文脈のなかで観察し、質的分析を行う。

高田博行の第5章「ドイツの魔女裁判尋問調書(1649年)に記されたことば―裁判所書記官の言語意識をめぐって」は、「語用論的フィロロジー(Pragmaphilology)」のアプローチを採り、魔女裁判尋問記録における言語使用の特徴を裁判所書記官という職責と関連づける試みである。書記官は、裁判の経過描写においては形式性のより高い言語表現(「遠いことば」)を用いるものの、被告人や証人たちのことばを再現する箇所では(直接話法だけでなく間接話法でも)生き生きした言語表現(「近いことば」)を用いるよう努めている。この背景には、刑事上の告訴および答弁に関わる審理を入念にかつ明瞭に記録するという職責に忠実に、発話を可能な限り本物らしく再現したいという書記官の意識がうかがえる。「真実」を追求するという職責が、魔女裁判尋問記録作成時の裁判所書記官の言語意識に大きく反映されていると言える。

　諸星美智直の第6章「近世吟味控類における「尋問」と「釈明」のストラテジー」では、近世の口語的な吟味控類において、各事案の性格の相違によって、吟味する側の「尋問」と、吟味を受ける側の「釈明」のストラテジーに相違が認められることを論じる。寺社奉行による法論の吟味では暴動化を問題視して、徒党を禁ずる幕府の定法・法度に対する違犯を意識させるストラテジーが認められる。江戸の町奉行による刑事事件の直吟味では、入牢・拷問を意識させる尋問のストラテジーが用いられている。一方、地方訴訟である藻草入会の吟味では、訴訟方と相手方の双方の主張を充分に述べさせて相違・矛盾を解明することに主眼が置かれており、奉行所であることは意識させても拷問を意識させる例は見られず、訴訟方・相手方ともに恐懼を示しつつ証拠を用いて主張する釈明のストラテジーが見られるのである。

　第3部《ひとを説得する》では、片見彰夫が第7章で「中世イングランド神秘主義者の散文における説得の技法」について論じる。中世イングランド神秘主義者の言説には、共通して信仰へと導くための説得という意図が存在する。幻視から得られた啓示という形而上の概念に普遍性を付与して伝えるための文体技巧と修辞法について論じる。分析対象は、「反復と変奏」、

「ワードペア」、「行為指示型発話行為」であり、近代英語への変遷も視野に入れて、欽定訳聖書の福音書にも適宜言及する。その結果、反復と変奏が中英語から近代英語に至る有効な説得の技法として現れることを示す。ワードペアにおいて、中英語では強調を主な目的として同義語あるいは類義語の名詞どうしの組み合わせの生起率が最も高いが、欽定訳聖書では特定の動詞と動詞の組み合わせが最多であり、中英語期の口誦性の影響が窺える。また、神秘主義者のすべての散文において、行為指示型発話行為動詞が主張を前景化し、説得力を強める文脈で用いられている事例が見られることが指摘される。

中安美奈子は、第8章で「シェイクスピアにおける説得のコミュニケーション―法助動詞を中心に―」について論じる。説得とは、他者の判断や行動に何らかの影響を与えることを目的とした人間のコミュニケーションである。ここでは、シェイクスピアにおける説得の場面をとりあげ、法助動詞が方略としてどのように用いられているのかを分析し、初期近代英語における説得のコミュニケーションがどのようなものであったのかについて考察する。説得は単独の発話によってなされる発話行為とは異なり、よりマクロな視点から分析する必要がある。説得の試みを、成功した場合としなかった場合の両方の場合について、説得する側と説得される側に分けて量的な分析を詳細に行う。質的な分析としては、法助動詞がどのような機能を持つのか、発話行為がどのように説得という目的に寄与するのか、そして法助動詞を利用して話者たちがどのように相互行為を行っているのかを観察する。

最後の第4部《ひとに伝える》では、まず芹澤円が第9章で「ドイツ最古の週刊新聞(1609年)の「書きことば性」をめぐって―出来事をどのように報道するのか」を論じる。ここでは、ドイツにおいて16世紀中頃と17世紀初期に流布していた報道印刷物2点と17世紀初期の週刊新聞1点を分析対象として、その「書きことば性」について考察する。Ágel and Hennig (2006)のモデルを援用しながら、テクストの話しことば性の値を算出し、相対的な比較を行った結果、時代が移行するにつれて話しことば性が低下す

ることが明らかになる。このことは、報道印刷物が時代とともに書きことば性を高めたことを示している。また、17世紀初頭の週刊新聞を同時代の別の報道印刷物と比較を行い、その結果、受動態の頻繁な使用、複合的な名詞句の使用、数珠つなぎ複合文の使用が、17世紀初頭の週刊新聞にのみ見られる特徴として確認される。

　森勇太の第10章「申し出表現の歴史的変遷―授受表現の運用史として」は、日本語における「申し出表現」の歴史的変化について、特に授受表現の用法に着目して考察する。現代語では上位者に対して「かばんを持ってあげましょうか」などのように、与益表現「〜てあげる」を用いた申し出表現は用いにくい。ところが、中世末期から近世後期までは、上位者への申し出の際に与益表現を用いた表現が一定数あり、これらは丁寧なものであったと考えられる。この要因として、近代までに受益表現「くれる」「くださる」が発達し、"自己に対する利益を最大限に"示す運用が行われるようになったことにより、聞き手に利益のあることの表明を抑制し、"他者に対する利益を最小限に"する運用が行われるようになったと考えられる。また、この授受表現の運用の変化によって、謙譲語にも新しい用法が成立しており、敬語と授受表現の運用が相互に影響していることを述べる。

　最後の第11章となる高木和子の「『源氏物語』に現れた手紙―求愛の和歌の贈答を中心に」は、『源氏物語』における男女間の手紙や和歌の応酬について分析することを通して、そこに読み取れる表面上の意思表示と真意のずれ、両者の関係の力学などについて考察したものである。一般に男女間の贈答歌は、男は愛情を訴え、女は男の誠意を疑ってみせるのが基本的な形である。しかしその女の躊躇が、儀礼的な手続きとしての演技なのか、婉曲な拒否なのかは、容易には判別し難い。口説く側に期待や欲望が強ければ、誤読はますます増幅されてしまう。とはいえ、拒否が明瞭に拒否とわかるならば、それはもはや礼儀正しい断り方とは言えまい。どこまでが字義通りの意味合いなのかが明瞭でなく、和歌の詠み手と受け手との各々の思い入れに従って、多少ズレのある解釈が同時に成り立つところに、男と女の心の機微

を包摂した贈答歌の妙味があるのだと言えよう。

　以上の 11 の章に収められた論考によって、過去のコミュニケーションのあり方が再構成され、言語使用の歴史的変化の一端が見えてくるとすれば、本書『歴史語用論の世界』はその目的に果たしたことになる。

2014 年 4 月
編者
金水敏
高田博行
椎名美智

目　次

はじめに　　　　　　　　　　　　　　　　　　　　　　　iii

第 1 部　文法化と待遇表現

第 1 章　談話標識の文法化をめぐる議論と「周辺部」という考え方
　　　　　　　　　　　　　　　　　　　　小野寺典子　3
1. はじめに　　　　　　　　　　　　　　　　　　　　　3
2. 談話標識の通時的変化
　　―変化プロセスについての 3 つの立場　　　　　　　5
　　2.1　談話標識の通時的変化―文法化という立場　　　5
　　2.2　談話標識の通時的変化―語用論化という立場　　8
　　2.3　談話標識の通時的変化―文法化のような、文法化でないような変化
　　　　（境界線上の現象）という立場　　　　　　　　　9
3. 「文法化」の 2 つの立場―論争の背景　　　　　　　11
　　3.1　文法化の「伝統的な（狭い）」考え方　　　　　12
　　3.2　文法化の「より広い」考え方　　　　　　　　13
4. 周辺部　　　　　　　　　　　　　　　　　　　　　16
　　4.1　周辺部の機能　　　　　　　　　　　　　　　17
　　4.2　「これから起こる話し手の行為」を知らせる LP の談話標識　　18
5. 発話の階層構造モデル　　　　　　　　　　　　　　20

第 2 章　初期近代英語期における仮定法の衰退と I think の文法化

　　　　　　　　　　　　　　　　　　　福元広二　29

1. はじめに　29
2. 先行研究　30
3. 初期近代英語期の演劇における I think　33
   - 3.1 初期近代英語期の演劇における I think の補文構造　33
   - 3.2 初期近代英語期の演劇における I think の従属節の仮定法　35
4. Shakespeare の版本における I think　36
   - 4.1 Shakespeare における I think の補文構造　37
   - 4.2 Shakespeare における I think の従属節の仮定法　37
   - 4.3 Shakespeare の版本における仮定法　38
5. 結論　43

第 3 章　11 世紀初頭の日本語における聞き手敬語「―はべり」の方略的運用
　　―社会言語学的要因と語用論的要因をめぐって

　　　　　　　　　　　　　　　　　　　森山由紀子　47

1. はじめに　47
   - 1.1 語用論と敬語　47
   - 1.2 現代日本語の敬語の方略的用法　48
   - 1.3 1000 年前の日本語の敬語に方略的用法はあったか　49
2. A.D.1000 年頃の「はべり」の標準的意味　51
   - 2.1 通時的な位置づけ　51
   - 2.2 身分や立場に基づく基本的な用法　53
   - 2.3 場面に基づくフォーマルな表現　54
   - 2.4 「ままごと言葉」としての用法　62

3. コミュニケーション方略としての「―はべり」 　64
3.1 社会的上下関係や場面のフォーマリティーの基準に該当しない例 　64
3.2 神妙な姿勢 　65
3.3 慇懃無礼 　68
3.4 皮肉・軽い対立関係の緩和・はぐらかし 　69
4. まとめ 　72

第2部　ひとを取り調べる

第4章　初期近代英語期の法廷言語の特徴
―「取り調べ」における「呼びかけ語」の使用と機能
椎名美智　77
1. はじめに 　77
2. 法廷言語の特徴 　78
3. 理論的枠組みと仮説 　79
4. データ 　81
5. 分析結果と考察 　82
5.1 呼びかけ語の使用頻度 　82
5.2 呼びかけ語を使用する対話者 　84
5.3 各呼びかけ語の使用状況 　85
5.4 権力関係と呼びかけ語使用 　86
5.5 その他の呼びかけ語 　93
5.6 呼びかけ語の使用位置と語用論的役割 　96
6. おわりに 　101

第5章 ドイツの魔女裁判尋問調書 (1649年) に記されたことば
――裁判所書記官の言語意識をめぐって

高田博行　**105**

1. 魔女裁判　**105**
2. マルガレーテ・ティーマンに関する尋問　**107**
   - 2.1 裁判の経過　**107**
   - 2.2 尋問の経過　**108**
   - 2.3 尋問調書の構成　**109**
3. 形式化・正確化する書きことば　**111**
   - 3.1 ラテン語の使用　**111**
   - 3.2 冠飾句　**112**
   - 3.3 e 音の追加　**113**
   - 3.4 主節の枠構造　**114**
   - 3.5 従属節の枠構造　**116**
4. 臨場感をもたせる話しことば　**121**
   - 4.1 低地ドイツ語　**121**
   - 4.2 呼称代名詞　**122**
   - 4.3 話しことばらしさ　**124**
   - 4.4 間接話法における話しことばの痕跡　**125**
5. 裁判所書記官による「真実」の追求　**127**

第6章　近世期吟味控類における「尋問」と「釈明」のストラテジーについて
　　　　　　　　　　　　　　　　　　　　　　　諸星美智直　133

1. はじめに　133
2. 寺社奉行による吟味―『真実院与智洞対決実記』　134
    - 2.1 寺社奉行による尋問のストラテジー　134
    - 2.2 僧俗側による釈明のストラテジー　144
3. 町奉行による吟味―『旧幕町奉行調写』　145
    - 3.1 町奉行による尋問のストラテジー　145
    - 3.2 町人側の釈明のストラテジー　150
4. 地方の訴訟の事例―『御白洲始末書』　151
    - 4.1 寺社奉行吟味物調役による尋問のストラテジー　152
    - 4.2 農民側の釈明のストラテジー　156
5. おわりに　158

第3部　ひとを説得する

第7章　中世イングランド神秘主義者の散文における説得の技法
　　　　　　　　　　　　　　　　　　　　　　　片見彰夫　163

1. はじめに　163
2. 反復と変奏　165
    - 2.1 反復と変奏の文体効果　165
    - 2.2 反復と変奏の用例とその解釈　166
3. ワードペア　170
    - 3.1 ワードペアの定義と論点　170

3.2　品詞	172
3.3　語源	173
3.4　多く現れる WP	175
4. 行為指示型発話行為動詞	178
4.1　行為指示型発話行為とは	178
4.2　発話行為動詞の用例と解釈	179
5. まとめ	184

第8章　シェイクスピアにおける説得の
コミュニケーション
　　―法助動詞を中心に

中安美奈子	189
1. はじめに	189
2. 説得とは何か	190
3. データ	193
3.1　コーパス	193
3.2　法助動詞(modal)	195
4. 説得の分析	197
4.1　法助動詞と説得	197
4.2　談話における説得	201
5. おわりに	211

第4部　ひとに伝える

第9章　ドイツ最古の週刊新聞の「書きことば性」をめぐって
――出来事をどのように報道するのか

芹澤円　**219**

1. はじめに **219**
   1.1 「最新報告」という印刷ビラ **219**
   1.2 ドイツ最古の週刊新聞 **220**
   1.3 本章の狙いと分析対象 **220**
2. 話しことば性と書きことば性 **221**
   2.1 「近い」ことばと「遠い」ことば **221**
   2.2 話しことば性（書きことば性）を測定するモデル **223**
3. 「最新報告」と週刊新聞の話しことば性と書きことば性 **225**
   3.1 ミクロレベルでの分析 **225**
   3.2 マクロレベルでの分析 **228**
   3.3 最終値から言えること **235**
4. 週刊新聞の言語的特徴 **236**
   4.1 受動態の頻繁な使用 **236**
   4.2 複合的な名詞句の使用 **238**
   4.3 数珠つなぎ複合文の使用 **240**
5. おわりに **242**

第10章　申し出表現の歴史的変遷
―授受表現の運用史として
森勇太　247

1. はじめに　247
2. 日本語の授受表現　249
    2.1 本動詞の体系と類型論的特徴　249
    2.2 補助動詞の体系とその類型論的特徴　250
    2.3 授受表現使用の語用論的特徴　252
3. 与益表現の運用の歴史的変遷　254
    3.1 "申し出表現"の定義　254
    3.2 調査の概要　254
    3.3 調査結果　257
4. 歴史的変化の要因　260
    4.1 利益に関する原則の変化　260
    4.2 利益の表明と謙譲語の変化―受益者を高める用法の成立　262
    4.3 日本語の授受表現の運用史　264
    4.4 丁寧さの原則の変異　265
5. まとめ　266

第11章　『源氏物語』に現れた手紙
―求愛の和歌の贈答を中心に
高木和子　271

1. はじめに　271
2. 結婚に到る男女間の手紙や和歌のやり取り　271
    2.1 求愛のプロセス―『蜻蛉日記』『落窪物語』の場合　271
    2.2 求愛を断る意思表示―『竹取物語』の場合　273

3. 『源氏物語』における求愛の和歌と応じ方 275
3.1 当人が応じない事例(1)―紫の上の場合 275
3.2 身分差のある関係における代作の是非―玉鬘・明石の君の場合 278
3.3 当人が応じない事例(2)―末摘花の場合 281
4. 和歌は男から詠みかけるものか 283
4.1 女から詠む歌(1)―藤壺の場合 283
4.2 女から詠む歌(2)―六条御息所の場合 285
4.3 男の働きかけに応じる女の贈歌―六条御息所・夕顔の場合 287
4.4 手習から贈歌へ―紫の上・明石の君の場合 289
4.5 女の積極性と身の程意識―花散里・源典侍・朧月夜の場合 292
5. おわりに 294

執筆者紹介 298

第1部　文法化と待遇表現

第1章

談話標識の文法化をめぐる議論と
「周辺部」という考え方

小野寺典子

1. はじめに

　この数十年間、文法化研究は言語研究において極めて重要な役割を果たしてきた。文法化現象の観察のためには、言語形式の形と意味(機能)の両面の変遷を見ていくが、どちらにおいても、さまざまな言語研究の核となるような重要な仮説・提案が繰り返しなされてきた(例：Meillet 1958 (1912), Traugott 1982 (1980), 1989, Heine, Claudi, and Hünnemeyer 1991, Lehmann 1995 (1982), Traugott 2003 等)。そこでは、言語の意味とは何か、文法とは何かなど、文法化そのもの以外を研究する場合にも極めて有益な、言語研究にとっての根本的問題を考えさせる数々の提言がなされてきた。

　歴史語用論や文法化の初期の研究は、新グライス派の伝統に基づいていたと言われるが(Traugott［福元訳］2011: 64)、談話分析などの話しことば研究の発達に伴い、次第に人のダイナミックな相互行為や対話の観点を取りこんだ研究も増えてきた。また研究手法としても、歴史的コーパス言語学

(Kytö 2010: 36 他) と呼ばれるような、言語コーパスを駆使したものも普及し、計量的研究が行われるなど、アプローチにも広がりを見せている。

　1990 年代に入ると、文法化についての教本 (Hopper and Traugott 1993) や、以前にも増して多くの論文集が、そして最近ではハンドブックも出版され (Heine and Narrog (eds.) 2011)、今や文法化に関する文献については枚挙にいとまがない。2012 年 7 月に英国エディンバラで行われた New Reflections on Grammaticalization の学会でも、多様なアプローチから、より多くの言語における[1]、さまざまなカテゴリーの文法化現象と理論についての議論が引き続き行われた。また、発表のトピックとして、ある形式の通時的変化が (1) 文法化にあたるかどうか、(2) 文法化あるいは別の変化 (主観化・間主観化・語用論化など) と結論づけるべきかを論じているものも、引き続き、数多く見られた。

　談話標識の通時性についての研究領域では、筆者自身の関心はどちらかと言えば意味変遷の方にあったが (Onodera 1993)、Brinton (1996)、Traugott (1995a) らの研究を中心に、談話・語用論標識の文法化研究が本格的に始まり、次第に談話標識の文法化についての報告も求められるようになってきた (Onodera 2011 など)。

　そこで本章では、談話標識の文法化をめぐって、現在ある 3 つの立場からの議論を概観する (2.1 文法化、2.2 語用論化、2.3 境界線上)。そして、そもそも、なぜ通時的言語変化の領域において、ある変化が文法化にあたるかどうかという議論になりやすいのか、その背景として、2 つの文法化の見方 (3.1 伝統的見方と、3.2 より広い見方) を概観する。その上で、最後に、歴史語用論研究における最近の関心事「周辺部」の考え方を紹介し (4)、さらに、周辺部に関連する「発話の階層構造モデル」を提示し、その有効性を問う (5)。

2. 談話標識の通時的変化―変化プロセスについての3つの立場

談話標識の通時的発達は、どういう変化プロセスだと考えるのがいいのだろうか。文法化にあたるのか、そうでないのか。別の変化と結論づけるのがいいのか。これまでさまざまに議論されてきた論争点だが、本節では、「談話標識の文法化」をめぐる主な3つの立場を紹介する。上述のように、談話標識の通時的変化を「文法化」だと提案する新しい立場(2.1)、「語用論化」だと考える立場(2.2)、そしてより少数派だが「境界線上の現象」と捉える立場(2.3)である。この議論の背景には、そもそも「文法化」の定義のちがいがあるようだ。その点は3節で後述する。

2.1 談話標識の通時的変化―文法化という立場

主に Traugott(1995a)や Brinton(1996)によって進められている考え方で、談話標識・語用論標識の通時的発達が文法化にあたるとする立場である（他には Higashiizumi 2006, Stenström 1998[2], Suzuki 1998, Tabor and Traugott 1998, Onodera 1995 などを参照）。

まず、Traugott(1995a) は、英語の indeed, in fact と besides が発話頭の談話標識に発達したプロセスは、文法化の一例であると論じた。これらの形式の発達では、初期の文法化の構造的性質としてよく知られた脱カテゴリー化 (decategorization)[3]、音韻的弱化、一般化が見られるとともに、文法化に共起するとより最近論じられている語用論的強化と主観化が見られるという。ところが、上の3つの談話標識の発達と、この論文で提案されている方向性 (cline)「節内副詞→文副詞→談話詞」は、上記のような文法化の典型的な特徴を見せる一方で、統語的自由度と作用域を増大 (increased syntactic freedom and scope) させる。談話標識は、発話頭（文頭）に現れることが、標識であるために重要な特徴であるので、節の中で作用していた段階から、文と文をつなぐ段階となって、より大きな作用域で機能することとなる。これは、伝統的な文法化の考え方にあった「作用域の縮小 (scope reduction)」に反し

てしまう。また、談話標識は発話頭に出現する時、必ず「独立した韻律的音調曲線 (prosodic contour) を持ち」(Schiffrin 1987: 328, Onodera 2004: 18)、「統語的に［後続する］文から独立している」(Schiffrin ibid., Onodera ibid.) という定義的性質を持つことから、やはり伝統的文法化に見られていた「依存関係の増加 (increase in bondedness)」という性質に反してしまう。

　Onodera (1995) では、日本語の話しことばに見られる発話頭の「でも・だけど」といった表現が、「辞が自立して独立成分とな［り］、接続詞へ転成」(森岡 1973: 15) したもの、あるいは「接続助詞、または、助動詞＋接続助詞が、前文から離れて独立した」(京極・松井 1973: 115) ものと判断した。これらの表現は、発話頭（文頭）に現れて、話者の「話題転換」「会話の開始」といった相互行為上の「行為 (action)」を主観的に、また間主観的に伝えており、節と節を結ぶ表現（「…だ＋けど」「…て＋も」）よりも語用論的機能が強まっている。ちなみに、ここでいう相互行為上の「行為」とは、話者が会話管理上さまざまに行う行為（例えば「話題転換」「会話開始」「逸脱から主なる話題に戻る」など）であるが、発話行為 (speech act)、またエスノメソドロジー（会話分析）が言う action にあたる。そうした話者の会話運営上の行為を、談話標識は伝えようとする [4]。

　これまで文法化の定義は数多く提案されてきたが、上のような談話標識の発達的変化プロセスは、次の文法化の定義に近い変化をたどるのではないかと思われる。

　　語彙項目が、時間の経過を経て、新しい文法的・形態統語的立場を獲得する、動的で一方向的な歴史的プロセスであり、そのプロセスにおいては、以前は表されていなかった関係や、異なるさまで表されていた関係を表すようになる [5]。　　　　　　　(Traugott and König 1991: 189)

　Matsumoto (1988) には、文と文を結ぶ（文頭の）「が」も「でも・だけど」の転成プロセスと同様の変遷を経てきたという報告がある。Matsumoto 論

文のタイトル "From bound grammatical markers to free discourse markers: History of some Japanese connectives" が示すように、接続表現が自由度の高い標識となること、また、1988年の段階では、文法化の特徴には反例となる作用域の拡大が見られると述べられている。

以上のような、英語の indeed, in fact, besides や、日本語の「でも・だけど・が」といった談話標識の発達プロセス、そして Traugott（1995a）が提案する発達の方向性（cline）「節内副詞→文副詞→談話詞」は、共通して統語的自由度と作用域の拡大を見せる。この点が「伝統的」文法化（Traugott［福元訳］2011）の考え方に反していたわけだ。この点を文法化現象からの逸脱とみなせば、これら談話標識の発達プロセスは文法化の反例という判断になる。

こうしたいわば反例、あるいは境界線上のプロセスと考えられていた、発話頭の語用論的標識の発達が「文法化」現象に包含されるに至った転換点は、Tabor and Traugott（1998）が行った「機能の作用域の拡大」を文法化に含めるという提案によりもたらされた。この提案を行う際、次のような観察に基づいていた。(1)英語の動詞句内副詞だった indeed, in fact が、節外の離接詞（disjunct；文副詞に相当）的な談話標識になる発達（Traugott 1995a）、(2)日本語の動詞句内・節末の「－て＋も」が節の外の「でも」になる発達（Onodera 1995）、(3)オーストラリア諸語に見られる従属節が独立節として再分析される例（非従属化（insubordination））[6]（Evans 1988）などである。

そして、Tabor and Traugott（1998）では「これまで文法化の一性質とみなされていた作用域の縮小は、あいまいな形でしか表されてこなかった」として「縮小」を排除し（265）、新たに文法化を判断する際の基準となる性質として次の4つの特徴を挙げた。「意味・統語的再分類（semantic and syntactic reclassification）」、「抽象度の増大（increase in abstraction）」、「指示機能の消失（non-referentiality）」、「徐々に進む変化（gradual step-by-step change）」（265）である。

Tabor and Traugott（ibid.）はその上で、この分野がまだ発展途中であるこ

とを考えれば、これまでの文法化理論にあったような、いかなる構造的一方向性 (structural unidirectionality) についての提案も適切ではないとした。仮説・一般化を急ぐ前に、理論の将来性を確保することこそが重要だと述べた (265)。

　こうして、談話標識の発達が見せるような「作用域の拡大」と「統語的自由度の拡大」も含めて文法化であるという見方が現れ、次第にその立場から、談話標識・語用論的標識の史的発達が文法化であるという報告がされるようになっていった (Suzuki 1998, Schwenter and Traugott 2000, Brinton 2001, Onodera 2004, Higashiizumi 2006)。Traugott は、この新しい「文法化」の考え方が次第に定着してきたということについて、以下のように述べている。

　　文法化とは拡張であるという考え方が定着し、文法化した要素のさまざまな機能がどのような役割を果たしているのかが考慮されるようになるにつれて、談話標識も次第に文法化の例として受け入れられるようになってきている (Traugott ［福元訳］ 2011: 68–69)（例えば Brinton 1996, Onodera 2004 を参照）。

2.2　談話標識の通時的変化—語用論化という立場

　談話標識の通時的変化をめぐる第二の立場は「語用論化」と考える立場である。これは Aijmer (1996) や Erman and Kotsinas (1993) らが進めてきた考え方で、今も議論は続いている[7]。談話標識の発達を語用論化と結論づける理由の 1 つは、標識が核となる文法の外にあるとする見方である。語用論化は、談話標識が話し手の態度を聞き手に関与づけるようになるプロセスだとされ、この見方では、文法化された形式が文法的核の必須部分であるのに対し、語用論的要素は文中で任意の部分であると考えられている (Aijmer 1996: 3)。文法化か語用論化かという議論は、やはり「文法」についての考え方の違いによるのだろう。語用論が核となる文法に含まれないと考えれば、談話標識の発達は文法化以外にあたると結論づけられ、語用論が文法の

一部だと考えれば、標識の発達も文法化にあたることになってくる(Traugott［福元訳］2011: 60 参照、次の 3 節も参照)。

　ここで、標識の発達ではないが、語用論化プロセスについての理解の一助となる例を挙げておこう。Arnovick (1999) が、Good-bye という表現が God be with you から通時的に発達した変化を、語用論化を用いて説明している。

> 語用論化は、文法化と同じように、初期の段階で明らかに意味の漂白化や意味の喪失と関わっており、さらに深く調べると、新しい語用論的意味の発達や会話的含意の強化といった語用論的な意味の獲得とみることができる(Aijmer 1997: 2–3)。時が経つにつれて、語用論化の作用によってこのようなさまざまな語用論的意味が慣習化されていくのである。
> 　　　　　（Arnovick 1999: 117, 高田・椎名・小野寺 2011: 34 から引用）

　Good-bye は、そもそもの祈りのことばとしての発語内の力(illocutionary force)を弱め、17 世紀末から 18 世紀にかけて、もっぱら別れの挨拶の形式的表現となり、ポライトネス機能のみを有するようになってくる。Arnovick は、ポライトネスつまり語用論的機能を強めていく過程を、語用論化と判断した(高田・椎名・小野寺 2011: 34)。

2.3　談話標識の通時的変化──文法化のような、文法化でないような変化（境界線上の現象）という立場

　談話標識の通時的変化をめぐる第三の立場は、文法化(2.1)、語用論化(2.2)よりも少数派の意見であるが、境界線上の現象だと提案する立場である。後述する Ramat and Hopper (1998) でも、ある通時的プロセスが文法化なのかどうかの判断に苦労した研究者が多いことが述べられているが、困難な判断の解決法の 1 つとして出てきた考え方と言えよう。

　Barth-Weingarten and Couper-Kuhlen (2002) は、主に現代英語会話に現れる発話末の though を、譲歩または話題転換の談話標識と捉え、この表現の

発達プロセスが文法化でも語用論化でもない境界線上の現象と考えた。彼女たちは、文法化と語用論化 (Aijmer 1997, Erman and Kotsinas 1993) には多くの共通点があり、語用論化が文法化から独立した1つの定義を持ったプロセスというよりも、文法化の下位タイプではないかと言う。文法化の初期の特徴とされた Lehmann の基準は厳しすぎて、具体的な現象例に適用するのが困難なため、基準を緩和すべきではないかとも述べている。ただ基準を緩めすぎると「文法化」という用語の意味が薄れてしまったり、言語現象の描写として意味をなさなくなる危険性もあるだろうと、他の研究者の考えにも言及しながら述べている。そこで Barth-Weingarten and Couper-Kuhlen (2002) により、「文法化という概念を典型性 (prototypicality) で」(357) 捉えようとする考え方が提案されたのである。この考え方を用いれば、指示項目 (referential item) に限らず、より多くの表現の変化を扱うことができるし、また、なぜいくつかの変化プロセスは Lehmann の基準のうち、限られた性質しか示さないのかという点についても説明がつくと述べられている。

Barth-Weingarten and Couper-Kuhlen (2002) は、典型性の考え方を導入すれば、談話標識の分析自体は全く変える必要がなく、その上、「ある［変化の］ケースが文法化の一例かどうかという二者択一の選択から、私達を解放してくれるのも、典型性の考え方の魅力である」(357) と述べている。

ちなみに、「境界線上の現象」については、Ramat and Hopper (1998) も彼らの編著 *The Limits of Grammaticalization* の巻頭言において、次のように述べているので、付記しておきたい。

> この論文集の編集をしている間にも「境界線上の現象」が次から次へと見つかったが、それらは、古典的文法化の性質の多くを示しながらも、いくつかの重要な文法化の要素を示さないプロセスであった。ある研究者はそこで研究をやめてしまい、またある研究者は文法化の概念を拡張しながら、解決法を探ってきた。　　　　（Ramat and Hopper 1998: 1）

ただ、この文法化を典型性で捉える見方には、慎重論もあるので、その点にも言及しておく。

3.「文法化」の2つの立場―論争の背景

　2節で談話標識に限らず、多くの言語形式の変化プロセスが、「文法化なのかどうか」という論争になりやすいことに触れた（Ramat and Hopper (1998: 1)参照）。じつはその背景に、「文法化」そのものの定義・考え方に2つの異なる見方があることを簡潔に記しておきたい。文法化の「伝統的な」「原形」(Traugott 2010a: 1, 2010b: 1)である「狭い」(Traugott 2010a: 1)見方(3.1)と、「より広い見方」(Traugott 2010a: 1, 2010b: 5) (3.2)である。

　文法化研究は、当初、意味論や統語論といった、より伝統的な理論言語学の範疇で多くの研究が蓄積されてきた。しかし、その後1980年代の話しことば研究（談話分析・会話分析）の発展を経て、1990年代以降は、語・文以上の言語単位である談話を見る言語研究の範疇でも、徐々に意味変遷や形式の通時的変化が観察されるようになった。Traugottは2011年刊行の『歴史語用論入門』（高田・椎名・小野寺（編著）2011）の第3章「文法化と(間)主観化」において、現在の「文法化」についての2つの考え方について次のように述べている。

　　文法化とは、文法的要素が(史的に)発達して、関連する一連の機能的・語用論的・意味的・形態統語的・音韻的変化が生じることと捉えることができる。最近では、この発達に関して、主に2つの異なる考え方がある。ひとつは、発達によって縮小(reduction)が起こるという考え方で、これは「伝統的」または「狭い」見方と一般的に言われている。もうひとつは、発達によって拡張(extension)が起こるという考え方である。これらの2つの考え方は相補的である。なぜなら、前者は形式がどのように発達したかについて答え、後者はどのような機能変化が起こ

るかについて答えるといったぐあいに、それぞれ別個の問いかけに対する答えとなるからである。縮小するという見方と拡張するという見方の違いは、「文法」に関する理解の違いにもよっている。つまり、前者の場合、語用論は核となる文法には含まれないと考えられ、後者の場合、語用論は文法の一部であると考えられる。

(Traugott［福元訳］2011: 59–60)

やはり、文法化の「伝統的な」考え方(3.1)と、「より広い」考え方(3.2)のちがいは、語用論および語用論的現象を「文法」に含めるかどうかで異なってきた結果であると要約できる。

3.1 文法化の「伝統的な(狭い)」考え方

文法化の伝統的な考え方では、「依存性の増加 (increase in bondedness (dependency))」、「作用域の縮小」、「内容語から機能語へ (functional element from content word)」といった変化を文法化に含める。Lehmann (1995 (1982)：Chapter 4) による文法化のパラメータは、しばしばある現象が文法化であるかどうかを判断する基準的性質とみなされてきた。すなわち「統合性 (integrity)」、「系列性 (paradigmaticity)」、「系列的可変性 (paradigmatic variability)」、「構造的作用域 (structural scope)」、「依存性 (bondedness)」、「連辞的可変性 (syntagmatic variability)」(164) といったパラメータである。伝統的な文法化の見方では、「語彙項目から文法要素へ」そして「より文法的な要素へと (from a less grammatical to a more grammatical element)」変化することを文法化と考え、初期の研究で大いに論じられた。ところが最近になり、言語の類型論的な性質が伝統的文法化の枠組みや基準に合うのだろうかといった疑問が起こってきた。「英語・フランス語・日本語また他の言語には、統語構造・韻律パターンに隔たりがあるため、依存性が増加するという文法化のモデルには合わない」(Traugott 2010b) のではないか、といった懸念である。

長い間、この伝統的な文法化の考え方が、文法化研究において主流であっ

たが、近年の研究の広がりから、次に述べるような新しい文法化（3.2）の見方も出現してきた。ヨーロッパ言語や一部のアジア言語のみならず、類型論的にも異なる多くの言語で、また、談話分析やエスノメソドロジーが持ち込んだ、よりダイナミックな「使用される言語」の見方においても、今後も多くの通時的意味変遷や文法化の研究が続けられることが期待される。文法化研究では、検証可能な理論的仮説がたびたび提唱され、研究が続けられ、広がってきた。今後も、個別言語からの報告を踏まえながら、理論が軌道修正されたり、新たな重要な仮説が提案されていくのではないだろうか。

3.2 文法化の「より広い」考え方

　文法化の二番目の見方である「より広い」考え方は、「作用域の拡張（scope expansion）」を認めるというものである。それまで文法化とはみなされなかった談話標識や語用論標識の発達が、新たに文法化と判断されるようになったきっかけは、2.1 でも言及した Tabor and Traugott (1998) による「作用域の拡張」の提案である。それまで文法化の強い基準と考えられてきた「縮小」ではなく、「拡張」が文法化の性質であると提唱されたのである。拡張が看過できないものになった背景には、本章のテーマでもある「談話標識」の通時的発達が研究されるにつれ、そうした標識が発達後、発話頭（文頭）に出て、作用域を拡張させていることが観察されたことも一因としてあるだろう。この文法化の「より広い」考え方は、具体的には、日本語の談話標識「が」(Matsumoto 1988)・「でも」(Onodera 1995)・英語の談話標識 in fact, indeed, besides の発達について例示しながら、「文法化が「作用域の縮小」と「依存性の増大」を必然的に含むと考えるべきではない」と、縮小と依存性の増大を排除し、新しい、より広範なものを含む文法化の考え方を表明している (Traugott 1995a: 15)。「統語的自由の損失（loss of syntactic freedom）」という性質と、この性質に反例を示すということにこだわり過ぎると、「言語変化について私達が注意を払わねばならない現象を、ことごとく過小評価することになる」と警鐘も鳴らしている (ibid.)。

Brinton (1996, 2001) は英語の語用論標識の研究で知られるが、語用論標識の発達を、より明確に文法化の一例だと述べている。Brinton (2001) は、語用論標識というものの発達が文法化のサインである性質の全てではなくとも、そのほとんどを示すと述べた上で、自身が観察した look 形式 ((now) look (here), lookyou, lookee, lookahere, look it) の史的発達が①から⑧までの文法化の性質を示すことを報告している (192–194)。

① 「脱範疇化 (decategorization)」: 補語を取る動詞 [*look*] から語形変化しない不変化詞のような形式 (particle-like form) への変化。

② 「融合 (coalescence)」Lehmann (1995 (1982): 147–157) の用語では「形態的依存性の増加 (increase in morphological bondedness)」: lookye/lookyou が該当する。

③ 「音韻の縮小 (phonological attrition)」(Lehmann 1995 (1982): 126–127 参照): [yu] や [yeɪ] > [yə]、また [lʊkji] > [lʊki] などに見られる。

④ 「脱意味化 (desemanticization)」(Lehmann 1995 (1982): 127–128 参照): look の具体的知覚の意味が漂白化し、より抽象的意味に拡大した。

⑤ 「語用論的意味の増大 (increase in pragmatic meaning)」: 指示的意味が非指示的意味へ変化。look 形式は対人的意味 (interpersonal meaning) を獲得。

⑥ 「語用論的強化 (pragmatic strengthening)」(Hopper and Traugott 1993: 75–77): look については、「よく見る」ことから気配りや注意が会話の含意として出てくるが、その含意の慣習化。さらには look 形式の認識的な内容は、「見えるものは信じなくてはならない」という誘導推意の慣習化 (conventionalization of invited inference) から来る、と考察した。

⑦ 主観化、また話者の態度の表現の増加 (Traugott 1995b, Schwenter and Traugott 2000): look 形式はメタテクスト的意図を修得し、「命令」というスピーチイベントの性質を記号化するようになる。それは、直接的な命令形に含意された「いらだち・憤慨・さらには攻撃性」といった話者の態度のことである。

⑧ 分岐化 (divergence)、またはもとの語彙的意味のコンテクストにおける意

味の維持（Hopper and Traugott 1993: 116–120）：look, lookee (here), look it は全て、いくつかの例の中では元の知覚的意味を維持している。

このように多くの文法化の特徴を示している look 形式であるが、一方で、「普通そう考えられているように、look 形式は文法化にはあたらないとされる性質も見せている」と Brinton（2001: 194）は述べている。2001 年の段階で Brinton がこのように述べているということは、この時点ではまだ、語用論標識の発達が文法化であると一般には認識されていなかったことを示唆する。

そして、伝統的な文法化にはあたらないとされる性質を 3 つ挙げている。第一は、やはり本章でも度々言及してきた「作用域の拡大」である。

> 一般には、文法化が起きる時に、Lehmann（1995: 143–147）が凝縮（condensation）と呼んでいるような統語的作用域の縮小が起きると考えられているが、語用論標識は語用論的意味（連結的・表出的（textual and expressive）意味）を獲得する際、作用域が縮小ではなく拡大するため、規範を破るようである。　　　　　　　　　　　　　　　　　（Brinton ibid.）

第二の反例的性質は、統語的「固定性（fixation）」（Lehmann 1995: 158–160）に反する点である。より固定化した統語的位置を占めるようになるという伝統的性質を、語用論標識のあるものは満たすが、他の標識は逆に統語的自由度を増してしまう。

そして第三に、look 形式の発達が、伝統的考え方のように 1 つの語彙項目（lexical item）から始まらずに、連辞的構造（syntagm）や構文からスタートしている点である。ただ、最近のより広い文法化の見方では、節のタイプや、「構文の環境で変化する語彙項目」から始まる変化プロセスも文法化とみなすべき（Traugott 2005）と考えられている。

Brinton（2001）の語用論標識の発達の観察は、つまるところ、そうした発達と文法化の間の共通点が相違点より上回るということだったと結論づけら

れる。

　ともすると伝統が重視されてきた、長い文法化研究の中で、新しく生まれた「文法化の広い考え方」は、談話標識・語用論標識の観察の積み重ねから必然的に起こってきたということもできるだろう。Brinton (2001) は論文の最後を次のように結んでいる。

　　これまで「語用論標識」というカテゴリーは軽視されてきたが、しかし英語の中で頻繁に用いられる。語用論標識の通時性の研究は、文法化の源となる要素、文法化という発達の傾向（方向性）(cline)、文法化に伴う形態的結合 (morphological bonding)、作用域の変化、統語的自由度という点に関して、我々の文法化についての見方を継続的に拡張・改良することが必要だということを教えてくれる (195)。

このように、談話標識・語用論標識研究の重要性について述べている。

4．周辺部

　ここで、最近、歴史語用論において文法化研究や談話標識の通時的研究が行われる中で起こってきた関心事である「周辺部 (periphery)」(Beeching and Detges In Press, Onodera In Press 等) について紹介しておきたい。

　周辺部は、数年前から研究されるようになった新しいテーマであり、「発話の両端の部分」を指す。発話 (utterance) の左端 (left periphery、略して LP) は発話頭を、右端 (right periphery、略して RP) は発話末のことである (Onodera In Press)。会話の中で、話者達がさまざまな会話運営上の意図、相手へのポライトネスを含めた配慮や、「話題を換える」「会話を始める」などの行為を、いろいろな語用論的要素で表す場所だと考えられる。

　談話標識と周辺部は、理論的にはじめから重複する部分がある。Schiffrin (1987: 31) によれば、談話標識 (discourse marker) とは「[その前と後続部分

の］連続性に依存する要素で、話の単位［発話］をくくるもの」である。「発話をくくる(bracket an utterance)」とは、ちょうど発話頭または発話末にカッコのように現れるもので、どちらの場所に現れた場合も、話し手の主観的また間主観的な意味を、主に聞き手に伝える標識として作用する。「発話をくくる」と言っても、例えば and という談話標識が1つの発話の両端に現れるということではなく、発話頭・発話末どちらかに現れるもの、と考えておくほうがよい。

4.1 周辺部の機能

　世界の言語は類型論的に見ても、統語形態的にさまざまな性質を示している。今の「周辺部」研究において最も関心の集まっている点は、「どちらの周辺部(LP か RP)に、どんな言語形式が現れ、どのような機能を働かせているか」、そして、その分布が異言語間でどのように似ているか、異なっているかを調査するということである。つまり「形式-機能-場所(LP と RP)の関係(form-function-periphery mapping)」である。

　これまでの研究でわかった周辺部の「形式-機能-場所の関係」について、2点を報告する。(1) LP(左の周辺部)では、さまざまな形式が、後続する主なる部分を理解するための認知的枠組みを与える(setting up a mental space for upcoming part; Onodera In Press)。形式として、談話標識、英語の if 条件節、ドイツ語の wenn 条件節、隣接応答ペアの第一ペア部分、トピック-コメント構造のトピック部分などが挙げられる。会話では、話し手が自分の「言いたいこと」の前に、その条件・枠組みを伝えるということである。Beeching and Detges (In Press) も、「LP は、後続する談話の内容が、前で述べられた談話とどのように結びついているかが示されなければならない場所」だと、LP が後続部分を理解するための枠組みを与えるという機能と似た機能について報告している。これは、Levinson (1983: 87) が談話ダイクシス (discourse deixis) の章で言及する「発話と前の談話の関係を示す」機能とも同様のものだろう。Levinson は、but, well, anyway など発話頭の多くの語

句を例として挙げており、彼の言う談話ダイクシスは談話標識と多くの共通点がありそうである。

　周辺部の機能として、もう1つわかってきたことは、(2) LPとRP両方が「話順取り (turn-taking)」に関わっているという点である。Beeching and Detges (In Press) は仮説として、「LPが[話し手が]話順を取ることに、RPが[次の]話順を生み出すこと (turn-yielding)」に機能的に関わっていると述べている。これは、Schiffrin (1987: 25) が提案する談話モデルのうち、「やりとり構造 (exchange structure)」に寄与する機能である。やりとり構造を構築しているのは1つ1つの話順 (turn) だからである。

　上の(1)(2)に加え、本章で提案する第三の機能は、「LPでは談話標識が、これから行われる話者の行為 (actionまたはact) を知らせる」というものである。ここで言う「行為」とは、話し手など参加者が会話運営・管理上で行うさまざまな行為であり、発話行為 (speech act) であるとも、エスノメソドロジーの言う行為 (action) であるとも言える。この行為が、Schiffrin (1987: 25) の談話モデルの「行為構造 (action structure)」を構成している。

4.2　「これから起こる話し手の行為」を知らせるLPの談話標識

　Onodera (2011) では、発話頭 (LP) に現れることが必須の談話標識の例として、英語のanyway、ドイツ語のobwohl、日本語の「でも」の場合を挙げ、今後、周辺部について考察していくのに注目すべきケースだと述べた。当初、これらのケースは、話順に関係のある「やりとり構造」に関わるものかと思われたが、分析を進めたところ、むしろ「行為構造」に貢献しているということが見られたため、その点を提案したい。

(1) (ハウスメートのAnnとNorikoの玄関先での会話より。Annが「どうやって今の愛犬と出会ったか」について話している。)

　1　Ann:　I called her back,
　2　　　　and I said, "Could I",

3		...Can you hear me well enough?［AnnとNorikoの頭上で蝉が鳴き出し、会話を中断してしまう。］
4	Noriko:	Wow.
5		Oh.
6	Ann:	Um.
7	Noriko:	....So close.
		p
8	Ann:	..../?/
9	Noriko:	...Yeah.
10	Ann:	... *Anyway*, I said "Could I...u: m...come out and look at the dog?/?/
11		We drove out,

............［Annの話がつづく］................

（1）の会話の抜粋部分で、10行目のAnywayが「蝉の鳴き声による中断」（3–9行目）から「「どうやって愛犬と出会ったか」という話題の物語り」に戻る際の話者Annの行為「話題の再開」を知らせている。（2行目で'I said, "Could I"'と言いかけた時、蝉の鳴き声に妨害されたが、10行目でAnywayのあと'I said, "Could I"'と全く同じことを繰り返している。この繰り返しからも、同じ所への回帰、すなわち話の再開が確認できる。）Anywayは「不意の中断」からもとの「物語り（story-telling）」へフレーム[8]が移ることを知らせる談話標識とも言える。

　この他Onodera（2011）では、話者がこれから述べようとする「反対意見」を知らせるドイツ語のobwohlと「会話の開始」を伝える日本語の「でも」をLPに現れることが必須の談話標識として挙げている。話者が、会話というインタラクションにおいて、自分の発話の冒頭で談話標識を発し、「これ

から反対意見を言いますよ」「会話を開始しますよ」という「行為」を知らせるためには、別の場所、つまり発話のより後方ではなく、LP で行うことが必要である。認知的にも、よりあとの場所や発話末で知らせても、機能的に意味をなさない。「会話の中で、これから起こる行為を知らせること」——これが LP の談話標識の 1 つの機能ではないかと提案したい。

5. 発話の階層構造モデル

　最後に、主に日本の国語学研究において繰り返し指摘・提案されてきた「発話の階層構造モデル」について述べる。これまで日本語の発話については、南（1974）、渡辺（1971）をはじめ、きわめて多くの研究者に、図 1 のような層をなした構造をしていると、考えられてきた。最近では Shinzato (2007) がこの発話モデルを提唱している。

　このモデルを用いると、文末（発話末）が「…ないのよね」「…みたいじゃないかと思うんですけど」など複雑な日本語の話者の（間）主観的態度・判断を、モーダル表現・終助詞など語用論的要素のコンビネーションで表現し分けるさまを、鳥瞰図的に見渡すことができる。

　図 1 において、AB 層による「ゆき子が返事を出さなかった」が発話全体のメッセージの核である命題部分を伝えている（同様の階層構造を提案する

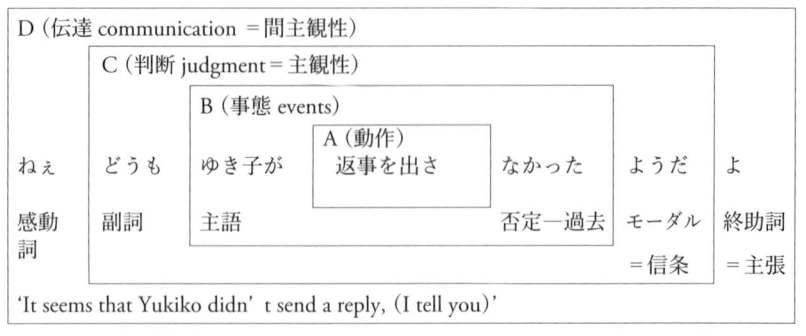

D（伝達 communication ＝間主観性）							
	C（判断 judgment ＝主観性）						
		B（事態 events）				
			A（動作）			
ねぇ	どうも	ゆき子が	返事を出さ	なかった		ようだ	よ
感動詞	副詞	主語		否定―過去		モーダル＝信条	終助詞＝主張
'It seems that Yukiko didn't send a reply, (I tell you)'								

図 1　階層構造モデル（Shinzato 2007: 177 より―南（1974）他から引用）

林(1983)によれば、AB 部分が「描叙」となっている)。AB 層を取り巻く C 層で主観性、D 層で間主観性を表すとされている。この例文から考えると、おそらく CD 層が発話頭と発話末を、すなわち LP と RP にあたるのではないだろうか。少なくとも日本語では、LP・RP の両方で主観性・間主観性の両方を表すことがあるが、このモデルはその事実をうまく説明することができる。つまり、発話頭が主観的表現で始まった場合は、話者が間主観的表現を使わなかった場合だと説明ができ、間主観性が現れるスロットは、最も左に確保されていたことになる。発話末の場合も同様に、もし発話が主観的表現で終わっていたら、その後ろ(その右)に間主観性が表現されるスロットは用意されていたが、話者が選択的に選ばなかったから、という説明がつく。英語では、左に行けば行くほど主観性が現れる、という傾向が唱えられることがあるが、もしこの傾向が AB 層の命題部分で言えるのなら、周辺部とはあまり関係がないことになる。

階層構造モデルは、日本語の LP・RP 両方で主観・間主観性が表現できることをよく捉えているが、本当に日本語の発話だけに適用されるモデルなのだろうか。他の言語にも適用できるモデルだという可能性はないだろうか。なぜなら、言語の類型論的な内部性質(例：語順)は AB の層には影響を及ぼすだろうが、話順や行為に関わるだろう CD 層は、AB 層ほど影響を受けにくいと考えられるからである。人への呼びかけや、話順の主張など、人の根源的コミュニケーションに関わるものがモデルの外周部分にあたるとするならば、対人コミュニケーション的な意味は、どの言語の発話の周辺部にも現れるはずである。

Schiffrin(1987)の提案する談話モデルの「やりとり構造」(話順に関係した構造)と「行為構造」(行為に関係した構造)は、コミュニケーション(相互作用)に直接関係する。会話運営・管理をつかさどる部分と言っても良い。こうした 2 つの構造は言語に普遍のものである可能性はないだろうか。また、この 2 つの構造は、階層構造モデルの外周部分(D 層か、C 層か、CD 層)にあたるように思われる。すなわち発話の周辺部に現れているかもしれないの

である。

　提案として、コミュニケーションに関わる構造である「行為構造」「やりとり構造」は、おそらく階層構造モデルの（いずれかの）外周部分にあり、この部分は異言語間で共通性を見出す可能性があるのかもしれない。今後のより詳しい観察が待たれる。

謝辞

　この章の執筆のさまざまな段階で、次の方がたから多くの貴重なご意見・ご指摘を賜りました。本論集の編者である金水敏氏・高田博行氏・椎名美智氏、そして秋元実治氏・新里留美子氏・東泉裕子氏に心より御礼申し上げます。

注

1　英独仏日中韓といった言語に加え、北欧の言語・エストニア語・ブラジルのポルトガル語・台湾の客家語・タイ語・アジアの英語・アフリカのナイジェリア語、カカベ言語などより幅広い言語変種についての観察が発表され、また手話における文法化、文法化と韻律の関係といったトピックも複数見られた。
2　Stenström (1998) にも、発話頭に現れた cos の発達が文法化にあたるか、語用論化なのかという議論（134–136）がある。この論文では、cos は、文法化の特徴とされる「話者の態度の表出」と「語用論的効力」を強めていないと判断されているが、発話頭の cos は英語会話において明確な「話順取りの主張」を相手に知らせることから、やはり話者の態度表出・語用論的効力の両方とも強めていると見ることができ、Traugott (1995a) の考える文法化にあたるのではないかと思われる。
3　本章において、英語の用語を日本語に訳出して提示するようにしたが、内容があいまいになりやすい場合は、日本語のあとの（　）内に原語の英語を併記した。
4　人の会話上の「行為」を伝えるという機能は、左の周辺部 (left periphery) すなわち発話頭の談話標識が行っているようである（4.2・小野寺 (2012) 参照）。
5　本章では特に明記のない限り、英語で書かれた文献から引用した場合、筆者の和訳を用いた。
6　非従属化は、現代英語会話の because (Higashiizumi 2006) や、現代ドイツ語会話

の obwohl（Günthner 2000）、韓国語の -nikka（Rhee 2012）などでも見られる。
7　2012 年 7 月に行われた文法化についての学会 New Reflections on Grammaticalization（英国エディンバラ市）でも、パネル "Grammaticalization or Pragmaticalization of Discourse Markers?: More than a Terminological Issue"（L. Degand and J. Evers-Vermeul オーガナイズ）で、「談話標識の文法化か語用論化か？」のテーマが取り上げられた。また、これとはちがう立場から、2012 年 5 月に行われた国際会議 Grammaticalization Theory and Data（University of Rouen, フランス）でも Bernd Heine（University of Köln）が談話標識の文法化について、基調講演を行っている。談話標識の通時的発達についての関心の高さがうかがわれる。
8　フレーム（frame）とは「話者達が、今していると思っている言語活動（speech activity）のタイプ」（Tannen and Wallat 1993）のことである。

参考文献

小野寺典子（2012）「左と右の周辺部（Left and Right Peripheries）と「主観性・間主観性」との関係は？―歴史語用論における考察」日本語用論学会第 15 回大会発表論文.

京極興一・松井栄一（1973）「接続詞の変遷」鈴木一彦・林巨樹（編）『品詞別　日本文法講座 6 接続詞・感動詞』pp.89–136. 明治書院.

高田博行・椎名美智・小野寺典子（編著）（2011）『歴史語用論入門―過去のコミュニケーションを復元する』大修館書店.

Traugott, Elizabeth Closs［福元広二（訳）］（2011）「文法化と（間）主観化」高田・椎名・小野寺（編著）『歴史語用論入門―過去のコミュニケーションを復元する』pp.59–70. 大修館書店.

林四郎（1983）「日本語の文の形と姿勢」『談話の研究と教育 1』pp.43–62. 国立国語研究所.

南不二夫（1974）『現代日本語の構造』大修館書店.

森岡健二（1973）「文章展開と接続詞・感動詞」鈴木一彦・林巨樹（編）『品詞別　日本文法講座 6 接続詞・感動詞』pp.8–44. 明治書院.

渡辺実（1971）『国語構文論』塙書房.

Aijmer, Karin. (1996) *Conversational Routines in English: Convention and Creativity.* London: Longman.

Aijmer, Karin. (1997) *I think* — an English modal particle. In Toril Swan, and Olf Jansen

Westvik (eds.) *Modality in Germanic Languages: Historical and Comparative Perspectives*, pp.1–47. Berlin: Mouton de Gruyter.

Arnovick, Leslie K. (1999) *Diachronic Pragmatics: Seven Case Studies in English Illocutionary Development*. (Pragmatics & Beyond New Series 68). Amsterdam: John Benjamins.

Barth-Weingarten, Dagmar, and Elizabeth Couper-Kuhlen. (2002) On the development of final *though*: A case of grammaticalization? In I. Wischer and G. Diewald (eds.) *New Reflections on Grammaticalization*, pp.345–361. Amsterdam: John Benjamins.

Beeching, Kate, and Ulrich Detges (eds.) (In Press) *Discourse Functions at the Left and Right Periphery: Crosslinguistic Investigations of Language Use and Language Change*. Leiden: Brill.

Brinton, Laurel J. (1996) *Pragmatic Markers in English: Grammaticalization and Discourse Functions*. Berlin: Mouton de Gruyter.

Brinton, Laurel J. (2001) From matrix clause to pragmatic marker: The history of *look*-forms. *Journal of Historical Pragmatics* 2(2), pp.177–199.

Erman, Britt, and Ulla-Britt Kotsinas. (1993) Pragmaticalization: The case of *ba'* and *you know*. *Studier i Modernspråkvetenskap* 10, pp.76–93.

Evans, Nick. (1988) Odd topic marking in Kayardild. In Peter Austin (ed.) *Complex Sentences in Australian Languages*, pp.219–266. Amsterdam: John Benjamins.

Günthner, Susanne. (2000) From concessive connector to discourse marker: The use of *obwohl* in everyday German interaction. In Elizabeth Couper-Kuhlen, and Bernd Kortmann (eds.) *Cause-Condition-Concession-Contrast: Cognitive and Discourse Perspectives*, pp.439–468. Berlin: Mouton de Gruyter.

Heine, Bernd, and Heiko Narrog. (eds.) (2011) *The Oxford Handbook of Grammaticalization*. Oxford: Oxford University Press.

Heine, Bernd, Ulrike Claudi, and Friederike Hünnemeyer (1991) *Grammaticalization: A Conceptual Framework*. Chicago: University of Chicago Press.

Higashiizumi, Yuko. (2006) *From a Subordinate Clause to an Independent Clause: A History of English* Because*-Clause and Japanese* Kara*-Clause*. Tokyo: Hituzi Syobo Publishing.

Hopper, Paul, J. and Elizabeth Closs Traugott. (1993) *Grammaticalization*. Cambridge: Cambridge University Press.

Kytö, Merja. (2010) Data in historical pragmatics. In Andreas H. Jucker, and Irma Taavitsainen (eds.) *Historical Pragmatics* (Handbooks of Pragmatics Vol. 8), pp.33–67. Berlin: De Gruyter Mouton.

Lehmann, Christian. (1995) *Thoughts on Grammaticalization.* München: Lincom Europa. (First distributed in 1982 Arbeiten des Kölner Universalienprojekts, 48.)
Levinson, Stephen C. (1983) *Pragmatics.* Cambridge: Cambridge University Press.
Matsumoto, Yo. (1988) From bound grammatical markers to free discourse markers: History of some Japanese connectives. *BLS* 14, pp.340–351.
Meillet, Antoine. (1958 (1912)) L'évolution des formes grammaticales. In Antoine Meillet, *Linguistique historique et linguistique générale,* pp.130–148. Paris: Champion.
Onodera, Noriko O. (1993) Pragmatic Change in Japanese: Conjunctions and Interjections as Discourse Markers. Ph.D. dissertation, Georgetown University.
Onodera, Noriko O. (1995) Diachronic analysis of Japanese discourse markers. In Andreas H. Jucker (ed.) *Historical Pragmatics,* pp.393–437. (Pragmatics & Beyond New Series 35). Amsterdam: John Benjamins.
Onodera, Noriko O. (2004) *Japanese Discourse Markers: Synchronic and Diachronic Discourse Analysis.* (Pragmatics & Beyond New Series 132). Amsterdam: John Benjamins.
Onodera, Noriko O. (2011) The Grammaticalization of Discourse Markers (Chapter 50). In Heiko Narrog and Bernd Heine (eds.) *The Oxford Handbook of Grammaticalization,* pp.614–624. Oxford: Oxford University Press.
Onodera, Noriko O. (In Press) Setting up a mental space: A function of discourse markers at the left periphery (LP) and some observations about LP and RP in Japanese. In Kate Beeching and Ulrich Detges (eds.) *Discourse Functions at the Left and Right Periphery: Crosslinguistic Investigations of Language Use and Language Change.* Leiden: Brill.
Ramat, Anna Giacalone, and Paul J. Hopper. (1998) Introduction. In Anna Giacalone Ramat and Paul J. Hopper (eds.) *The Limits of Grammaticalization,* pp.1–11. Amsterdam: John Benjamins.
Rhee, Seongha. (2012) Context-induced reinterpretation and (inter)subjectification: the case of grammaticalization of sentence-final particles. *Language Sciences* 34, pp.284–300.
Schiffrin, Deborah. (1987) *Discourse Markers.* (Studies in Interactional Sociolinguistics 5). Cambridge: Cambridge University Press.
Shinzato, Rumiko. (2007) (Inter)subjectification, Japanese syntax and syntactic scope increase. In Noriko O. Onodera, and Ryoko Suzuki (eds.) *Historical Changes in Japanese: Subjectivity and Intersubjectivity. Special Issue of Journal of Historical Pragmatics* 8(2), pp.171–206.
Schwenter, Scott A., and Traugott, Elizabeth Closs. (2000) Invoking scalarity: The

development of *in fact*. *Journal of Historical Pragmatics* 1(1), pp.7–25.

Stenström, Anna-Brita. (1998) From sentence to discourse: *Cos* (*because*) in teenage talk. In Andreas H. Jucker and Yael Ziv (eds.) *Discourse Markers: Descriptions and Theory*, pp.127–146. Amsterdam: John Benjamins.

Suzuki, Ryoko. (1998) From a lexical noun to an utterance-final pragmatic particle: *wake*. In Toshio Ohori (ed.) *Studies in Japanese Grammaticalization*, pp.67–92. Tokyo: Kurosio Publishers.

Tabor, Whitney, and Elizabeth C. Traugott. (1998) Structural scope expansion and grammaticalization. In Anna Giacalone Ramat and Paul J. Hopper (eds.) *The Limits of Grammaticalization*. (Typological Studies in Language 37), pp.229–272. Amsterdam: John Benjamins.

Tannen, Deborah, and Cynthia Wallat. (1993). Interactive Frames and Knowledge Schemas in Interaction: Examples from a Medical Examination/Interview. (Originally appeared in *Social Psychology Quarterly* 50: 2, pp.205–216, 1987), In Deborah Tannen (ed.) *Framing in Discourse*, pp.57–76. New York: Oxford University Press.

Traugott, Elizabeth Closs. (1982 (1980)) From propositional to textual and expressive meanings: Some semantic-pragmatic aspects of grammaticalization. In W.P. Lehmann and Y. Malkiel (eds.) *Perspectives on Historical Linguistics*, pp.245–271. Amsterdam: John Benjamins.

Traugott, Elizabeth Closs. (1989) On the rise of epistemic meanings in English: An example of subjectification in semantic change. *Language* 65, pp.31–55.

Traugott, Elizabeth Closs. (1995a) The role of discourse markers in a theory of grammaticalization. Paper Presented at the 12th International Conference on Historical Linguistics, Manchester, August 1995.

Traugott, Elizabeth Closs. (1995b) Subjectification in grammaticalization. In D. Stein, and S. Wright (eds.) *Subjectivity and Subjectivisation*, pp.31–54. Cambridge: Cambridge University Press.

Traugott, Elizabeth Closs. (2003) From subjectification to intersubjectification. In Raymond Hickey (ed.) *Motives for Language Change*, pp.124–139. Cambridge: Cambridge University Press.

Traugott, Elizabeth Closs. (2005) Constructions in Grammaticalization. In Brian Joseph, and Richard Janda (eds.) *Handbook of Historical Linguistics*. Oxford: Blackwell.

Traugott, Elizabeth Closs. (2010a) Grammaticalization. In Andreas H. Jucker and Irma

Taavitsainen (eds.) *Handbook of Historical Pragmatics*, pp.97–126. Berlin: De Gruyter Mouton.

Traugott, Elizabeth Closs. (2010b) Grammaticalization. In Silvia Luraghi and Vit Bubenik (eds.) *A Continuum Comparison to Historical Linguistics*, pp.269–283. London: Continuum Press.

Traugott, Elizabeth Closs, and Ekkehard König. (1991) The semantics-pragmatics of grammaticalization revisited. In Elizabeth C. Traugott, and Bernd Heine (eds.) *Approaches to Grammaticalization* Vol. 1., pp.189–218. Amsterdam: John Benjamins.

第2章

初期近代英語期における仮定法の衰退とI think の文法化

福元広二

1. はじめに

　現代英語において、I think は文頭だけでなく文中や文末で挿入的に用いられる。このような「1人称主語＋現在形動詞」の形で挿入的に用いられるものは、parenthetical clause (Jespersen: 1937), comment clause (Quirk: 1985), clausal pragmatic marker (Brinton: 2008) などと様々な用語で呼ばれ、数多くの研究がなされてきた。特に1人称代名詞主語と認識動詞や思考動詞が結びついた構文は、文法化・主観化の観点から考察が行われてきており、I think の場合は、従属節を導く that の有無に着目した研究や挿入詞として文中のどの位置に現れるかといった研究が多い (Rissanen (1991)、Thompson and Mulac (1991)、Palander-Collin (1999) など)。

　本章の目的は、I think の補文に見られる接続詞 that の有無や挿入詞としての発達という観点に加えて、これまで議論されてこなかった I think の従属節における動詞の法に着目し、初期近代英語期における仮定法の衰退と I think の文法化との関係を考察することである。具体的には、I think の従属節の動詞は、古英語期（449–1100 年）から中英語期（1100–1500 年）にかけて仮定法をとることが一般的であったが、初期近代英語期（1500–1700 年）になると、仮定法が衰退し直説法をとるようになる。このような I think の従属節における動詞の仮定法から直説法への変化と、I think の文法化にどのような関係があるかを考察し、挿入詞としての I think の確立に、従属節における仮定法の衰退が関係していることを明らかにする。

2．先行研究

Thompson and Mulac（1991: 313）は、以下のような例を挙げて、認識的挿入詞 I think の発達を文法化の観点から述べている。

（1） I think *that* we're definitely moving towards being more technological.
  〈私たちはだんだん技術的な方向に向かっていると私は思います。〉
（2） I think *0* exercise is really beneficial, to anybody.
  〈運動は誰にとっても、とても有益だと思います。〉
（3） It's just your point of view you know what you like to do in your spare time *I think*.
  〈余暇の時に何をやりたいかわかるというのはあなたの観点ですよね。〉

（1）では、I think が主節であり、接続詞 that が従属節を導いている。（2）においては、I think のあとの名詞節を導く接続詞 that が脱落している。（3）では、I think が挿入的に文末に置かれている。この I think の 3 つのタイプは、that 付きから次第に that が省略されるようになり、そして最終的に I think は挿入詞として文中や文末で用いられるようになる。このように(1)から(3)へと一方向的に発達しているので、Thompson and Mulac（1991）は文法化の例としてみなしている。

Rissanen (1991) は、ヘルシンキコーパスを用いて、say, tell, know, think の4種類の動詞の名詞節を導く接続詞 that が通時的に減少していく過程を明らかにしている。中でも、think は、特に接続詞 that の省略されたゼロ形を好む動詞として述べられている。表 1 は、後期中英語期から初期近代英語期までの従属節における that 付きと that の省略されたゼロ形の生起数を示している。

表 1　think の従属節における that の有無の生起数

	that あり	that なし
後期中英語期(1420–1500)	14	12
初期近代英語 1 期(1500–1570)	13	22
初期近代英語 2 期(1570–1640)	25	86
初期近代英語 3 期(1640–1710)	11	67

(Rissanen 1991: 279 を改変)

表 1 より 1420–1500 年では、that 付きが 14 例に対し that が省略されたゼロ形は 12 例であり、まだ後期中英語期(1420–1500 年)には that 付きの例が多い。しかし、初期近代英語 1 期(1500–1570 年)になると、ゼロ形の例が that 付きの例を上回り逆転している。そして、初期近代英語 2 期の 1570–1640 年になると、ゼロ形の例が急激に増加している。表 1 より think における that の省略は、初期近代英語 2 期の 1570–1640 年ごろに優勢になると言える。

また、Rissanen (1991) は主語が名詞の時よりも代名詞の時に that の省略が起こりやすいことと、ヘルシンキコーパスでは話し言葉の割合の高いジャンルにおいて that の省略が起こりやすいことも指摘している。

Palander-Collin (1999) は、ヘルシンキコーパスと CEEC コーパス (Corpus of Early English Correspondence: 1410–1680 年までの私信を集めたコーパス) の 2 つのコーパスを用いて、I think の補文構造を文法化の観点から綿密に調査している。表 2 はヘルシンキコーパスのデータを用いた I think と I thought の補文構造の生起数である。表 1 と表 2 における時代区分は、どち

らもヘルシンキコーパスのデータを用いているので同じである。

表2 ヘルシンキコーパスによる I think (I thought) の補文構造の生起数

	that あり	that なし	挿入用法 文中	挿入用法 文末	as 節	その他
1420–1500	1	3	0	0	0	1
1500–1570	3	18	2	1	1	13
1570–1640	8	45	9	0	1	18
1640–1710	3	49	16	4	3	23

(Palander-Collin 1999: 165 を改変)

That のある例と that のない例を比較すると、表1では、1420–1500 年においては that 付きの例が多いが、表2では、すでに中英語期の 1420–1500 年から that のないゼロ形の方がわずかではあるが多く見られる。これは、表1の Rissanen の調査では、think の主語をすべて対象にしているのに対し、表2の Palander-Collin の調査では、1人称代名詞主語のみを対象としているという相違があり、1人称代名詞主語の時は that の省略が早くから起こりやすいことを裏付けている。

また、この表2を見ると 1420–1500 年では、I think は全部で5例しかなく、挿入的な用例もまだ全く見られない。しかし、1500 年以降の初期近代英語期に入ると I think の頻度はすべてのタイプで増加し始め、特に初期近代英語2期の 1570 年以降になるとかなり増加する。ゼロ形の that のないタイプについても表1と同様に表2でも初期近代英語2期の 1570–1640 年に急増している。

挿入用法については、初期近代英語3期の 1640 年以降に文中、文末ともに著しく増加している。この初期近代英語3期つまり 1640 年以降における I think の挿入用法の増加は注目に値する。

以上の先行研究から、I think の従属節における接続詞 that は通時的に見るとゼロ形が次第に優勢になっていき、それに続いて挿入詞としての用例が増加していくと言える。

次に I think の従属節における動詞の法についての先行研究を見てみよう。I think の従属節の動詞の法は、英語史の流れとしては、仮定法から直説法へと変化する。小野・中尾（1980: 395）は、古英語期の従属節における仮定法について、「感情（恐れ、悲しみ、喜びなど）やその他の精神活動（考え、予想、疑いなど）を表す動詞の目的語節では仮定法が多い」と述べている。その後、初期近代英語期になると仮定法はほとんど衰退し、直説法が優勢となる。その仮定法から直説法への過渡期となっている初期近代英語においては、仮定法と直説法の両方が見られ、この仮定法と直説法は命題内容によって使い分けがなされていた。Partridge (1969: 126) は、「believe, think, hope, doubt が従える名詞節において、話者の心中の疑念の感情を伝える時には仮定法が使用される」と述べている。このように、I think の従属節において仮定法は、命題に対する話し手の疑念の程度が高いときに使われ、一方、直説法は命題に対する確信の度合いが高いときに使われた。つまり、初期近代英語期において従属節の仮定法と直説法の選択は、命題内容に対する話者の確信の程度によっていたのである。

3. 初期近代英語期の演劇における I think

　本節では、初期近代英語期の演劇作品を用いて、I think の従属節にどのような補文構造が見られるのか、また従属節にどの程度仮定法が見られるかを考察する。データとして、1550 年から 1700 年までを 50 年毎に区切り、それぞれを初期近代英語 1 期から初期近代英語 3 期とし、各時期について 10 作品ずつ合計 30 の演劇作品を調査した。各時期のコーパスサイズについてはほぼ同数である。

3.1　初期近代英語期の演劇における I think の補文構造

　I think の従属節における仮定法の調査に行く前に、まず初期近代英語期の演劇における I think の補文構造を調査し、先行研究で見た表 1 および表

2と比較する。表3は、初期近代英語期の演劇における I think の補文構造の生起数を示している。

表3　初期近代英語期の演劇における **I think** の補文構造の生起数

	that あり	that なし	挿入用法 文中	挿入用法 文末	as 節	その他
初期近代英語1期 (1550–1600)	3	33	10	5	2	13
初期近代英語2期 (1600–1650)	0	57	7	7	0	40
初期近代英語3期 (1650–1700)	0	116	20	10	0	36

表3より、I think のあとの接続詞 that は、初期近代英語期1期においてすでに3例とかなり少なく、一方 that なしのゼロ形は33例とかなり多いことがわかる。その後、初期近代英語2期、初期近代英語3期になると、接続詞 that はまったく見られなくなる。ヘルシンキコーパスを用いた表2の結果では、初期近代英語3期においてもまだ接続詞 that が見られたが、初期近代英語期の演劇のみで調査をしてみると、1600年以降はまったく見られなくなる。これは、先ほど Rissanen が指摘していたように、話し言葉で書かれている演劇のようなジャンルは that の省略が起こりやすいことを裏付けている。

ゼロ that のタイプは、初期近代英語1期から初期近代英語3期にかけて、急激に増加していく。その用例数は初期近代英語1期から初期近代英語3期にかけて約4倍にもなっている。表2でも次第に増加しており、表3の初期近代英語期の演劇における調査でも同様の結果となった。

挿入用法については、文中でも文末でも、初期近代英語1期にすでに見られるが、初期近代英語3期の1650年以降になって特に増加している。この点についても、表2と同様の結果であり、挿入用法は、初期近代英語3期以降に増加することがわかる。すなわち、表2だけでなく、表3からも I think の挿入用法は初期近代英語 3 期の 1650 年以降に著しく増加することがわかる。

3.2　初期近代英語期の演劇における I think の従属節の仮定法

　次に、初期近代英語期の演劇を用いて、I think の従属節にどの程度仮定法が見られるかを考察する。I think の従属節に be 動詞が来る場合、直説法であれば従属節の主語の人称に従って変化するが、仮定法であれば主語の人称にかかわらず be となる。そこで本章では、従属節の動詞を be 動詞のみに限定し、「I think ＋主語＋ be」のタイプだけを調査した。表 4 は、初期近代英語期の演劇における「I think ＋主語＋ be」の初期近代英語 1 期から初期近代英語 3 期までの生起数を示している。

表 4　「I think ＋主語＋ be」の生起数

	I think ＋主語＋ be
初期近代英語 1 期（1550–1600）	10
初期近代英語 2 期（1600–1650）	4
初期近代英語 3 期（1650–1700）	0

I think の従属節の動詞が仮定法 be となっている例は、初期近代英語 1 期には 10 例見られるが、初期近代英語 2 期になると 4 例に減少し、初期近代英語 3 期の 1650–1700 年になると仮定法 be の例は全く見られない。つまり、初期近代英語期の演劇では、初期近代英語 3 期の 1650 年以降になると、I think のあとの従属節における仮定法の be は現れなくなる。

以下に初期近代英語期の演劇からいくつかの例を挙げる。

（4）　I think the devil be in my sheath, I cannot get out my dagger.
　　　　　　　（1594: Friar Bacon and Friar Bungay: 2 幕 2 場 56–57 行
　　　　　　　　　　　　　　　　　　　（以下数字のみ示す））
　　　〈どうやら悪魔が私の鞘にとりついたらしい、この剣がどうしても抜けない。〉

（5） I think this boy be a spirit. 　　　　　（1595: Old Wives' Tale: 86）
　　　〈この少年は亡霊だな。〉
（6） I think this be the house: what, ho?
　　　　　　　　　　　　　　（1598: Every Man in His Humour: 1.4.1）
　　　〈ここがその家らしいな。お〜い、だれか。〉
（7） I think he be scarce stirring yet.
　　　　　　　　　（1608: The Merry Devil of Edmonton: 5.1.115–6）
　　　〈彼はまだ起きていないと思います。〉
（8） I think there be such a one within. 　　（1614: Bartholomew Fair: 5.4.73）
　　　〈そういう方は、中にお一人いらっしゃると思います。〉

　（4）から（8）の例で明らかなように、I think の従属節に仮定法 be がきている場合は、I think は必ず文頭に来ている。つまり、従属節に仮定法 be をとる時は、I think は文頭にしか現れず、文中や文末には現れない。また、従属節に（4）や（5）のように the devil や a spirit など目に見えないものが来ていることから明らかなように、話し手が命題に対して確信の程度が低いことを表現するときに従属節が仮定法になっている。
　以上のように、初期近代英語期の演劇作品を用いた調査から、表3からは初期近代英語3期に I think の挿入用法が著しく増加すること、また表4からは初期近代英語3期に I think の従属節に仮定法が見られなくなるということが明らかになり、挿入用法が増加する時期と仮定法が衰退する時期が一致することがわかった。

4．Shakespeare の版本における I think

　前節において、I think の従属節における仮定法 be が初期近代英語期の中で次第に衰退していく様子を明らかにした。本節では、初期近代英語期から後期近代英語期にかけて出版された Shakespeare の版本を比較し、従属節に

おける仮定法がいつごろ直説法に変更されたかを考察する。

4.1 ShakespeareにおけるI thinkの補文構造

Shakespeareの版本を比較する前に、ShakespeareのRiverside版を使ってI thinkの補文構造を調査してみると表5のようになる。ここではI thinkが名詞句を従える例と助動詞を含む文は除外している。

表5　ShakespeareにおけるI thinkの補文構造の生起数

	that あり	that なし	挿入用法 文中	挿入用法 文末	As 節	合計
I think	2	293	31	8	11	345

ShakespeareにおいてI thinkの例は全部で345例見られた。その中で補文標識thatを含む例は、わずか2例とかなり少ない。この2例は、すべて『オセロ』で見られ、どちらも韻文で使われているため韻律を整えるために用いられたとも考えられる。ゼロthatのタイプは、293例ともっとも多く、全体の約85%を占めており、I thinkの補文構造としてはこのタイプが圧倒的であると言える。表1や表2と比べてみても、Shakespeareにおいてはゼロ形の占める割合がかなり高いことが特徴的である。挿入的用法は、文中に31例、文末に8例見られ、表3の初期近代英語期における演劇と比べてみても、Shakespeareには多くの挿入的な用例が見られる。

4.2 ShakespeareにおけるI thinkの従属節の仮定法

初期近代英語期の演劇と同じように、I thinkの従属節に仮定法beが使われている例を、ShakespeareのRiverside版で調査した。その結果、従属節に仮定法のbeが使われている例は全部で18例見られた。そのうちの数例を以下に挙げる。

(9) I think he be transform'd into a beast　　　　　(As You Like It 2.7.1)
〈彼は獣に姿を変えたのではあるまいか。〉

(10) I think this Talbot be a fiend of hell.　　　　　(1H6 2.1.46)
〈トールボットは地獄の悪魔だな。〉

(11) I think this be the most villainous house in all London road for fleas.
(1H4 2.1.14–15)
〈この宿屋はロンドンの街道中でも、蚤のでる最も恐ろしい宿屋だな。〉

　文中における I think の位置を見てみると、18 例中 17 例が文頭で用いられていた。この点については、3.2 で述べた初期近代英語期の演劇と同様であり、Shakespeare においても、ほとんど文頭で用いられている。しかし、Shakespeare では、『ロミオとジュリエット』に 1 例だけ文中に来ている例が見られるが、この例については 4.3 で詳しく見ていく。
　また、Shakespeare でも (9) と (10) のように人間を a beast や a fiend of hell に喩えるといった現実にはありえないことを表現するときに仮定法が用いられており、命題内容に対して確信度が低いことを表している。

4.3 Shakespeare の版本における仮定法

　本節では、Shakespeare に見られる仮定法 be を含む例が、16 世紀から 19 世紀に出版された版本ではどのようになっているかを見ていく。使用した版本は、Chadwyck–Healey 社から出版された CD-ROM に収録されている Shakespeare の 4 種類のフォリオ版、クォート版と 18 世紀から 19 世紀に編纂された 10 種類の Shakespeare 全集である。この CD-ROM に加えて大塚高信編集のクォート版全集も調査を行った。これらの資料を用いて 16 世紀から 19 世紀までの Shakespeare 全集における通時的な校訂変化の調査を行った結果、I think の従属節に仮定法 be を含む 18 例のうち 5 例において、仮定法から直説法への変化が見られた。その直説法に変更されていた 5 例についてそれぞれの版本でどのようになっているかをまとめたものが以下の表 6

である。表中の横線は、その例を含む場面がないことを示す。

表6 Shakespeare の版本の比較

	『お気に召すまま』(2.7.1)	『ヘンリー6世1部』(2.1.46)	『ロミオとジュリエット』(1.5.131)	『オセロ』(3.3.384)	『ヘンリー4世1部』(2.1.14)
Quarto 1	—	—	is (1597)	—(1622)	be (1598)
Quarto 2	—	—	be (1599)	be (1630)	be (1599)
Quarto 3	—	—	be (1609)	—	be (1604)
Quarto 4	—	—	be (1622)	—	be (1608)
Quarto 5	—	—	—	—	to be (1613)
Quarto 6	—	—	—	—	to be (1622)
Quarto 7	—	—	—	—	to be (1632)
Quarto 8	—	—	—	—	to be (1639)
Folio 1 (1623)	be	be	be	be	is
Folio 2 (1632)	be	be	be	be	is
Folio3 (1664)	be	be	to be	is	is
Folio4 (1685)	be	be	to be	is	is
Rowe (1709–1710)	be	be	to be	is	is
Pope (1723–1725)	is	is	is	is	be
Theobald (1733)	is	is	is	is	be
Warburton (1747)	is	is	is	is	be
Johnson (1765)	is	is	is	is	be
Capell (1768–1783)	be	be	be	is	be
Steevens (1778–1780)	is	is	is	be	be
Malone (1821)	be	be	be	be	be
Collier (1844–1853)	be	be	be	be	be
Clark etal. (1863–1866)	be	be	be	be	be

表6によると、それぞれの作品の最も古い版本では、『ロミオとジュリエット』の第1クォート版(Quarto 1)を除き、すべて仮定法の be になっている。しかし、18世紀、19世紀の版本になると5作品のすべてにおいて、多少の時期の違いはあるが、仮定法の be が直説法の is に変更されている。『お気

に召すまま』と『ヘンリー6世第1部』では、Pope版以降から直説法の is に変わっている。『ロミオとジュリエット』では、第3フォリオ版から to be となり、Pope版以降 is に変更されている。『オセロ』では、第3フォリオ版から直説法の is に変わっている。『ヘンリー4世第1部』では、第1フォリオ版から is となっている。この表より、仮定法の be から直説法の is に変更される時期は、第1フォリオ版から Pope 版の頃であり、概して言えば、1650年から1700年頃であると言える。この時期は、表4において、仮定法の be が見られなくなった1650年以降の時期とほぼ一致している。17世紀後半の劇作家や編纂者たちは、おそらく当時ではほとんど廃れていた仮定法を使用することをやめ、I think の従属節に、仮定法ではなく直説法を使ったと考えられる。

しかし、興味深いことに18世紀末の Capell 版や19世紀以降の版本では、原典回帰の傾向が見られ、クォート版やフォリオ版のようにまた仮定法に戻る傾向が見られる。

次に、仮定法 be に変化が見られたこれらの5例の中で、『オセロ』と『ロミオとジュリエット』の2つの例について4種類のフォリオ版と Pope 版を用いて詳しく考察する。最初に、『オセロ』の例から見ていく。

(12) *Othello*:　I think my wife be honest, and think she is not;
　　　　　　　 I think that thou art just, and think thou art not.
　　　　　　　 I'll have some proof.　　　（Riverside 版 Othello 3.3. 384–386)
　　　　　　　〈オセロ：妻は貞操だと思う、だが貞操ではないと思う。お前は正しいかと思う、だが正しくないと思う。何か証拠がほしい。〉

この場面は、妻のデズデモーナが不貞を働いているのではないかと心配する気持ちをオセロがイアーゴに伝えている場面である。一行目の I think の従属節に、仮定法と直説法との両方が見られる。一行目の前半では、my wife be honest のように仮定法の be を用いることによって、オセロは妻を完全に

は信じていないという確信度の低さがほのめかされている。一方後半は she is not のように直説法の否定文を用いることによってオセロが確信していることを示している。Shakespeare は仮定法と直説法とを使い分けて両方用いることによりオセロの揺れる心情を巧みに描いているのである。

次にこの例の一行目だけを4種類のフォリオ版を用いて比較してみよう。

第1フォリオ（1623）I thinke my Wife be honest, and thinke she is not;
第2フォリオ（1632）I thinke my Wife be honest, and thinke she is not;
第3フォリオ（1664）I think　my Wife is　honest, and think　she is not;
第4フォリオ（1685）I think　my Wife is　honest, and think　she is not;

4種類のフォリオ版を比較してみると、1623年の第1フォリオ版と1632年の第2フォリオ版では my Wife のあとに仮定法 be が使われているが、1664年の第3フォリオ版と1685年の第4フォリオ版になると、my Wife の後は仮定法 be が直説法 is に変更されている。つまり、その行の前半と後半の両方とも直説法 is が用いられており、第1・第2フォリオ版に見られるようなオセロの心情の微妙な揺れがうまく伝わらない。『オセロ』において仮定法 be が直説法 is に変更される時期は第2フォリオ版と第3フォリオ版の間である。先ほども述べたが、おそらく第3フォリオ版以降の編纂者たちは、従属節における仮定法はその当時にはすでに使われなくなっていたので、当時の用法と合わせるために直説法へと変えたものと考えられる。それでは、この仮定法 be によってほのめかされていた話し手の命題に対する確信の低さを表す語用論的な意味は代わりにどこで表すようになったのであろうか。仮定法が見られなくなる第3フォリオ版以降すなわち17世紀後半以降は、次第に I think がその役割を担うようになり、話者の確信の低さを表すようになったと考えられないだろうか。これは、表2や表3で見たように I think が17世紀後半以降に話者の確信の低さを表す挿入用法が増加する時期と仮定法が衰退する時期が一致していることからも説明できる。

次に、『ロミオとジュリエット』の例を見てみよう。

（13） *Juliet*:　What's he that now is going out of door?
　　　 Nurse:　Marry, that, I think, be young Petruchio.
　　　　　　　　　　　　　　　　　　　（Riverside 版 Romeo 1.5. 130–1）
　　〈ジュリエット：今、外に出ていこうとしている方はだれ。
　　　乳母　　　：ああ、あの方は、おそらくペトルーチオの若様じゃないか
　　　　　　　　　と思います。〉

この例の 2 行目において、Marry は間投詞であり、主語である that と動詞 be の間に、I think が挿入されている。この例では、I think が主節であり、that be young Petruchio は、I think の従属節であると考えられる。なぜなら従属節に仮定法の be が現れるのは、主節に I think があるからである。4.2. で述べたように仮定法 be が現れるとき I think は 18 例中 17 例で文頭に見られるのであるが、唯一の例外がこの例であり非常に珍しい。したがってこの例では韻律やリズムの関係で文中に挿入されているとも考えられる。
　この例を 4 種類のフォリオ版と Pope 版を使ってテクストの異同を調べてみると、ここでも次第に仮定法の be が使われなくなっていく様子が見られる。

第 1 フォリオ(1623)　Marrie that I thinke be　　young Petruchio.
第 2 フォリオ(1632)　Marry that I think　be　　young Petruchio.
第 3 フォリオ(1664)　Marry that I think　to be young Petruchio.
第 4 フォリオ(1685)　Marry, that I think　to be young Petruchio.
Pope 版(1723)　　　　That　as　I think　is　　young Petruchio.

第 1 フォリオ版と第 2 フォリオ版では、I think は文中に挿入されており仮定法の be が使われているが、第 3 フォリオ版と第 4 フォリオ版になると、

be の前に to が補われ、文構造が変わっている。先ほどの『オセロ』の例で見たように、第 3 フォリオ版以降の編纂者たちは意図的に変更を加えているのである。さらに、18 世紀の Pope 版では、仮定法の be は直説法 is に変えられ、I think は as I think という as を用いた挿入節になっており、comment clause（評言節）として明らかに話者の確信を表している。

この『オセロ』と『ロミオとジュリエット』の 2 つの例で 4 種類のフォリオと Pope 版を比較してみると、I think のあとの従属節は、第 3 フォリオ以降、すなわち 17 世紀後半ごろから仮定法が使われなくなり直説法へと変更されていくことが明らかであり、仮定法 be に代わって I think が話者の確信を表す機能を強めていくと考えられる。

5．結論

これまで I think の文法化研究は従属節における that の脱落と挿入詞としての発達という観点から行われてきた。しかし、本章では従来扱われなかった I think の従属節における仮定法の衰退という観点から I think が文法化され談話標識へとなる過程について考察した。

初期近代英語期における演劇作品からは、I think の挿入用法は、1650 年以降になって著しく増加することが明らかとなった。これはヘルシンキコーパスをデータとした Palander-Collin (1999) の調査と同じ結果であった。また、I think の従属節における仮定法は、初期近代英語 1 期から初期近代英語 3 期にかけて、次第に減少していき、1650 年以降はまったく見られないことも明らかになった。これらのことから I think の挿入用法の増加と従属節における仮定法の衰退の時期が重なることがわかった。

次に、Shakespeare の版本を使った調査では、I think の従属節において仮定法 be が使われている例は全部で 18 例見られた。そのうちの 5 例は仮定法から直説法への変更がなされており、その変更は 1650 年以降であった。

さらに、Shakespeare の作品を細かく検討してみると、第 1 フォリオ版と

第2フォリオ版のような早い時期には、話し手の命題に対する確信の度合いに応じて、仮定法と直説法の使い分けがまだ見られ、仮定法が命題内容に対する確信の低さを表している。このような使い分けが見られるということは I think はまだ挿入詞として十分に確立していないと言える。

しかし、第3フォリオ版以降、すなわち17世紀後半以降になると、仮定法は見られなくなり、I think の従属節は直説法となっていく。補文標識 that の脱落と仮定法の衰退により、I think は主節として感じられなくなり、I think と従属節がまるで2つの主節のようになる。そして、命題内容を持つそれまでの従属節が主節のようになり、代わって I think が主観化を強め、意味が漂白化していく。それは、それまで仮定法が表していた話し手の命題に対する確信の低さを表す意味を I think が次第に担うようになったと考えられる。すなわち初期近代英語期における仮定法の衰退が I think の文法化をさらに進める原因の1つになったと言えるであろう。

使用テクスト

Evans, G. B. (ed.) (1997) *The Riverside Shakespeare*. Second Edition. Boston: Houghton Mifflin.

Otsuka T. (ed.) (1975) *A Facsimile Series of Shakespeare Quartos*. Tokyo: Nan'un-do

Editions and Adaptations of Shakespeare on CD-ROM (1995) Chadwyck-Healey.

1550–1600 年

Udall	(1553) Ralph Roister Doister
Norton and Sackville	(1565) Gorboduc
Mr S	(1575) Gammer Gurton's Needle
Kyd	(1589) The Spanish Tragedy
Marlowe	(1591) The Jew of Malta
Greene	(1594) Friar Bacon and Friar Bungay

Peele	(1595) The Old Wives' Tale
Jonson	(1598) Every Man in his Humour
Dekker	(1599) The Shoemakers' Holiday
Shakespeare	(1599) Romeo and Juliet

1600–1650 年

Jonson	(1606) Volpone
Heywood	(1607) A Woman Killed with Kindness
Anonymous	(1608) The Merry Devil of Edmonton
Tourneur	(1608) The Revenger's Tragedy
Jonson	(1612) Alchemist
Jonson	(1614) Bartholomew Fair
Beaumont and Fletcher	(1622) The Maid's Tragedy
Middleton and Rowley	(1622) The Changeling
Ford	(1630) 'Tis Pity She's a Whore
Massinger	(1633) A New Way to Pay Old Debts

1650–1700 年

Dryden	(1673) Marriage A-la-Mode
Wycherley	(1675) The Country Wife
Etherege	(1676) The Man of Mode
Dryden	(1678) All for Love
Otway	(1682) Venice Preserved
Congreve	(1693) The Old Bachelor
Congreve	(1694) The Double-Dealer
Vanbrugh	(1697) The Relapse
Vanbrugh	(1697) The Provoked Wife
Congreve	(1700) The Way of the World

参考文献

Brinton, Laurel J. (2008) *The Comment Clause in English: Syntactic Origins and Pragmatic Development.* Cambridge: Cambridge University Press.

Jespersen, Otto. (1937) *Analytic Syntax.* London: George Allen & Unwin.

小野茂・中尾俊夫 (1980)『英語史 I』大修館書店.

Palander-Collin, Minna. (1999) *Grammaticalization and Social Embedding: I THINK and METHINKS in Middle and Early Modern English*. Helsinki: Société Néophilologique.

Partridge, Astley C. (1969) *Tudor to Augustan English: A study in syntax and style from Caxton to Johnson*. London: André Deutsch.

Quirk, Randolph *et al.* (1985) *A Comprehensive Grammar of the English Language*. London: Longman.

Rissanen, Matti. (1991) "On the history of *that*/zero as object clause links in English." In Aijmer, Karin and Bengt Altenberg. (eds.) *English Corpus Linguistics*, pp.272–289. London: Longman.

Thompson, Sandra A. and Anthony Mulac (1991) "A Quantitative Perspective on the Grammaticalization of Epistemic Parentheticals in English." In Traugott, Elizabeth C. and Bernd Heine (eds.) *Approaches to Grammaticalization*. Vol. II, pp.313–329. Amsterdam: John Benjamins.

第3章

11世紀初頭の日本語における聞き手敬語「―はべり」の方略的運用

―社会言語学的要因と語用論的要因をめぐって

森山由紀子

1. はじめに

1.1 語用論と敬語

　歴史語用論のテーマとして、日本語の「敬語」の研究はどのような問題を提供できるだろうか。トマス(1998)は、日本語の敬語(ここでは「敬意表現」)の使用が、その場と役割についての社会的な決まりに基づいてなされるものならば、それは基本的には語用論の問題ではなく、社会言語学的な問題であると述べている。

　　もし話し手がわざとその社会の行動規範を破ってやろう(そしてその結果を引き受けよう)と望む余地がないなら、つまり話し手が敬意表現を用いるかどうかを自ら選ぶのでないなら、その使用法は社会言語学的規範によって決定されている。　　　　　　　　　　（トマス 1998: 165）

その上で、敬語が語用論の研究対象となる場合について、次のように述べる。

> 敬意表現を使うか否かが語用論研究者にとって興味の対象となるのは、そこに選択の余地があるとき、つまり話し手が既存の規範に挑戦することによって、なんらかの変化を引き起こそうと試みるときのみである。
> （トマス 1998: 166）

そして、「語用論的に見ておもしろい」のは「コミュニケーション上のストラテジー的選択がなされる」場合であるとして、「T/V システム」すなわち 2 人称代名詞に、いわゆる親称と敬称を区別するしくみを持つフランス語のような言語において、「わざと社会的な関係を変えることを意図して、突然誰かをファーストネームあるいは T 形を用いて呼びかけはじめる時」の例を挙げている。

このように考えれば、日本語の敬語も、社会的な関係等によって決まってくる使用の規範が存在するのであるから、その規範に従って敬語が用いられている限り、その使用の有無は、話し手が社会的な関係をどのように把握しているかということの現れに過ぎないことになる。従ってそれは社会言語学の問題であって、語用論の問題ではない。そして、敬語の使用が語用論の問題となるのは、話し手が何らかの表現効果を狙って、あえてそのルールに反する用法を用いた場合であるということになる。

1.2 現代日本語の敬語の方略的用法

さて、「語用論的に見ておもしろい」例としてトマス (1998) が挙げた、上記の「V 形から T 形への呼びかけ方の変更」のように「わざと社会的な関係を変えることを意図して」敬語を用いることは、現代日本語の敬語において、しばしば観察されることである。

現代日本語における敬語（特に聞き手敬語）は、社会的上位者を待遇するた

めに用いられる表現であると同時に、聞き手との心的距離も表現する（森山 2010b）。そのため、初対面の間柄では敬語を用いることが普通であり、年齢や立場に違いがなければ、次第に親しくなるにつれて、一部に非敬語の形を混じえたり、あるいは、完全に敬語を用いない形に移行したりしていくことが多い。もっとも、その移行のどこかの段階で、「わざと社会的な関係を変えることを意図して」敬語を用いなくなる瞬間があるのか、それとも親しくなったことに準じて、自然に敬語を使わない形になったのか、すなわち、敬語形から非敬語形への移行が、トマス（1998）が言うところの語用論的な要因によるものか、社会言語学的な要因によるものか、その区別を明確にすることは難しい。

とはいえ、敬語形から非敬語形に移行することが、文脈上、聞き手に対する親近感の表明となることは確かである。また逆に、たとえ同年代の相手であっても、いつまでも敬語を使い続けることによって、相手との間に距離を置こうとする意図を表明することも可能である。このように、現代日本語の敬語は、距離の表現においては語用論的な方略として機能し得るのである。

一方、社会的上下関係は、普通、両者の間で簡単に変動するものではないため、社会的上位者であるが故に敬語を用いることが標準となる相手に対して敬語を用いなかった場合は、話し手の「間違い」あるいは「無礼な表現」「粗野な表現」とみなされることが普通である。しかし、その場合であっても、あえて「無礼」であることが、両者の関係の決裂を表し、それによって話し手の聞き手に対する「怒り」等を表す方略となり得る。

このように、現代日本語の敬語は、「社会的立場や役割」に応じてその使用の標準は決まってくるものの、実際の運用においてはさまざまな語用論的意味を伴ってコミュニケーションの方略として用いられているのである。

1.3　1000 年前の日本語の敬語に方略的用法はあったか

本章は、1000 年前の日本語においてすでに、敬語がこのようなコミュニケーションの方略として用いられていたことを具体的に提示する。

日本語の敬語の通時的な変化には、身分や階級といった社会的な決まりに基づいてその使用の有無が決定する敬語から、発話場面における話し手の主体的な判断に基づいてその使用が決定される要素の大きくなった敬語へという流れがあるのは確かである。たとえば現代語においては、話し手が自分より目上の人物について言及する場合であっても、その人物が発話の場にいなければ、尊敬語や謙譲語を用いないことが普通になる傾向がある。しかし、平安時代においては、当該人物がその場にいてもいなくても、その社会的関係に応じて厳密に敬語が用いられる。また、身内に対して敬語を用いないというルールも、近年になって生じた運用法である。

　上記のことから考えると、まさに話し手の主体的な判断に基づいて発動する、敬語の語用論的な使用法というのも、後世になって発達したもののように思われるかもしれないが、実際はそうではないということを本章は提示したい。本章が取り上げる A.D.1000 年頃というのは、平安時代が始まって 200 年余り、藤原道長をはじめとする藤原家が摂関政治による安定した貴族社会を確立した時代である。平安貴族社会という、天皇を中心とした身分や階級が男女とも明確に存在する比較的狭い社会の中で生み出された文学作品の中では、高度に発達した敬語が、身分や階級に基づいて厳密に運用されている。しかし、その中にあっても、(少なくとも対面コミュニケーション場面で用いられる聞き手敬語については) 語用論的なコミュニケーション方略としての用法で用いられた敬語の例が見出されるのである。

　なお、それ以前の日本語において、敬語の語用論的な使用があったか否かは資料の少なさもあり不明である。そもそも、奈良時代までの日本語には、対面コミュニケーション場面で聞き手を待遇するためだけに用いられる、所謂「聞き手敬語」は存在しなかった。奈良時代に、話題の中の尊者を待遇する素材敬語として用いられていた「はべり」という語が、おそらくは奈良時代末期から平安時代の前期 (A.D.800–900) にかけて、徐々に対面コミュニケーション場面における聞き手を待遇するために転用されるようになり、この A.D.1000 年前後になって、日本語における最初の聞き手敬語 (対者敬語)

「―はべり[1]」が成立したと考えられるのである（森山 2010a、森山・鈴木 2011）。従って、本章が述べようとすることは、少なくとも聞き手敬語が成立して以降は、早い時期から、敬語が語用論的な用法で用いられることがあった、ということになる。

　以下、当時最大の長編小説である『源氏物語』[2]（1008 年頃）の中の、主人公光源氏（以下、「源氏」と記す）の青年期に関わる部分（明石巻まで）を中心に取り上げ、そこに見られる聞き手敬語「―はべり」の、方略的用法について考察する。

2．A.D.1000 年頃の「はべり」の標準的意味

2.1　通時的な位置づけ

　1.3 節で述べたように、聞き手敬語「―はべり」が成立する前の「―はべり」は、話題の中の上位者に対する敬意を表わす表現として用いられる敬語、すなわち「素材敬語」（話題としている人物に対する敬意を表す語）であった。たとえば次の例は天皇から人民に下された宣命であるが、「仕へ奉りつつ侍り」と、「はべり」の語が用いられている。

（1）〔称徳天皇→人民〕心の内に昼も夜も倦むことなく慎み敬ひ仕へ奉りつつ侍り。　　　　　　　　　　　　　　　（766 年『続日本紀』宣命 41 詔）
　　〈（私は）心の中で昼も夜も休むことなく（仏を）敬いお仕え申し上げながらおった。〉

天皇が人民を聞き手として聞き手敬を用いられるはずはなく、この「はべり」は、天皇が「仏を慎み敬い仕える状態でいた」ことを、「仏の支配（庇護）のもとにいた」と表現したものであり、発話の相手ではない「仏」に対する敬意が表されていると考えられる。そして、この段階の「はべり」の主語は人物に限られている。なぜならば、もしも主語が人以外の物や事柄で

あったなら、「尊者の支配下に存在する」ことが成立しないためである。同様の理由で、この段階の「はべり」は、「―な状態で」といった状態の存続も含めると、何らかの形で「存在」に相当する意味を有して用いられていた。

　その後、200年ほどの過渡期を経て、A.D.1000年前後の「―はべり」は、対面コミュニケーション場面において機能する「聞き手敬語」としての性質を獲得していたと考えられる。その結果この時代の「―はべり」は、前代とは異なり、人以外を主語とすることも可能となり、また、存在の意味がない場合でも用いられるようになった。

（2）〔惟光→源氏〕「昨日、夕日のなごりなくさし入りてはべりしに…」
　　　　　　　　　　　　　　　　　　　（『源氏物語』[3] 夕顔巻：①143）
　　　〈昨日、夕日が名残なくさし入っておりました時…〉
（3）〔供人→源氏〕「雨降りはべりぬべし。」　　　　（紅葉賀巻：①333）
　　　〈雨がきっと降るでしょう〉
（4）〔小君→源氏〕「例ならぬ人はべりて、え近うも寄りはべらず。」
　　　　　　　　　　　　　　　　　　　　　　　（空蝉巻：①122）
　　　〈いつもと違う人がおり、近く寄ることができません〉
（5）〔僧都→尼君〕「この上の聖の方に、源氏の中将の、瘧病まじなひにものしたまひけるを、ただ今なむ聞きつけはべる。」　（若紫巻：①208）
　　　〈この上に住む聖の方に、源氏が病気を治しにいらっしゃったのを、たった今聞きつけました。〉

（2）（3）は、夕日、雨という自然物を主語とする例であり、（3）（4）（5）は、状態の存続やアスペクト的な意味を含めても、そこに「存在」の意味を見出すことができない。これらは、「人の存在」を表わす意味が失われて、「敬意」のみを表わす形式として文法化した「―はべり」であるといえる。これらの例に支配者の存在はなく、いずれも聞き手に対して用いられたものであ

ると考えられる。

　A.D.1000年ごろの仮名文学作品の会話文には、この種の「―はべり」が頻繁に用いられており[4]、当時の貴族社会における会話においては、聞き手敬語「―はべり」の使用が必要とされていたことがわかる。

2.2　身分や立場に基づく基本的な用法

　では、それら聞き手敬語としての「―はべり」は、基本的にどのようなルールに基づいて用いられていたのだろうか。2.1節の(2)–(5)は、いずれも社会的な下位者から上位者への発言で用いられている((2)(3)は、従者から主人、(4)は源氏の滞在先(受領層)の少年から源氏へ、(5)はいずれも出家した人物であるが、弟と姉という関係でもある)。この他にも、女房(侍女)から姫君たちへ、女房から源氏へ、源氏から天皇をはじめとする皇族へ、のように、社会的な上下関係が明確である場合には、下位者から上位者に対して「はべり」が用いられ、その逆の上位者から下位者へ、あるいは両者の間で相互的に「はべり」が用いられるといったことは基本的にない。これは、直接の主従関係になくても、国司である紀伊守と上級貴族である源氏のように、身分に差がある関係においては同様である。

　なお、上下関係を決める基準がクロスして、一元的に上位者が決まらない場合には、両者が相互的に「―はべり」を用いることもある。たとえば、源氏の正妻である葵の上の父(左大臣)は、年齢も職階も源氏より上であるが、源氏は天皇の子なので、右大臣からすれば敬意を払うべき人物となる。その結果、右大臣と源氏は相互に「―はべり」を用いて待遇し合っている。娘を天皇の女御として入内させた右大臣と、その娘である弘徽殿女御との関係や、朱雀天皇とその母(弘徽殿女御)との関係においてもやはり相互的に「―はべり」が用いられている。

　また、北山の僧都やその姉である尼君など、僧籍にある者に対して源氏は「―はべり」を用いているので、その場合も相互的に「―はべり」で待遇し合うことになる。

このように、上下関係を定める基準としては、官位・身分（皇族かそれ以外か）・親子や兄弟・僧侶と一般人といった複数の尺度がある。とはいえ、それらの基準に則って、その使用・不使用が判断されるのがこの時代の「―はべり」の基本的な用法であり、その使用の有無はまさに社会言語学的な秩序に従っているといえる。

2.3　場面に基づくフォーマルな表現

　このように、A.D.1000年頃の「―はべり」は、話し手と聞き手との個人的な「上下」関係に従って使用が判断されていたことが認められるが、「―はべり」が使用される基本的な要因はもう一つある。それは、先述のトマス（1998）が、「状況（たとえば、非常にフォーマルな会合）により、またはどんな用途で言語を使用するかで（たとえば、レポート作成と、親しい友達に簡単なメモを書くのは違う）、よりフォーマルな言語を使う必要が出てくることがある。」（トマス 1998: 167）と述べる、「言語使用域」あるいは「フォーマリティー」という要因である。そしてこのフォーマリティーに基づく言葉遣いのあり方も、社会的上下関係による敬語の使用と同じ理由から、社会言語学的な現象であって、語用論の研究の対象外であると述べる。

　　私たちはフォーマルな状況でフォーマルな言語を用いるかどうかに関して、（社会的に非難されるなどの制裁を覚悟するのでない限り）本当の意味では選択できないからである。敬意表現と同じく、言語使用域も基本的に社会言語学的な現象であり、ある状況下で一般的に起こる言語形態を記述したものである。どの言語使用域を選ぶかは、言語の方略的使用とはほとんど関係がないので、語用論研究者にとって興味の対象となるのは、話し手が（社会的関係を変えようとしてV形からT形に変えるのと同じように）その置かれている状況を変えようとしたり、現状に挑戦しようとしたりして、故意に普段とは違った形を使うことがあった場合に限られる。
　　　　　　　　　　　　　　　　　　　　（トマス 1998: 168）

A.D.1000年頃の「―はべり」は、社会的な上下関係とは別に、その発話がフォーマルであるために用いられたと考えざるを得ない場合がある。『源氏物語』の会話文からその例を挙げる。

（6）〔惟光→弁〕「たしかに御枕上に参らすべき祝ひの物にはべる。あなかしこ。あだにな。」
　　と言へば、あやしと思へど
　　〔弁→惟光〕「あだなることはまだならはぬものを。」
　　とて取れば
　　〔惟光→弁〕「ことに、今はさる文字忌ませたまへよ。よもまじりはべらじ。」と言ふ。　　　　　　　　　　　　　　　（葵巻：②73）
　　〈〔惟光→弁〕「間違いなく御枕元に差し上げなければならないお祝いの物でございます。ああ恐れ多い。おろそかにするな。」
　　と言ったので、解せぬことと弁は思ったが
　　〔弁→惟光〕「あだ（浮気）なことは、まだ習わないのに。」
　　と言って受け取ったところ
　　〔惟光→弁〕「いや本当に、今回はそういう言葉は慎んで下さい。まさかそんな言葉は使いませんでしょうね。」〉と言う。

　ここで会話をしているのは、源氏の腹心の家来である「惟光」と、「弁」という少女である。この場面は、源氏が幼女の時代から引き取って大切に育てた若紫（結婚後は「紫の上」）と契を結び、3日目を迎えた日のことである。当時は男性が女性のもとに3日続けて通うことで婚姻が成立し、その日は結婚の儀式として「三日夜の餅」を食す風習があった。そこで、惟光は紫の上と源氏の寝所に「三日夜の餅」を届けさせようとする。その時、紫の上の世話をする女性を介するのが普通なのだが、惟光は、年配の女性から受け取ったのでは紫の上が恥ずかしいだろうという配慮を働かせて、紫の上の世話係であった少納言という女性の娘である「弁」に、餅の差し入れを依頼し

たのであった。大切な意味を持つ餅なので、惟光が「あだにせず〈おろそかにせず・心して〉差し上げよ」と言うのを、少女である弁は、それが三日夜の餅であることを理解せず、「あだ〈浮気〉なことはまだわからないわ」と、およそ結婚の場にふさわしくない軽口で応答し、それを惟光が驚いてたしなめるという会話である。惟光は大人であり、弁はまだ少女である。源氏の乳母の子である惟光と、紫の上の乳母の子である弁との間に大きな階級差があるとも思えない。にもかかわらず、ここで惟光は２度も「―はべり」を用いており、一方の弁は「…ならひはべらぬものを」と言うこともできるのに、「―はべり」を用いていない。この不均衡な「―はべり」の用いられ方は、両者の社会的な上下関係で解釈されるものではなく、これが結婚の儀式の場であるために、フォーマルな言葉を用いなければならないことを惟光のみが理解していることによると考えられる。つまり、この時代の「―はべり」は、身分や立場上の上下関係によって使用・不使用が判断されるだけでなく、その場がフォーマルであるかどうかということも、使用の要因となっていたのである。

　上記の例は、結婚という儀礼に伴うフォーマルな会話であるが、こういったフォーマリティーを表す「―はべり」は、宮廷に関わる公的会話においても見られる。次の例は、帝に寵愛されていた桐壺更衣が亡くなったあと、命婦（女官）が、帝の伝言を傷心の桐壺更衣の母に伝えに行った場面である。桐壺更衣母に出迎えられた命婦は、まず桐壺更衣母に声をかけて(7A)自分の気持ちを述べ、次に(7B)帝から預かった口上を伝達し、(7C)その時の帝の様子や自分の退出の仕方などを自分の言葉で語る。このうち、(7B)の部分は帝の言葉なので「―はべり」は用いられていないが、(7A)と(7C)の命婦自身の言葉の部分で１箇所ずつ「―はべり」が用いられている。

（７）〔命婦→桐壺更衣母〕(A)「…(前略)…もの思うたまへ知らぬ心地にも、げにこそいと忍びがたうはべりけれ。」とて、ややためらひて仰せ言伝へきこゆ。

〔命婦→桐壺更衣〕(B)「…(帝の伝言)…」(C)など、はかばかしうものたまはせやらずむせかへらせたまひつつ、かつは、人も心弱く見たてまつるなんと、思しつつまぬにしもあらぬ御気色の心苦しさに、うけたまはりもはてぬやうにてなんまかでは<u>べり</u>ぬる。」とて御文奉る。
(桐壺巻：① 27)
〈〔命婦→桐壺更衣母〕(A)「…(あなたのご様子は)私のように物を存じませ ん者の心地にも、たいへん<u>耐えがとうございました</u>。」と言って、少し気持ちを落ち着けてから仰せ言をお伝え申し上げる。
〔命婦→桐壺更衣〕(B)「「…(帝の伝言)…」(C)などと、(帝は)はっきり最後まで仰せにならず、むせかえりなさっては、それでも人が気弱にみるだろうかと気兼ねされないでもないご様子がおいたわしくて、最後まで承りきらないような状態で<u>退出致しました</u>。」といってお手紙を差し上げる。〉

　命婦の言葉に返答する桐壺更衣母も「─はべり」を用いており、そのあとの両者の言葉のやりとりではずっと相互的な「─はべり」の使用が認められる。
　命婦は、天皇に仕える高位の女官であり、桐壺更衣母は天皇の妃の母で、本来の身分も低くない。そのため、ここで相互的な敬語使用がなされることに特に問題はないように思える。一通りのやりとりが終わって、命婦は一旦切り上げて退出しようと次のように辞去の意を伝える。

（8）〔命婦→桐壺更衣母〕「見たてまつりて、くはしう御ありさまも奏しはべらまほしきを、待ちおはしますらむに、<u>夜更けはべりぬべし</u>。」とて急ぐ。
(桐壺巻：① 30)
〈「(若君に)お目にかかって、その御様子も詳しく帝にお伝えしたく思いますが、帝もお待ちでいらっしゃいましょうし、<u>夜も更けるでしょう</u>。」と言って急ぐ。〉

それを受けて、桐壺更衣母も別れの挨拶に入るつもりで、次のように述べて、次回はプライベートに話に来るように命婦を誘う。

（9）〔桐壺更衣母→命婦〕「…私にも心のどかにまかでたまへ。…」
(桐壺巻：①30)
〈(公の使者でなく)私的にゆるりといらして下さい。〉

ところが、こうして命婦を見送るつもりだったはずが、それに続けて今までの事を回顧する長い心情の吐露が展開されることになる（その心情吐露の部分では、桐壺更衣母はやはり「—はべり」を用いて話している）。涙にむせ返って終えられた桐壺更衣母の話を受けた命婦もそれに応えたあと、泣く泣く、再度、辞去の挨拶を述べる。

（10）〔命婦→桐壺更衣母〕泣く泣く「夜いたう更けぬれば、今宵過ぐさず御返り奏せむ。」と急ぎ参る。
(桐壺巻：①31)
〈泣く泣く「夜もすっかり更けたので、今夜のうちにお返事を帝にお伝えしましょう。」と急いで帰参する。〉

この(10)と(8)は、ほぼ同様に夜遅くなったことを述べているのだが、(8)で1度勅使として辞去の挨拶をした時は「夜更けはべりぬべし」と「はべり」を用いていたのが、桐壺更衣母の踏み込んだ話をきっかけに共感性の高い会話を交わした後の(10)では、「夜いたう更けぬれば」と、「はべり」を用いない話し方になっている。(9)において、桐壺更衣母が、次は私的に気安く来てくれと述べていることからもわかる通り、この場面における会話は、通常の2人の会話とは異なっていたのである。それはすなわち、天皇の言葉を伝える公の使者と、それに対する公的な返答であった。そこではフォーマルな言葉が選ばれていたのが、感情の吐露を契機として最後にそのフォーマリティーが失われたのが、(10)の「—はべり」を欠く発話である

と解釈できるだろう。さらには、命婦と更衣母の間の「―はべり」の相互使用は、公式場面故のことであり、私的に話す場合には、どちらも「―はべり」を用いなかった可能性もある。

上で述べたのは、天皇の使者との公的な会話のやりとりという、明確にフォーマリティーの高い場面であったが、次のように、日常場面において公的会話が展開される例もある。この例は、源氏が自分が宮中に出仕できない嘘の理由を、親友である頭中将(とうのちゅうじょう)を介して帝や大臣達に伝えようとする場面である。

(11) (源氏は)頭中将ばかりを、「立ちながらこなたに入りたまへ。」とのたまひて、御簾の内ながらのたまふ。
　(A)〔源氏→頭中将〕「乳母にてはべる君の、この五月のころほひより重くわづらひはべりしが、…(中略)…その家なりける下人の病しけるが、にはかに出であへで亡くなりにけるを、怖ぢ憚りて、日を暮らしてなむ(家人が)とり出ではべりけるを聞きつけはべりしかば、神事なるころいと不便なることと思ひたまへかしこまりてえ参らぬなり。この暁より、咳病にやはべらん、頭痛くて苦しくはべれば、いと無礼にて聞こゆること。」などのたまふ。
　(B)〔頭中将→源氏〕「さらば、さるよしをこそ奏しはべらめ。昨夜も御遊びにかしこく求めたてまつらせたまひて、御気色あしくはべりき。」と聞こえたまひて、たち返り、
　(C)〔頭中将→源氏〕「いかなる行き触れにかからせたまふぞや。述べやらせたまふことこそ、まことと思ひたまへられね。」と言ふに、胸つぶれたまひて、
　(D)〔源氏→頭中将〕「かくこまかにはあらで、ただおぼえぬ穢らひに触れたるよしを奏したまへ。いとこそたいだいしくはべれ。」
　　　　　　　　　　　　　　　　　　　　　　　　(夕顔巻：① 174)
〈源氏は、頭中将だけを「立ったままこちらにお入り下さい。」とおっしゃっ

て、御簾の中からおっしゃる。
(A)〔源氏→頭中将〕「乳母でございます者の、この五月ごろから重くわずらっておりましたのが、…(中略)…その家におりました下人のわずらっておりました者が、他所に移すのも間に合わず急死しましたのを、私に気兼ねして日暮れになってから家人が遺体を運び出しましたことを聞きましたので、神事の多い頃に不都合だと思い、謹慎して、参内できません。この明け方から、風邪でございましょうか、頭が痛くて苦しうございますので、たいへん無礼を申し上げます。」とおっしゃる。
(B)〔頭中将→源氏〕「それならばその由を天皇に奏上致しましょう。昨夜も帝は管弦の御遊びにたいへんあなたをお探し申し上げなさって、ご機嫌が悪うございました。」と頭中将は申し上げなさって引き返し、
(C)〔頭中将→源氏〕「どのような穢に遭われたのですか。説明してくださったことは、本当とは思えません。」と頭中将が言うのにどきっとなさって、
(D)〔源氏→頭中将〕「こんなふうに細かくではなく、ただ、思いがけない穢に触れたということを奏上してください。大変申し訳なくございます。」〉

　ここで源氏が会話をしている頭中将(とうのちゅうじょう)とは、源氏の正妻葵の上の兄で、左大臣の息子である。若い2人は親友であり、後半は源氏の出世が早くなるものの、この場面では源氏も頭中将もともに従四位下の中将であった。本文中でも、「宮腹の中将は、中に親しく馴れきこえたまひて、遊び戯れをも人よりは心やすく馴れ馴れしくふるまひたり〈皇女を御母宮とされる中将は、ご子息たちの中でも、特に源氏の君に親しくおなじみ申されて、遊びごと戯れごとにおいても、他の誰よりも気安くなれなれしくふるまっている。〉」(帚木巻：① 54) と描写される関係である。従って、両者の間の「―はべり」の使用には一定の方向性が見出しづらく、基本的な上下の関係に基づく「―はべり」使用のルールはあてはまらない。たとえば、次の例では、波線を施した通り、「あるべけれ」「あらめ」「出て来なん」など、「―はべり」を用いてもよい表現が多くあるにもかかわらず、頭中将は源氏に「―はべり」を用い

ていない(頭中将から源氏に「―たまふ」を用いる例は他にもあるが、その例については後で詳述する)。

(12) 〔頭中将→源氏〕「まことは、かやうの御歩きには随身からこそはかばかしきことも<u>あるべけれ</u>。後らさせたまはでこそ<u>あらめ</u>。やつれたる御歩きは軽々しきことも<u>出で来なん</u>。」　　　　（末摘花巻：①272）
〈「まじめな話、こういうお忍び歩きにはお供次第で都合よく事も運ぼうというものだ。私を置いてきぼりになさらないでくれ。身をやつしてのお忍び歩きには、ご身分不相応の間違いも起きるだろう。」〉

　また、源氏から頭中将に「―はべり」が用いるのは、(11)を除けば、源氏が須磨に流されて無冠となっていた時だけである。
　それが、この場面においては、源氏から頭中将、頭中将から源氏へと、相互的に「―はべり」が用いられている。(11A)については、頭中将は単なる仲介者と看做して、源氏が天皇や大臣達への弁明の伝言をしているため「―はべり」が用いられたのだと解釈することもできるが、(11D)については、明らかに頭中将に対する発話であると考えられる。つまり、ここでの「―はべり」の使用は、身分や立場の上下関係によるものではない。この一連の会話は、いわば仕事の欠席届をする場面であることを考えれば、公的な仕事に関わる発言であるために用いられたフォーマリティーを表す「―はべり」なのではないだろうか。
　現代語においても、友人同士として親しく話している中で、ふと仕事に関わる話が出てきた時には、少し姿勢を正し、話し方のスタイルを変える場合がある。それと同じように、この場面は、友人同士である頭中将と源氏が、「仕事モード」で話をしている場面であると考えられるのである。
　次の例も、親しい友人の会話に「仕事モード」が入り込んだ例である。

(13)　頭中将おはして

(A)〔頭中将→源氏〕「こよなき御朝寝かな。ゆゑあらむかしとこそ思ひたまへらるれ。」といへば、起き上がりたまひて、
(B)〔源氏→頭中将〕「心やすき独り寝の床にてゆるびにけりや。内裏よりか。」とのたまへば、
(C)〔源氏→頭中将〕「しか。まかではべるままなり。朱雀院の行幸、今日なむ、楽人定めらるべきよし、昨夜うけたまはりしを、大臣にも伝へ申さむとてなむまかではべる。やがて帰り参りぬべうはべる。」といそがしげなれば、　　　　　　　　　　（末摘花巻：①285）
〈頭中将がいらっしゃって
(A)〔頭中将→源氏〕「ひどい朝寝坊だなあ。何か訳があるに違いないと存じますな。」
(B)〔源氏→頭中将〕「気楽な一人寝の床で気が緩んだか。宮中から来たのか。」とおっしゃると
(C)〔源氏→頭中将〕「そうだ。宮中を退出致しまし[5]てそのままだ。朱雀院の行幸について、今日、楽人が決まるという事を、昨夜伺ったのを大臣にもお伝えしようとして退出致しました。そのまま宮中に帰り参上致します。」と忙しそうなので〉

　宮中から仕事中に退出して父親である大臣に伝言をしようと帰ってきた頭中将が、くつろいでいる源氏のところに立ち寄り、(13A)朝寝坊には何か訳があるのではないかとからかう。(13B)軽くやりすごした源氏が話題を変えて「宮中に行っていたのか」と尋ねると、(13C)頭中将は「－はべり」を用いて、自分の外出の目的を忙しそうに告げる。「仕事モード」の言葉になったのである。(13C)で用いられている最初の2例の「はべり」は、「まかづ」という、宮中からの退出を表す言葉とセットで用いられているため、前代の謙譲語的用法を残しているという疑いもあるが、最後の「はべり」については、「帰り参りぬべく」という、意志のモダリティを表す語の後に用いられているため、やはり、文体的な機能を持つ「－はべり」であると考えて良い

であろう。

2.4 「ままごと言葉」としての用法

　このように、フォーマルな言葉として用いられていた「―はべり」が、子供にとって「大人の言葉」と認識される価値を持っていたことをうかがわせる興味深い場面がある。

　先に、「―はべり」が身分や立場の上下関係に従って用いられることを述べたが、恋人や夫婦といった男女間の間柄では、基本的に聞き手敬語としての「―はべり」が用いられることはない[6]。大人同士の恋人であってすらそうなのだが、源氏と、源氏が養育しているまだ幼い若紫（後の紫の上）との会話の中で「―はべり」が集中的に4例（相互に2例ずつ）も用いられる場面が存在する。

(14)　いつしか雛(ひひな)をしすゑてそそきゐたまへる、三尺の御厨子一具に品々つらひすゑて、また、小さき屋ども作り集めて奉りたまへるを、ところせきまで遊びひろげたまへり。
　(A)〔若紫→源氏〕「儺(な)やらふとて、犬君(いぬき)がこれをこぼちはべりにければ、つくろひはべるぞ。」とて、いと大事と思いたり。
　(B)〔源氏→若紫〕「げに、いと心なき人のしわざにもはべるかな。いまつくろはせはべらむ。今日は言忌(こといみ)して、な泣いたまひそ。」
　　　　　　　　　　　　　　　　　　　　　　　　　　（紅葉賀巻：① 321）
〈若紫は、いつの間にかもう早速にお人形を並べ立てて忙しそうにしていらっしゃるが、三尺の御厨子一揃えにさまざまな道具を飾り並べ、また、小さな御殿をいくつもこしらえて差し上げられたのを、所狭しと広げて遊んでいらっしゃる。
　(A)〔若紫→源氏〕「追儺(ついな)（鬼やらい）をすると言って、犬君（少女の名）がこれをこわしましたので、直しておりますの。」と言ってさも一大事と思っていらっしゃる。

(B)〔源氏→若紫〕「なるほど、たいへん心無い人の仕業でございますね。今、修繕させましょう。(元旦の)今日は不吉なことは慎んで、泣かれてはいけませんよ。」〉

　若紫から源氏に対して「―はべり」が用いられることは年齢差によるものと考えられるとしても、それに応じる源氏までもが「―はべり」を用いて若紫を待遇することは、どうしても上下関係やフォーマリティーといった基準では理解できない。そこで、注目されるのは、これが、幼い若紫が人形遊びの道具を広げている場面であるということである。幼い子供が人形遊びやままごとなどの遊びをする時、大人を模倣して、「―ですわよ」といった、所謂「奥様言葉」を用いることは、現代でもしばしば観察されることである。古典の中では江戸時代の『浮世風呂』にもそういった描写が見られる。つまり、(14A)の発話における若紫の「―はべり」は、「大人」になりきって人形遊びに興じる、「奥様言葉」としての「―はべり」なのである。そして、その相手をする(14B)の源氏もまた、その言葉に合わせて「奥様言葉」を用いていると考えれば、この奇妙な4例の「―はべり」は、2人の関係を実に生き生きと描いた描写であるということがわかるだろう。
　そしてまた、「奥様言葉」として子供のままごとの世界で再現された「―はべり」の文体は、おそらくは周囲の女房たちが日常(少しよそゆきのレベルで)用いている、「大人」の言葉として若紫に認識されていたということでもあり、当時の「―はべり」が持つ性質が端的に表されている。
　こういった用法になれば、「―はべり」の文体というのは、一種の「大人らしさ」を表すために有用な言葉であったということになり、子供がそれを用いることや養育者がそれに同調することが「意図的」な方略なのか否か、すなわち、語用論的な問題なのか社会言語学的な問題なのか否かは限りなく峻別の難しい問題となるといえよう。2.3節で述べた(13)の例の「仕事モード」としての使用も、頭中将の忙しさを表現するための意図的な方略であった解釈することは可能である。A.D.1000年頃の聞き手敬語「―はべり」

は、対面コミュニケーションの場において、方略的に用いられる表現価値を十分に有していたと考えられるのである。

3. コミュニケーション方略としての「―はべり」

3.1 社会的上下関係や場面のフォーマリティーの基準に該当しない例

　『源氏物語』の「―はべり」は、概ね2節で述べたような社会言語学的な基準に基づいて用いられている。しかし、この他に上記の基準にあてはまらない使用例が存在する。その中には、前代の謙譲語的な性質を残して、主語である話し手を低めることで目の前の人物を敬意の対象にして用いた「対面謙譲」としての用法を持つものもある。森山（2011）では、『源氏物語』にこういった「謙譲語（対面用法）」と「聞き手敬語」という異なる段階の「―はべり」が重層的に存在することを述べた。ここで取り上げたいのは、それら「謙譲語」を除く例、すなわち、自分以外の事物や事柄を主語とする「聞き手敬語」の段階に達しているにもかかわらず、上記のルールに反して用いられている例である。

　さて、これら標準的な用法にあてはまらない「―はべり」があるのはなぜだろうか。「―はべり」の使用に見られるこういった「揺れ」は古くから指摘されてきたものであり、「―はべり」の聞き手敬語としての不完全さが原因とされてきた（阪倉（1952）など）。上記で述べたような謙譲語としての用法の併存は認められるものの、社会的上位者に対する待遇、および、フォーマルな言葉遣いといった聞き手敬語としての用法が確立していたのはここまで見てきた通りである。そのことから、本章は、これらの「例外的」な「―はべり」は、聞き手敬語としての未熟さによるものではなく、むしろ、聞き手敬語としての用法を踏まえた上で本来の用法をあえてはずし、それによって語用論的な新たな意味を生み出す、コミュニケーション方略として用いられたものではないかと考える。以下、具体的にそれらの例を見ていこう。

3.2 神妙な姿勢

2.4節で述べた通り、この時代の夫婦関係においては原則「ーはべり」は用いられない。日記（ノンフィクション）である『蜻蛉日記』においても、藤原道綱の母と夫である藤原兼家は、どちらも相手を待遇するのに「ーはべり」を用いていない（森山 2004）。

しかし、『源氏物語』において、源氏から正妻である葵の上に対して、フォーマリティーの条件にもあてはまらない「ーはべり」が3例用いられている。源氏の正妻である葵の上は左大臣の娘であるが、天皇の息子でありながら臣下に下った源氏が、妻である葵の上を「ーはべり」で待遇しなければならないような身分差はない。3例のうち1例は上記の「対面謙譲」として解釈が可能であるが、残りの2例は事柄を主語とする聞き手敬語である。そのうち1例は、次のような嘘の口実を述べる場面で用いられている。

(15) 〔源氏→葵の上〕「かしこにいと切に見るべきことのはべるを思ひたまへ出でてなむ。立ちかへり参り来なむ。」　　　　　　（若紫巻：① 252）
〈「あちら（自邸）に、たいへん切実に見るべきことがございますのを思い出しまして。すぐに引き返して参りましょう。」〉

これは、なかなか心を通わせることのない正妻、葵の上の元から外出して、幼い若紫の所へ向かおうとする際の源氏の嘘の口実である。実は、この表現と酷似する表現がもう1箇所見出される。同じく源氏が、須磨配流中に1女を設けて京に呼び寄せた明石君の元に行こうと、すでに妻となっていた紫の上に向かって言い訳をする場面である。

(16) 〔源氏→紫の上〕「桂に見るべきことはべるを、いさや、心にもあらでほど経にけり。とぶらはむと言ひし人さへ、かのわたり近く来ゐて待つなれば、心苦しくてなむ。嵯峨野の御堂にも、飾りなき仏の御とぶらひすべければ、二三日ははべりなん。」　　　（松風巻：② 409）

〈「桂の別邸で面倒を見なければならないことがございますのに、いやどうも、心ならずも日が経ってしまいました。こちらから訪ねて行こうと言っておいた人までが、あのあたり近くに来ていて、私を待っているそうなので、気の毒に思いましてね。嵯峨野の御堂にもまだ飾りのついていない仏のお手当をしなければならないから、二三日あちらで過ごすことになるでしょう。」〉

　(15)の例では、源氏は自邸に行くと偽って、若紫の住む邸に向かう。(16)の例では、桂の邸に行って人に会ったり嵯峨野の寺の仏の手配をすると言っているけれども、実際は大堰（嵐山）の邸に迎えた明石上に会いに行くつもりである。このように同じ状況で「嘘」を言う場面において、どちらも「見るべきことのはべるを」という表現が用いられているのは、偶然ではないだろう。本来は「－はべり」を用いる関係にない聞き手に対して、私的に用いられたこの「－はべり」は、相手の機嫌を損じるかもしれないことを切り出すためにとられた「神妙な態度」を表現する言葉だったのではないか。
　源氏はこの他、かつての密通の相手である朧月夜との再会を企てながら、紫の上に対しては、常陸の君（＝末摘花：若い頃の縁で世話をし続けているけれども、奇異な容姿と性格を持つ恋愛対象外の女性）に会うと嘘をつく。その場面でも次のように「はべり」が用いられている。

(17) 〔源氏→紫の上〕「東の院にものする常陸の君の、日ごろわづらひて久しくなりにけるを、ものさわがしき紛れにとぶらはねば、いとほしくてなむ。昼などけざやかに渡らむも便なきを、夜の間に忍びてとなむ思ひはべる。人にもかくとも知らせじ。」　　　　　（若菜上巻：④79）
〈「東の院にいらっしゃる常陸の君が、長年体調を崩されているのを、忙しさに取り紛れお見舞いできていないので、申し訳なくてね。昼などにおおげさに伺うのも不都合なので、夜の間にこっそりとと思っております。人にもそうは言わないでおこう。」〉

ここで「―はべり」が用いられている「思ふ」という動詞に続けては、通常は「たまふ(下二段)」という謙譲語が用いられるのが普通なのだが、あえてこの部分が「―はべり」になっているのは、明確に聞き手敬語としての「―はべり」が用いられていると考えられる。この発話の前半部と後半部は「いとほしくてなむ」「人にもかくとも知らせじ」のように、敬語表現を用いない親密な言葉遣いがなされている。しかし、「昼は人目に立つだろうから、夜の間にこっそりと、と思っているのですよ」という、秘密めかして夜の外出計画を宣言する部分だけに「―はべり」が用いられている。これもまた、嘘をつく際の神妙な姿勢の表現となっていると考えられるだろう。

　このように、親しい相手でありながら「―はべり」を用いることで神妙さを表現するのは、トマス(1998)が所謂、「社会言語学的規範によって決定されている」用法ではなく、「話し手が既存の規範に挑戦することによって、なんらかの変化を引き起こそうと試みる」用法、すなわち、コミュニケーション方略として用いられた例であるといえる。

3.3　慇懃無礼

　コミュニケーション方略としての敬語の用法としてまず思い浮かぶのは、「慇懃無礼」の用法だろう。「はいはい、わかりました、おっしゃる通りに致します」のように、喧嘩の場面で突然敬語を用いて、相手との距離を表現する用法である。源氏から葵の上に対して用いられたもう一つの「―はべり」も、夫婦喧嘩の場面に見られる。

(18)　〔葵の上→源氏〕「問わぬはつらきものにやあらん」と、後目(しりめ)に見おこせたまへるまみ、いと恥づかしげに、気高ううつくしげなる御容貌なり。
　　〔源氏→葵の上〕「まれまれはあさましの御言や。問はぬなどいふ際は異にこそはべるなれ。心憂くものたまひなすかな。…」

(若紫巻：①227)

　〈〔葵の上→源氏〕「(古歌にある)「訪ねないのはつらいものだという気持ち

をあなたにわからせたい」という心境でしょうか。」と、流し目で源氏をご覧になる眼差しは、たいへん気づまりになるほど気高く美しいお顔立ちである。〔源氏→葵の上〕「めずらしく何かおっしゃると、あきれるようなお言葉ですね。(私たちは夫婦なので)「訪ねない」などという間柄は別物でございます。情けないおっしゃり方をなさるのですね。」〉

　源氏の、「問はぬなどいふ際は異にこそはべるなれ」という発話は、この前の会話で、源氏が葵の上に、病気なのに見舞ってくれなかったという恨み言を言ったのを受けて、葵の上が「問はぬはつらき」という古歌を引くことで、「いつも私が味わっている思いをあなたにも味わわせるため」と返答したのに対する反論である。「たまに口を開けばそんなことを！　私たちは「問わぬ」などという間柄じゃないではございませんか。」という文脈を考えると、これは夫婦喧嘩における慇懃無礼の表現ではないか。ちなみに、このあと2人には長男が生まれて、葵の上が亡くなるまでの間、関係修復するのであるが、そこでの会話において「―はべり」が用いられるのは、出仕に関して「仕事モード」で用いられる1例だけである。

　また、親しかった相手を遠ざけるために「―はべり」を用いたと考えられる例は、『源氏物語』より少し前の『蜻蛉日記』にも認められる(森山2004)。

3.4　皮肉・軽い対立関係の緩和・はぐらかし

　こういった、コミュニケーション方略と考えられる「―はべり」の使用例は、2.3節(11)の例で詳しく述べた親友、頭中将と源氏との会話にも見られる。

　(19)は、源氏(17歳)が自室でくつろいでいる時に、部屋に遊びに来た頭中将が源氏の部屋にある数々の恋文を見たがる場面の2人の会話である。

(19)〔源氏→頭中将〕「さりぬべきすこしは見せむ。かたはなるべきもこそ。」

(A)〔頭中将→源氏〕「そのうちとけてかたはらいたしと思されむこそゆかしけれ。おしなべたるおほかたのは、数ならねど、ほどほどにつけて書きかはしつつも見はべりなむ。おのがじし恨めしきをりをり、待ち顔ならむ夕暮などのこそ、見どころはあらめ。」
(B)〔頭中将→源氏〕「よくさまざまなる物どもこそはべりけれ。」
〔源氏→頭中将〕「そこにこそ多く集へたまふらめ。すこし見ばや。さてなむ、この厨子も心よく開くべき」とのたまへば
(C)〔頭中将〕「御覧じどころあらむこそかたくはべらめ。」

(帚木巻：①55-56)

〈源氏→頭中将〕「さしさわりないものを少しは見せよう。見苦しいものがあってはいけないので。」
(A)〔頭中将→源氏〕「その、よそゆきのでなく、見られては困るとお思いのをこそ拝見したいのですよ。通り一ぺんの同じような手紙は、私のような取るに足らない者でも、それ相応にやりとりしては拝見するでしょう。お互いに恨みごとを言いたい折々、人待ち顔の夕暮などの手紙こそ、見所はあるでしょう。」
(と恨めしがるにつけ、貴い方からの人に見られてはならないような手紙などは、こうしてありふれた御厨子などに放ってお置きになるはずもなく、奥深くしまっておかれるに違いないのだから、お見せになったのは二流どころの気のおけないものだろう。それらを中将があれこれと拾い読みをして、)
(B)〔頭中将→源氏〕「よくもまあ、さまざまなのがございますね。」
(と言って、あて推量に、その女からか、あの女からかなどと尋ねる。…(中略)…源氏は面白いとお思いになるが、言葉少なに取り合わず何かとごまかしごまかしして、しまいこんでおしまいになった。)
〔源氏→頭中将〕「あなたこそたくさん集めておられるのでしょう。少し見たいものですね。そしたら、この厨子も気持ちよく開けるのだが」とおっしゃるので
(C)〔頭中将→源氏〕「ご覧になる価値のあるものは難しうございましょう。」〉

この会話で、源氏は頭中将に「―はべり」を用いていないが、頭中将は源氏に対して、「―はべり」を用いたり用いなかったりしている。(19A)の発話には、波線をほどこした「ゆかしけれ」「見どころはあらめ」など、「―はべり」を用いることのできる場所に「―はべり」が用いられていない。一箇所、「見はべりなむ」の部分に「―はべり」があるが、この「―はべり」は話し手自身を主語とするもので、その前に自分のことを「数ならねど（取るに足らない者だが）」のように謙遜していることもあり、対面謙譲の「―はべり」であると考えられる。

　しかし、(19B)「よくさまざまなるものこそはべりけれ」、(19C)「御覧じあらむこそかたくはべらめ」という2例は、「さまざまなあなたの手紙」、「ご覧になる価値のある手紙」と、いずれも事物を主語としており、聞き手敬語の「―はべり」が用いられていると考えられる。そして、それぞれの文脈を見れば、(19B)は、源氏が保管していたたくさんの女性からの手紙を見て、「よくもまあ、いろいろあるな」と呆れる場面であり、(19C)は、源氏から逆に手紙を見せてくれと言われて、「見る価値のあるようなのは見せられない」と、はぐらかして断る場面である。

　(19B)のように呆れる場面において、「まあなんとたくさん手紙をお持ちですねー」のように、親しい友人に対して敬語を用いることによって皮肉を表すことは、現代でも観察される現象であり、明確なコミュニケーション方略として用いられた例であるといえる。

　(19C)は、「断る」という、軽い対立関係が生じている場面であるが、次の(20)も、相手の発言を軽く否定する場面で、ここに2例の「―はべり」が用いられている。これは、(19)のやりとりのあと頭中将が、「非の打ち所のない女というのはめったにいないもので、素晴らしいと噂に聞いていてもがっかりすることが多い」という体験談を元にした持論を展開し、それを聞いた源氏が、「そのように一つの取り柄もない女はいるだろうか？」と質問して、それに対してなされた頭中将の答である。

(20) 〔頭中将→源氏〕「いとさばかりならむあたりには、(D) 誰かはすかされ寄りはべらむ。とる方なく口惜しき際と、優なりとおぼゆばかりすぐれたるとは、(E) 数ひとしくこそはべらめ。…」　　(帚木巻：① 57)
〈「そんな一つの取り柄もないような女に(D) 誰が騙されて寄り付きましょうか(私はそんな女の話をしているのではない)！ 取り柄がなくつまらない女と、みごとだとお思いになるくらい優れている女の数は(E) 同じ数くらい(希少)でしょう。…」〉

　頭中将は「期待していたほどでなかった女」の話をしているのに、源氏が「一つの取り柄もない女がいるか」という的外れな質問をしたので、頭中将が「私がそんな女に騙されるものですか」と、呆れて否定しているわけで、相手の発言の否定という軽い対立関係が認められる。
　(19B)、(19C)、(20D)のような、友人同士の軽い対立関係において、フォーマリティーを表現する機能を持つ「―はべり」を用いることは、話者を発言の現場から一歩退かせて、対立を緩和する役割があるのではないだろうか。また、(19B)に関しては、さらに、他人事のように言う「はぐらかし」の機能も認められる。こういった用法もまた、現代語においても同様に認められるコミュニケーション方略である。

4．まとめ

　以上、A.D.1000 年頃に貴族社会で用いられていた聞き手敬語「―はべり」についてその用法を考察してきた。この時代の聞き手敬語「―はべり」は、社会的上位者を上位に待遇し、かつ、儀式や公的場面におけるフォーマリティーを表すという基本的な用法を持つ。その用法は、話者が「仕事モード」であることを示す場合にも用いられ、また、子供がままごとの言葉として模倣し大人が同調する様子が小説に描かれるほどに、その場における話者の社会的属性を表示するものであった。

しかし、この時代の聞き手敬語「―はべり」は、上記のような社会言語学的な使用基準に反する場合にも使用が認められる。それらの例は、神妙さの表現や、慇懃無礼、皮肉、軽い対立の緩和など、現代日本語の敬語にも認められるような、語用論的な意味を有して、コミュニケーション方略として用いられたものであると考えられる。

　身分や階級が厳格であった平安貴族社会における敬語は、それらの身分や階級に基づいて固定的に用いられていたと予測されるかもしれない。しかし、実際の運用を丁寧にたどることで、A.D.1000年頃の聞き手敬語「―はべり」は、すでに、聞き手敬語としての基本的な用法を生かし、それぞれの会話の文脈に応じた豊かな意味を生み出していたということが観察されるのである。

注

1　本章では、「―はべり」の表記で、本動詞「はべり」と、他の動詞の連用形について用いられる「―はべり」の両方を指す。
2　歴史語用論の資料として古典を扱う場合には、どうしてもテクストの問題が生じる。複数の異なる本文を持つ『源氏物語』についても例外ではないが、ここでは本文異動の問題には触れず、使用したテクスト内での事例の積み重ねとして提示する（高山倫明・小林隆・森山由紀子・諸星美智直・宇佐美まゆみ・大島資生・村田菜穂子・矢島正浩 2010）。
3　以下、『源氏物語』の場合は、書名を省略し、巻名のみ記す。
4　ただし一部にはまだ謙譲語的な性質を持つ「―はべり」も並行して用いられていた。（森山 2011）
5　「―はべり」を現代語の「―致します」に訳すのは正確ではないが、該当する表現がないので、オフィシャルな言葉として仮に「致します」を用いる。
6　本章では触れないが、夫婦間では、「―たまふ」などの尊敬語が相互に用いられるのと同じレベルで、謙譲語としての「―はべり」が用いられることはある。しかし、以下に挙げる例は「犬君」や事柄を主語とするものであり、謙譲語ではな

く聞き手敬語であると考えられる。

使用テクスト

阿部秋生・秋山虔・今井源衞・鈴木日出男(校注・訳)(1994)『新編日本古典文学全集 21–25 源氏物語』小学館(現代語訳については参考にしたところもあるが、より逐語訳に近い形に改めた部分が多い)

青木和雄・稲岡耕二・笹山春生・白藤禮幸(校注)(1992)『新日本古典文学大系 12 続日本紀』、岩波書店(原文は省略し、書き下し文のみ使用した)

参考文献

阪倉篤義(1952)「『侍り』の性格」『国語国文』21. 京都大学国文学会

高山倫明・小林 隆・森山 由紀子・諸星美智直・宇佐美まゆみ・大島資生・村田菜穂子・矢島正浩(2010)「人間関係の日本語史(日本語学会 2010 年度春季大会シンポジウム報告)」『日本語の研究』6–4. 日本語学会

トマス、ジェニー　浅羽亮一監修　田中典子・津留崎毅・鶴田庸子・成瀬真理(訳)(1998)『語用論入門』研究社．(Thomas, Jenny (1995) *Meaning in Interaction: an Introcuction to Pragmatics*. London: Longman.

森山由紀子(2004)「平安中期の「侍り」をめぐって—『蜻蛉日記』の全会話調査から」『同志社女子大学日本語日本文学』16. 同志社女子大学日本語日本文学会

森山由紀子(2010a)「『古今和歌集』詞書の「ハベリ」の解釈—被支配待遇と丁寧語の境界をめぐって」『日本語の研究』6–2. 日本語学会

森山由紀子(2010b)「現代日本語の敬語の機能とポライトネス『上下』の素材敬語と『距離』の聞き手敬語」『同志社女子大学日本語日本文学』22. 同志社女子大学日本語日本文学会

森山由紀子(2011)「源氏物語にみる『はべり』の表現価値試論—敬語形式の確立と意味の重層性」森一郎・岩佐美代子・坂本共典(編)『源氏物語の展望 10』pp.301–341. 三弥井書店

森山由紀子・鈴木亮子(2011)「日本語における聞き手敬語の起源」高田博行・椎名美智・小野寺典子(編著)『歴史語用論入門—過去のコミュニケーションを復元する』pp.175–191. 大修館書店

第 2 部　ひとを取り調べる

第4章

初期近代英語期の法廷言語の特徴
―「取り調べ」における「呼びかけ語」の使用と機能*

椎名美智

1. はじめに

　私たちは、情報伝達の目的のためだけではなく人間関係の維持のためにも言語を使っている。しかし、法廷での言語活動(以下、法廷言語)は、日常生活でのそうした言語活動とは異なり、法的判断を下すという明確な目的達成のための発話内容しか許されていない。虚偽の発言は許されず、過不足ない情報が求められ、曖昧な表現は質疑応答によって明確化され、言葉が文字通りに(Shiina 2008)、目的達成の推論の枠中で解釈されている。また、多義性や曖昧性の高い日常の言語活動とは異なり、Grice の協調の原理の4公理 (質、量、様態、関連性)が遵守される特殊なコミュニケーションの場でもある (Coulthard and Johnson 2007: 27–28)。さらに、判決が直接的なスピーチアクトとして絶対的な発語内力をもつこと、新情報の獲得のためではなく既知情報の確認のために質問がなされること(Archer 2006)、陪審員や傍聴人などの第三者の存在が前提となっていることなども、日常のコミュニケーションとは異なる点である。

現在のイギリスの裁判制度では、有罪と確定できない限り、被告には無罪判決が下される推定無罪の前提で裁判が行われているが、本章で分析するのは、無罪と確定できない限り、被告が有罪判決を受ける推定有罪の前提で裁判が行われていた時代の裁判データである (Archer 2002)。本研究の目的は、法廷という談話状況における呼びかけ語の使用状況と、その語用論的役割を明らかにすることである。具体的な手順としては、まずイギリスの初期近代英語期における法廷言語を集めたコーパスにおいてどのような呼びかけ語がどのように使われているのか、その全体的な使用傾向と特徴を量的分析によって明らかにする。その上で、「取り調べる」というスピーチアクトにおいて、呼びかけ語が前後の発話にどのような語用論的作用を果たし、どのような語用論的意味付けをしているのか、その使用例を文脈の中で観察していく。歴史語用論の分類でいうと、過去の裁判記録における呼びかけ語という言語形式からその語用論的機能を追う形式−機能の対応づけ (form-to-function mapping) の事例研究である。

2. 法廷言語の特徴

　魔女裁判をはじめ、過去の法廷言語は多くの歴史語用論研究者によって分析されてきた (Culpeper and Semino (2000), Archer (2002) など)。時代を問わず、法廷言語の特徴は以下の4つにまとめられる (Kryk-Kastovsky 2006: 165–166, Coulthard and Johnson 2007: 26–33)。

①文体論的な観点から見ると、裁く側と裁かれる側との間に、言語的知識の差があるということがあげられる。裁く側は法律の専門家で、法的言語についての知識があるが、裁かれる側は必ずしもそうとは限らない。また、明瞭で簡潔な表現が多い点も、法廷言語の特徴である。
②談話的な観点から見ると、発言の順番は予め決められており、対話は原則的に一方向的に進むという特徴があげられる。

③語用論的特徴としては、関連性のある事柄しか語られないこと、文脈依存度の高い発話内容であること、言語遂行性の高い発話が行われること、談話は公的なものでフォーマルな言語が使用されること、自然で自発的発話ではなく、許された時に許された内容についてしか発話ができないなどといった発話制限があることがあげられる。
④社会語用論的観点から見ると、法廷で決定された事柄は現実社会において法的拘束力をもつこと、また法廷には裁判官-検察・弁護士-証人-被告という明確な階層構造があるといった特徴もある。

3. 理論的枠組みと仮説

　本研究はBrown and Levinson (1987) のポライトネス理論とBrown and Gilman (1960) の二人称代名詞(アドレス・ターム)の使用に注目した研究を基礎とし、Raumolin-Brunberg (1996) とLeech (1999) の呼びかけ語研究の理論的枠組みを使いながら、Nevala (2004) とBusse (2006) による二人称代名詞と呼びかけ語を含めたアドレス・ターム研究をふまえて行った事例研究である。歴史的データに関する議論は『歴史語用論入門―過去のコミュニケーションを復元する』(高田・椎名・小野寺 2011: 5–44) に詳しいのでそちらに譲り、まずポライトネス理論を概観しておきたい。Brown and Levinson (1987) は、「面子(フェイス)」という人々の自己イメージを中心にポライトネス理論を展開している。ポライトネス理論では、人間にはポジティヴ・フェイス (PF) という人との距離を縮めたいという欲求と、ネガティヴ・フェイス (NF) という人との距離を保ちたいと願う、相反する2つの欲求があり、言語にはこれらを調節する機能があるとしている。相手のPFを満たそうとする配慮がポジティヴ・ポライトネス (PP)、NFを満たそうとするのがネガティヴ・ポライトネス (NP) である。「呼びかけ語」も、談話標識としてこのポライトネスの度合いを調節する機能を果たしており、人間関係の距離の調整に役だっている (Brown and Levinson 1987; 椎名 2005, 2010; Shiina 2007)。

呼びかけ語には様々な種類があるが、大きくは NF への指向が強い「敬称型(deferential type)」、PF への指向が強い「愛称型(familiar type)」、どちらともいえない「中立型(neutral type)」に三分できる。それらをポライトネスの座標軸に並べると、以下の図ができる (Raumolin-Brunberg(1996: 171)参照)。

```
ネガティヴ・フェイス ←――――――――――――→ ポジティヴ・フェイス
敬称  肩書き＋名字   総称   職名   名字   名前   友好語   親族   愛称
   〈敬称型〉        〈中立型〉          〈愛称型〉
```

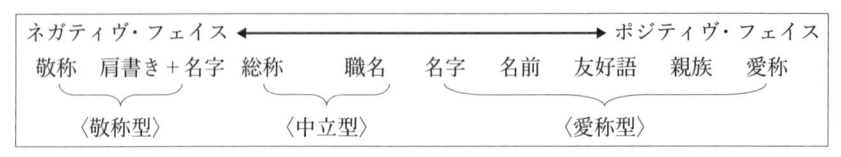

図 1 「呼びかけ語」が構成するポライトネス座標軸

敬称型には、Sir などの敬称 (honorific) と肩書き＋名字 (Title + Surname、以下 T + SN) がある。愛称型には名字(SN)、名前(FN)、friend などの友好語 (familiariser)、親族関係を示す親族語 (kinship term)、dear などの愛称 (endearment) がある。中立型には woman などの総称 (generic) や captain などの職名 (occupational) がある。

現代英語では二人称代名詞はほとんど you しか使われていないが、近代英語期までは 2 つの二人称代名詞 (thou/you) が併用されており、それぞれに異なる社会言語学的、語用論的な意味合いをもっていた。それを呼びかけ語に応用すると、以下のような二項対立にまとめることができる (Wales (1983)参照)。

表 1 「呼びかけ語」の使い分け

	敬称型		愛称型
権力関係	対社会的上位者	←→	対社会的下位者
親疎関係	上流階級の者同士	←→	下層階級の者同士
発話状況	公的・格式ある場面	←→	私的・友好的な場面
感情	尊敬・称賛	←→	軽蔑・嘲り

図 1 と表 1 からは、以下の 4 つの仮説を引き出すことができる。

①権力関係は会話者の担う社会的役割と所属する社会階級によって決まり、下位者から上位者へは NF への指向の強い敬称型が、上位者から下位者へは PF への指向の強い愛称型が使われるのではないか。ただし、社会的身分による上下関係と社会的役割による上下関係が矛盾する場合、権力関係は単純には規定できないのではないか。
②友好関係のある対等な立場の話者同士の場合、上流階級では敬称型、下層階級では愛称型が使われるのではないか。ただし、法廷言語において、会話者の一人は判事や調査官など、専門職という高い階級であるため、下層階級同士の会話は成立しづらい。そのため、愛称型が使用される機会は少ないのではないか。
③公的で友好関係のない場面では敬称型が、私的で友好関係のある場合は愛称型が使われるのではないか。ただし、法廷は公的で友好関係のないコミュニケーションの場面なので、敬称型の使用に偏るのではないか。
④会話の推移により、尊敬や称賛の気持ちが起きれば敬称型の方へ、軽蔑の感情が生じれば愛称型の方へと使用形式がシフトするのではないか。ただし、法廷言語は目的指向性が高く、対話者は最初から対立関係にあるため、対話者間にさらなる敵対関係が生じることはあっても、友好関係は生じにくいので、呼びかけ語がシフトする状況は起こりにくいのではないか。

本章では、これらの仮説を検証すると同時に、取り調べにおける呼びかけ語の語用論的調整機能を見ていくことにする。

4．データ

本章で使ったデータは、*Sociopragmatic Corpus*（Archer and Culpeper（2003）参照）という 17、18 世紀の口語表現（演劇部門と法廷部門）を集めたコーパスの中の法廷部門に属する 16 の裁判記録、約 12 万語のテクスト群である

(詳細は章末の使用テクストを参照)。録音装置のない過去の口語表現を調べるデータとしての裁判記録の有効性については、高田・椎名・小野寺(2011: 16–17)に詳しいので、ここでは繰り返さない。本コーパスには 1640 年から 1760 年までの 120 年にわたるデータが集められており、3 時代に区分されている。1 世紀以上の言語データの集まったコーパスなので、通時的観察が可能ではないかと予想されたが、呼びかけ語使用に関しては、5.1 で詳述するように、サンプルテクストが裁判のどの場面から抜粋されているのかによって、使用頻度が著しく異なり、時代差よりもテクストの個体差が大きいことが判明したため、ここでは共時的な観察にとどめることにした。なお、以下の分析における例文は原文のまま引用しているため、綴り時や大文字表記が現代英語と異なる場合がある。また、引用における呼びかけ語は太字で強調してある。

5. 分析結果と考察

5.1 呼びかけ語の使用頻度

　法廷言語における呼びかけ語の使用回数は 617 回で、演劇テクストでの使用回数は 2160 回である。1 万語当たりに標準化すると、法廷は 50 回で演劇は 171 回と、法廷での使用頻度はかなり低いことがわかる。テクスト毎に使用箇所を見ると、演劇では全テクストで万遍なく使われ、各テクストにおいても全体に拡散して使用されているのに対し、法廷では必ずしもすべてのテクストでは使われておらず、使用個所にも偏りがある。使用される場面と使用されない場面の典型的な例を見てみよう。

(1)　[King Charles I 裁判 (1649)：被告 (王) が裁判長に発言権を交渉する場面]

　　　King: If it please you **Sir**, I desire to be heard, and I shall not give any occasion of interruption, and it is only in a word, a sudden Judgment.

Lord President: **Sir** you shall be heard in due time, but you are to hear the Court first.

〈王：どうか、貴下、一言で終わりますので、中断することなく私の話を聞いて下さるよう望みます。

裁判長：貴下、お話は然るべき時に伺いますが、まずは法廷側の話を聞いていただくことになっています。〉

（２）　[Ambrose Rookwood 裁判（1696）：調査官と証人との質疑応答の場面]

Examiner: Did you see any of them fall short?

Witness: No.

Examiner: Did you see Royal Oak fire?

Witness: Yes.

〈調査官：あなたはそれらのどれかが短くなるのを見ましたか。

証人：いいえ。

調査官：あなたはロイヤル・オークの火事を見ましたか。

証人：はい。〉

(1)は王が発言権を巡って裁判長と交渉をする場面で、敬称型の呼びかけ語が頻繁に使われ、丁寧表現 If it please you と共起して、「要求」という発話行為の発語内力が緩和されている。これは Brown and Levinson (1987) のポライトネス理論の「ヘッジを用いよ」という NP ストラテジー2 に分類できる（以下、言及するポライトネス・ストラテジーはすべて Brown and Levinson (1987) に依拠する）。相手を一段上、自分を一段下に位置づけることによって上下関係を作る「敬意を示せ」という NP ストラテジー5 を使いつつ、I desire to be heard, I shall not give any occasion of interruption「聞いてほしい、中断はしないでくれ」という要求を提示しているからである。一方、裁判長は法廷では最高位にいるものの、被告は社会的に最高位の王であるために権力関係が複層的で、しかも要求の拒絶という、身分差がなくても会話上難しい局面に立たされているため、インタラクションは複雑にならざるをえな

い。この例では、発話の最初に敬称型呼びかけ語を使い、you shall be heard（「もうすぐ発言できる」）、you are to hear（「あなたはこちらの意見を聞くことになっている」）と、話し手（I, we）ではなく聞き手（you）を主語にすることによって権威の源を明示せず、モダリティを使って間接的に命令している。一方、(2)は事実確認のための事務的な疑問応答の場面で、ポライトネスへの配慮はいずれの側にも見られない。このように本コーパスにおける法廷のサンプルテクストは、裁判のどの段階から抜粋されたかで、呼びかけ語使用に差や斑（むら）があることがわかった。しかし、このことによって、本コーパスのデータとしての価値が下がるわけではなく、共時的な言語使用の様子を観察のためのデータとしては十分に有効に利用できる。

　演劇と法廷における使用頻度の違いは、コミュニケーションの目的の違いに起因すると思われる。日常生活では情報交換のためだけでなく、人間関係の構築・保持のために会話が交わされることが多いため、NP, PP両方への配慮が重要で、それだけ人間関係調整機能をもつ呼びかけ語の使用頻度が高い。しかし、裁判は目的指向性が高く、対話者同士が連帯感をもつ必要がなく、人間関係の構築への関心が希薄なため、公的な場での最低限のNPへの配慮は必要であっても、PPへの配慮はあまり必要ない。そのため、証言者の特定、話順の調整・明示、発話の開始と終了の合図といった会話調整機能以外の語用論的要素を考慮に入れる必要がなく、呼びかけ語の使用が少ないのではないかと考えられる。

5.2　呼びかけ語を使用する対話者

　呼びかけ語を使う対話者の社会的役割を見てみよう。呼びかけ語を多用する主な話し手は、証人（143回）、被告（136回）、裁判官（129回）、検察側調査官（92回）、弁護側調査官（63回）の5者である。一方、呼びかけ語が向けられる主な相手は、裁判官（281回）、被告（111回）、証人（86回）の3者である。法廷は対話者が相互に距離を保つNPが強く表れるコミュニケーションの場だが、証人と被告から裁判官に対する呼びかけ語が逆方向よりも多い

ことは、裁判官-証人-被告という権力関係において、下位者から上位者への敬意表現の必要性がより大きいことを示している。「敬意を示せ」というNPストラテジー5が使われていると考えられる。

5.3　各呼びかけ語の使用状況

　フォーマルで公的な言語使用が法廷言語の特徴だが（2節参照）、呼びかけ語の使用頻度をジャンル別に見ると、使用傾向の違いにその特徴が表れている。両方のテクストタイプで敬称型が多用されているが、割合には大きな差があることがわかる。演劇では3割ほど使われている愛称型は、裁判ではほとんど使われておらず、法廷でのデフォルトの呼びかけ語は圧倒的な割合で敬称型なのである。

表2　「呼びかけ語」の使用頻度

形式		裁判		演劇	
愛称型	愛称	―		3.0(65)	
	親族語	0.5(3)		8.8(189)	
	名前の短縮形	―		2.2(48)	
	名前	―	4.9	6.9(150)	30.8
	名字	4.2(26)	(30)	7.9(171)	(665)
	友好語	0.2(1)		1.9(42)	
中立型	総称	0.2(1)	1.5	4.1(88)	6.3
	職名	1.3(8)	(9)	2.2(47)	(135)
敬称型	肩書き＋名字	16.7(103)	93.7	11.3(244)	59.4
	敬称	77.0(475)	(578)	48.1(1039)	(1283)
その他	蔑称	―	―	3.6(77)	3.6(77)
計		100(617)		100(2160)	

注：数字はパーセントで小数点以下2位の数値を四捨五入したもの。括弧内の数字は使用回数。

　演劇の場合、頻度に差はあるものの、愛称型、中立型、敬称型のすべての形が使われているが、法廷ではほとんど敬称型しか使われておらず、全く使われていない形もある。PFへの指向性の高い名前や愛称の不使用は、法廷

が友好関係のないコミュニケーションの場であることの証左であり、仮説③の後半「法廷は公的で友好関係のないコミュニケーションの場面なので、敬称型の使用に偏るのではないか」が正しいことがわかる。

77%を占める敬称（honorific）をより細かく見ると、主に使用されているのは3種類である。最も使用頻度の高いのはNPへの指向性が最も強いMy Lordで、全呼びかけ語使用の46.5%（287回）、次がSirで169回（27.4%）、ついでT＋SNのMr.＋SNで62回（10%）で、法廷で使用される呼びかけ語の約94%はこの3形式で占められている。つまり、形式的にも頻度的にも呼びかけ語使用は制限されているということである。

5.4 権力関係と呼びかけ語使用

権力関係における会話者の上下関係は、彼らの社会的身分と社会的役割によって決まる。社会的身分と社会的役割の上下関係は必ずしも一致しないので、それぞれの場合において呼びかけ語が使用される状況を見ていきたい。

5.4.1 社会的身分関係と呼びかけ語

社会的身分の上下関係による呼びかけ語使用の全体的傾向を見ておきたい。

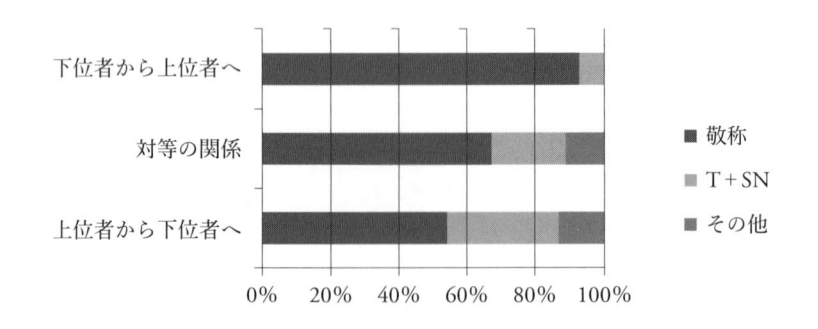

図2　会話者の社会的上限関係と呼びかけ語使用

本コーパスでは、社会的身分は次の6つに分類されている：貴族(nobility)、ジェントリ(gentry)、専門職(professionals)、中流階級(middling groups)、平民(ordinary commoners)、下層階級(lowest groups)。上位者から下位者へ、対等の関係、下位者から上位者への使用状況は図2の通りである。

敬称型の各形式の使用割合が身分の上下関係によって規則的に変化しているのがわかる。下位者から上位者へはNPへの度合いの高い敬称の使用頻度が高く、対等の場合は敬称の割合が減り、NPへの度合いの低いT + SNの割合が増える。上位者から下位者への場合は、敬称がさらに減少し、T + SNが増加している。このことから、仮説①は次のように修正できる。法廷においては上下関係にかかわらず、ほとんどの場合、敬称型が使われている。会話者の社会的身分に基づく権力関係の観点から見ると、下位者から上位者へ、対等の関係、上位者から下位者へという順に、NPへの指向性の度合いが低下する。使用される形式を見ると、上位者から下位者への呼びかけ語の選択の幅の方が、下位者から上位者へのそれよりも広い。一方、下位者から上位者に対して使用できる呼びかけ語の選択の幅は非常に制限されている。

社会的身分による使用状況は表3の通りである。

表3　会話者の社会的身分と呼びかけ語使用

話し手 ＼ 聞き手	貴族	ジェントリ	専門職	中流	平民	下層
貴族	L1	L2, S35, T8	T8, O1			
ジェントリ	L27, S59, T2	L19, S9, T10, F1	S3, T7, O3		O1	G2
専門職	L45	L7, S6, T11	S1, T1, S3	S4, T1	S1, T3, N1	F2
中流			S9			
平民	L1	L3, S6	L1, S5			F1
下層		S1	S3			

注：L：my Lord、S：Sir、T：肩書き＋名字、N：名字、F：フルネーム、O：職名、G：総称。数字は使用回数。網掛けは同じ身分同士の場合。網掛け部の右上部分が上位者から下位者に対する使用状況、網掛け部の左下が下位者から上位者への使用状況を示す。

対話者の組み合わせによって呼びかけ語の使用回数に偏りがあるため一般

化はできないが、以下の3つの傾向が見られる。第一に、話し手の社会的身分の上下にかかわらず、聞き手が貴族やジェントリのような社会的身分の上位者である場合、敬称型の中でもNPへの指向性の高いmy LordやSirが使われている。第二に、話し手が上位者の場合は、my Lord, Sirに加え、よりNPへの指向度の低いT + SNも使われているが、話し手が下位者の場合、選択肢の幅は狭く敬称しか使われていない。一方、聞き手の社会的身分が専門職より下位の場合には、同じ敬称型でもNPへの指向度の低いSir、さらに低いT + SNが使われている。第三に、話し手の社会的身分が高い場合、専門職以下の聞き手に対しては、職名や総称だけでなくフルネームも使われている。話者の社会的身分が高い場合、使用できる呼びかけ語の選択肢は比較的幅広いが、話者の身分が低い場合、使用可能な選択肢の幅は極めて狭い。

　対等関係にある同じ階級の話者間の使用に関する仮説②については、身分の上位者同士でNPへの指向性の高い呼びかけ語が使われることはわかったが、貴族同士、ジェントリ同士ではmy Lordが使われている例がないことから、敬称型のすべての形式がそこに含まれるわけではないといえる。また、法廷における対話者は、どちらかというと敵対関係にあるため、「友好な関係にある対等の立場の者」を想定した仮説②は、表1の「親疎関係」だけを考えていては検証できない。呼びかけ語の形式の選択には、「権力関係」、「発話状況」、「感情」の側面が複合的に作用しているからである。なお、使用例に極端な偏りがあり下位者同士の会話例が少ないため、仮説②の下層階級同士の使用に関しても検証できないことがわかった。

　身分的に上下関係のある会話者の使用例を見てみよう。

（3）　［Christopher Layer 裁判（1722）：裁判官が貴族、調査官がジェントリの場合］

　　　Lord CH. Jus. (Judge, Nobility): **Mr. Hungerford**, you must give them leave to go on in their own Method, ...

Mr. Soll. Gen. (Examiner, Gentry): **My Lord**, we insist upon it in point of Law, that we are intitled to give Evidence...
〈裁判官：ハンガーフォードさん、あなたは彼らが独自の方法で話を進める許可を与えなくてはなりません。
調査官：貴下、法的観点からは、私たちには証拠を出す権利があります。〉

(4) ［John Giles 裁判 (1680)：登記官がジェントリで被告が下層階級の場合］
Recorder (Gentry): He did not go out of your Company at all?
Ann Beron (defendant, Lowest): Yes about Ten a clock.
Recorder: **Woman** you must be mistaken, ...
〈登記官：彼はあなたたちの元から一度も離れることはありませんでしたか。
被告：いいえ、10時頃に出ていきました。
登記官：女よ、あなたは間違えているに違いない。〉

(3) は話し手が貴族、聞き手がジェントリの例で、下位者から上位者へは NP への指向性の最も高い my Lord が、上位者から下位者へは NP 度の低い T + SN が使われている。(4) は上位者から下位者への例で、呼びかけ語の使用頻度の低い事務的事実確認の場面だが、被告の偽証の後にポライトネスへの配慮のない総称語 woman が must と共に使われ、「あなたは間違っている」という後続する陳述の発語内力を増している。

5.4.2　社会的役割と呼びかけ語使用

　ここでは my Lord, Sir, T + SN の3形式に注目し、どの形を、誰が誰に対して使っているのか、会話者の社会的役割を見ていきたい。法廷での対話のほとんどは、裁判官の質問に対して被告や証人が答える形で進むが、表4を見ると、判事への応答では NP への指向性の最も高い my Lord が使われる頻度が最も高いことがわかる。法廷における権力関係（裁判官−調査官−証人

-被告）において最高位に位置する判事に対しては、ポライトネス軸上、最もNP度の高いmy Lordが使われている。ここでは、「敬意を示せ」というNPストラテジー5が使われていると解釈できる。

表4　my Lordを使う会話者の社会的役割

話し手＼聞き手	判事	登記官（下級判事）	調査官	証人	被告
被告	84	5	1	1	
調査官	73	1	2		1

注：数字は使用回数。

例を見てみよう。

（5）［Francis Francia 裁判(1716)：裁判官と証人の対話］

　　Mr. Att. Gen.（Judge, Gentry）: Pray **Mr. Buckley** look upon this Book and these Letters, and acquaint the Court what you know of them?

　　Mr. Buckley（Witness, Profession）: **My Lord**, the Day the Prisoner was seiz'd, I came into Mr. Walpole's Room.

　　〈裁判官：どうか、バクリーさん、この聖書と手紙を見て、それらについて知っていることを法廷で話してください。

　　証人：貴下、囚人が捕まった日、私はウォルポールの部屋に行きました。〉

(5)では、証人から判事へはmy Lordが、判事から証人へはT + SNが使われている。法曹界には家督を相続できないジェントリの出身者が多いが、社会階級的には専門職とジェントリはほぼ同じレベルに属するとみなすことができる(Leith 1983, Seed 1992)。よって(4)の対話者は、社会身分的には対等の関係にあるといえる。しかし、この例で見る限り、法廷では社会的身分よりも法廷という場での社会的役割による上下関係が呼びかけ語の選択に影響を与えていることがわかる。また、コーパス内にmy Lordを相互に使っている例がないことから、my Lordは下位者から上位者へ一方向的に使われる

呼びかけ語だということができる。

　次に Sir が使われる場合を見てみよう。表 5 にある通り、Sir は my Lord に継ぐ頻度で使われており、判事と弁護人の間で相互に使われている。My Lord は証人に対して使われることはなかったが、Sir は判事、弁護人、調査官から証人に対しても使われている。つまり、Sir は会話者が法曹関係者か否かにかかわらず、出廷している多くの男性の間で相互に使われる「安全な」呼びかけ語なのである。

表 5　Sir を使う会話者の社会的役割

話し手 \ 聞き手	被告	判事	証人	陪審員	被害者
判事	62		1	1	
被告		33	3		1
調査官			18		

注：数字は使用回数。

以下がその使用例である。

（6）［King Charles I 裁判（1649）：被告（王）と裁判官の対話］

The King（Defendant）: Well **Sir**, Remember that the King is not suffered to give in his Reasons for the Liberty and Freedom of all his Subjects.

Lord President（Judge）: **Sir**, You are not to have liberty to use this language:...

〈王（被告）：さて貴下、王はすべての家臣に自由を与える理由をいちいち表明する必要はないということを心得ていてほしいのです。

裁判長：貴下、そのようなことを自由に言うことはできないのですよ。〉

（6）は国王が反逆罪で被告になっている例である。社会身分的に、国王よりも高い地位にいる人はいないはずであるが、裁判長はその国王に対して my Lord よりも NP 度の低い Sir を使い、王も裁判長に対して Sir を使ってい

る。明白な身分差のある二人が相互に Sir を使うという、法廷以外では起こりにくい発話状況である。社会的役割の差によって身分の差が相殺され、相互に同じ呼びかけ語の形式を使う対等な関係になっていると考えられる。

　次に T + SN の場合を見てみよう。表 6 を見ると、T + SN は判事や調査官から証人や弁護人に対して多く使われていることがわかる。調査官に対しても、判事や他の調査官が使っているが、それ以外の聞き手に使われる頻度は少ない。T + SN は法曹界の専門家が、法廷に招聘された外部の人に対して使う非対称的な呼びかけ語なのである。

表 6　Title + Surname を使う会話者の社会的役割

話し手＼聞き手	被告	証人	調査官	判事	その他
判事	20	16	7		
調査官	4	24	5	2	4
廷吏	1	1			3
被告	1	3	1		

注：数字は使用回数。

使用例を見てみよう。

（7）　［Ambrose Rookwood 裁判（1696）：調査官と裁判官の対話］
　　Mr. Att. Gen.（Examiner）: **My Lord**, All that we say in answer to this Objection is, That Mr. Harris is not nam'd in that Proclamation.
　　L. C. J. Holt（Judge）: What say you to that, **Sir Bartholomew Shower**?...
　　〈調査官：閣下、この異議への反論としてせいぜい言えるとしたら、ハリス氏の名が宣言書にないというくらいです。
　　裁判官：それについてご意見はありますか、バーソロミュー・シャワー卿。〉

（7）では、判事は二人の調査官から my Lord で呼ばれているが、判事は調査官に T + SN を使っている。各形式が一方向的にしか使われていない。社

会的役割によって権力関係が生じたため、異なる呼びかけ語が使い分けられているのだ。

　ここまで my Lord, Sir, T + SN の3形式を使う対話者の社会的役割を見てきたが、それぞれに使われ方が異なっていた。My Lord と T + SN の場合、前者は下位者から上位者へのみ、後者は上位者から下位者へのみ使われる一方向的な呼びかけ語であった。一方、Sir は権力関係に関係なく両方向に使われる「安全な」呼びかけ語であることがわかった。また呼びかけ語使用に関しては、法廷での権力関係は社会的身分と社会的役割によって決まるが、身分と役割による上下関係が相矛盾する場合、法廷における役割が優先されることがわかった。

5.5　その他の呼びかけ語

　ここでは日常会話ではあまり使われないのに法廷では使われている呼びかけ語と、日常会話ではよく使われているのに法廷では稀にしか使われない呼びかけ語を見ておきたい。前者の代表例は、タイトルなどの肩書のないフルネームの呼びかけ語である。

（8）　［Nathanael Thompson 裁判（1682）：調査官と証人の対話］
　　　Council（Examiner）: **Eliz. Curtis**, were you a Witness for the Murder of Sir E. B. Godfrey?
　　　E. Curtis（Witness）: Yes if it please your Honour, **my Lord**.
　　　〈調査官：エリザベス・カーティス、あなたは E.B. ゴフリー卿殺害の証人だったのです。
　　　証人：はい、その通りでございます、閣下。〉

これは廷吏、調査官などの法廷の役人から証人や被告に対してしか使われない特殊な形式で、聞き手の特定と注意喚起の機能を果たしている。

　また Clark/Clerk, Guard, Officers などといった法廷での職名も法廷独特の

呼びかけ語である。日常会話で多用されている愛称型が法廷ではあまり使われないことはすでに 5.3 で見た。ただし、頻度は極めて低いが、法廷で使われている愛称型の呼びかけ語もある。親族語と友好語である。X's wife, Brother Y という親族語が廷吏から証人に対して 2 回、判事から調査官に対して 1 回使われている。また、Friend という友好語が判事から証人に使われている例がある。これは分類上は愛称型だが、本当に友好的に使われているかどうかは、それぞれの文脈を見てみないとわからない。例を見てみよう。

（9）［Nathanael Thompson 裁判（1682）：廷吏から証人への発話］
　　Cryer: **Rawson's Wife, Rawson's Wife**, come in to the court.
　　〈廷吏：ローソン夫人、ローソン夫人、法廷に入りなさい。〉

演劇において、親族語は固有名詞化して名前のように使われており、親族同士の親愛の情を表していたが、法廷の場合、親族語は証人と被告の関係を明確化するために使われているにすぎず、当然ながら話し手と聞き手の間に親族関係はなく、親愛の情が示されているわけではない。

　次に friend の例を見てみたい。Friend は本研究では愛称型に分類されており、友好的な呼びかけ語に見えるが、先行研究では、かなり戦略的に使われることの多い興味深い呼びかけ語であることが指摘されている。Shiina (2003) は、夫婦の対話の途中で、妻が夫への呼びかけ語をファーストネームから friend にシフトして使っている例を分析している。そこでは、friend へのシフトと高頻度での呼びかけ語使用により、夫婦間の距離が相対的に増し、妻は次第に攻撃的、饒舌になり、夫は次第に防衛的、寡黙になる例が取り上げられている。呼びかけ語のシフトにより、対話者間の親密度が薄まり、夫婦が一時的に「敵対者」となってしまう例である。Nevala (2009) では、同じグループに属するメンバーであることをアピールすることによって、何らかの実利的な利益や友好関係を得ようとして friend が使用される例が分析されている。法廷での使用例はどうだろうか。

（10）［Mary Moders 裁判（1663）：調査官と証人の対話］

Court（Examiner）: You gave her in marriage, but did the Minister give her to her husband then?

Knot（Witness）: Yes, and they lived together.

Jury: **Friend**, did you give this very Woman?

Knot（Witness）: Yes.

Court（Examiner）: What company was there?

Knot（Witness）: There was the married Couple, her sister, my self, the Parson and the Sexton.

〈調査官：あなたは彼女を結婚させましたが、彼女と夫は司祭が結婚させたのですか。

証人：はい、彼らは一緒に暮らしていました。

陪審員：友よ、結婚させたのは本当にこの女でしたか。

証人：はい。

調査官：他に誰がいましたか。

証人：結婚した二人、お嫁さんの姉、私、教区司祭と寺男がいました。〉

　これは調査官と証人の間での 13 往復に及ぶ長い質疑応答の途中に、突然陪審員が割って入り、質疑応答をする場面である。陪審員は証人の友人ではないが、取り調べを行っている調査官ほど対立した関係にはなく、どちらかというと中立的な立場にある。この friend は、本来は中断されるべきではない緊張感の漂う質疑応答の最中に突然割り込むための方策として、その場限りの表面的な友好関係を装った呼びかけ語と解釈できる。この呼びかけ語は人間関係の調整機能を果たしており、話者は PP ストラテジーを使い仲間意識を醸し、他人の会話に割って入る無礼な行為を許容してもらおうとしている。これは「仲間ウチであることを示す標識を用いよ」という PP ストラテジー 4 の行使といえる。本来は許されない行為だが、身内なら許されるという仲間意識に訴えているのである。

5.6 呼びかけ語の使用位置と語用論的役割

呼びかけ語が使われる位置には、文頭、文中、文末、単独使用の4種類がある。これまで様々な例で呼びかけ語の語用論的機能を見てきたが、呼びかけ語の語用論的機能は(1)人間関係の調整機能、(2)会話の調整機能、(3)情報の調整機能、(4)発語内力の調整機能の4つに分けられる。これらの語用論的機能は、呼びかけ語の位置と深い関係がある(Leech 1999)。

まず演劇と法廷における呼びかけ語の使用位置を見てみよう。図3を見ると、使用位置は、演劇と法廷というジャンルの違いにより、大きく異なっている。法廷では文頭での使用が6割、文中での使用が3割で、文末や単独の使用が少ない。

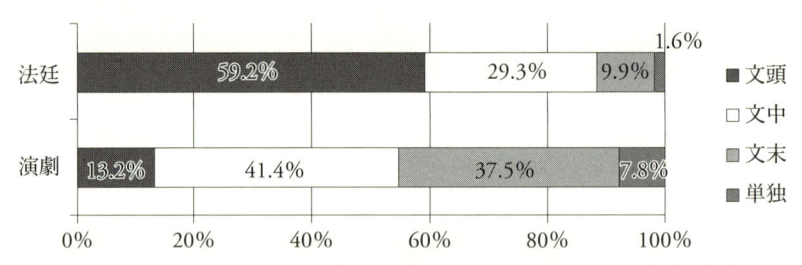

	文頭	文中	文末	単独
法廷	59.2%	29.3%	9.9%	1.6%
演劇	13.2%	41.4%	37.5%	7.8%

注：パーセントは小数点以下2位の数値を四捨五入したものであるため、合計は必ずしも100%にはなっていない。

図3 呼びかけ語の使用位置

ここでは文頭と文中で使われる場合を中心に、使用位置と語用論的機能の関係を見ていきたい[1]。

5.6.1 文頭に使われる場合

呼びかけ語が文頭で使用される場合、聞き手を特定するノミネーション機能、聞き手の注目を集めたり、発話開始の合図として使われる会話調整機能、後続する発話のスピーチアクトをサポートする発語内力の調整機能を果たしている。

判事と調査官から証人へは 48 の使用例があるが、呼びかけ語に後続する文を見ると、その半数が疑問文の形をとっている。残りは命令文、肯定文がほぼ同じ割合で続くが、文法形式にかかわらず、スピーチアクトとしては「X について証言せよ」という発語内力を発揮している。語彙的特徴としては、談話標識の pray（24 回）の多用があげられる。動詞では、証人側が主語の場合は give（9 回）、tell（4 回）、say（2 回）、inform（2 回）、answer/speak/repeat（各 1 回）などの叙述する動詞や、know（5 回）、see/saw（2 回）、heard（1 回）などの認知・知覚を示す動詞が使われている。法廷側が主語の場合は desire（4 回）という要望を示す動詞が使われている。典型的な例を見てみよう。

(11)　［Elizabeth Cellier 裁判（1680）：裁判官の発話］
　　　L.C.J.（Judge）: **Mr. Gadbury**, What do you know concerning this Plot?
　　　〈裁判官：ガドバリーさん、この陰謀について何かご存知ですか。〉

(12)　［Elizabeth Cellier 裁判（1680）：検察側調査官の発話］
　　　Attor. Gen.（Examiner for the Prosecution）: **Mr. Dangerfield**, pray give the Court an account of what you know of Mrs. Cellier, the Prisoner at the Bar.
　　　〈検察側調査官：デインジャーフィールドさん、囚われの身であるセリア夫人について知っていることを、どうか法廷で述べてください。〉

判事、調査官から被告へ呼びかけ語が使われている例は 64 ある。後続はほとんどが肯定文だが、発語内力としては、被告に対する行動を指示する忠告・命令・要望と事実確認、話者の自分の行動についての告知が多い。行動を指示する場合、be (not) to（6 回）、must（6 回）、ought to（1 回）、shall/will/would（各 1 回）、be best to（1 回）など、モダリティを表す語彙との共起が特徴的である。呼びかけ語は行動指示や事実確認と共起し、聞き手を特定するノミネーション機能を果たすと同時に、忠告・命令・要望といった発語内力

を強める語用論的機能を果たしている。以下に引用するのが、判事、調査官から被告への典型的な例である。

(13) ［King Charles I 裁判(1649)：裁判官の発話］
　　　Lord President: **Sir** I must interrupt you, ...: **Sir**, you are not to dispute our Authority, ... **Sir**, it will be taken notice of, ...
　　　〈裁判長：貴下、話を中断してください。貴下、あなたは法廷の権威に異議を唱えるべきではありません。…貴下、…そのことはお気づきいただかないと。〉

(14) ［King Charles I 裁判(1649)：裁判官の発話］
　　　Lord President: ...**Sir**, neither you nor any man are permitted to dispute that point, ...
　　　〈裁判長：…貴下、その点については誰であれ、反論は許されません。〉

(15) ［King Charles I 裁判(1649)：裁判官の発話］
　　　Lord President: **Sir**, You must give me now leave to go on, ...
　　　〈裁判長：貴下、どうか話を続ける許可を下さい。〉

(13)には Sir が呼びかけ語として3回使われているが、それぞれ自分の行動の告知への注意喚起、相手の行動に対する警告・忠告という発語内力を強化している。(14)は呼びかけ語に二人称主語の陳述が後続する事実確認の例、(15)は聞き手の行動に対する命令・要望が後続する例で、いずれも呼びかけ語が発語内力を強めている。

　被告から判事への発話で呼びかけ語が使用されている例は71あるが、その半数が叙述文に先行し、発話開始の合図として使われている。呼びかけ語を先行させて発話開始の合図を送り、いきなり発話を開始するのを避け、ヘッジを用いてフェイス侵害を和らげている。ポライトネスの観点からは、NPストラテジー2「質問せよ、ヘッジを用いよ」を使っているといえる。

(16) ［Sir Henry Slingsby 裁判(1658)：被告の発話］
Dr. John Hewet (defendant)：**My Lord**, I think I have not spoken any thing unreasonably. ...
〈被告：閣下、私は筋の通らないことは何も話していないと思います。〉

(17) ［King Charles I 裁判(1649)：被告の発話］
The King (defendant)：**Sir**, I desire that you would give me, and all the world, satisfaction in this; ...
〈被告：貴下、この点について、どうか満足のいく説明をお願いします。〉

(18) ［King Charles I 裁判(1649)：被告の発話］
The King (defendant)：...**Sir**, I confess, I think it would have been for the Kingdoms Peace, ...
〈被告：貴下、正直なところ、国の平和に役立ったはずだと思うのです。〉

(19) ［Thomas Harrison 裁判(1660)：被告の発話］
Lilburn (defendant)：**My Lord**, I must say in matter and form as I stand indicted, I am not guilty.
〈被告：閣下、私は被告としてここにおりますが、無罪を主張します。〉

(16)は自分の強い意見表明と要望を伝えており、スピーチアクトの発語内力が強く、フェイス侵害の恐れが強いため、その力を緩和するために呼びかけ語が使われている。(17)は呼びかけ語が要望に先行し、発語内力を強めている例である。被告から判事への要望が呼びかけ語と一緒に使われている例は20あるが、要望を示す語彙としては、desire（7回）、pray（2回）、hope（1回）、would/shall（1回）が使われている。呼びかけ語は発語内力の強弱を調整する機能を果たしている。(18)と(19)は、呼びかけ語が I confess, I must say に先行し、後続する宣言や行動予告に注意を集めている。

　証人から判事や調査官への発話で呼びかけ語が使われている例は16あるが、被告から判事への発話例と同じく、ほとんどが質問への返答の場面で使用され、発話開始の合図として使用されている。

5.6.2 文中で使われる場合

本コーパスでは呼びかけ語の約3割(179例)が文中で使われている。呼びかけ語に先行する単語群には特徴があるので、それを見ておきたい。

表7　呼びかけ語前の単語数

	1–3 語	4–6 語	7–10 語	11–30 語	31 語以上
前	86.0%(154)	8.4%(15)	1.7%(3)	1.7%(3)	2.2%(4)

前に置かれる単語群は1語から3語の間に集中しており、以下のように1–3語の場合は談話標識が、4–6語の場合には慣用句が見られる。呼びかけ語に先行する語は、談話標識、yes/no といった返答語、間投詞、接続詞、命令形、副詞、疑問詞、挨拶など種類は多岐にわたるが、いずれも呼びかけ語と共に、後続する発話に注意を集め維持する機能を負っている。

表8　呼びかけ語に先行する語句

1 語	no(20), but(14), pray(13), then(8), truly(7), and(5), now(5), indeed(4), therefore(4), nay(3), come(2), certainly/besides(各1)
2 語	and therefore(2), pray then(2), hark ye/you(2), I say(2), therefore certainly/pray then/so that/but truly/but besides/I say/I beg/I hope, Is this/no more/pray tell/we desire/why then/with submission/under favor(各1)
3 語	by your favor/pray excuse me/I say this/But I remember/Do you hear/I do not/I know not/I grant it/I did say/Do you hear/O Lord no/I believe not(各1)
4–6 語	If it please you(2), May it please your Lordship(2), What do you say/if it please you/what say you to that(各1)

注：( )内の数字は使用回数。

6. おわりに

　本章では、近代英語期の裁判記録のコーパスにおける呼びかけ語の使用を量的、質的に分析することによって、法廷における呼びかけ語の全般的な使用傾向と権力関係における使用状況を調べ、4つの仮説を検証した。本コーパスの場合、会話者の身分や会話状況に関係なく、デフォルトは敬意を示す敬称型、中でも主に使われているのは my Lord, Sir, T + SN の3形式で、これらが対話者の上下関係によって使い分けられていた。法廷の権力関係の決定により大きな影響を与えているのは、社会的身分ではなく、社会的役割や法廷での「取り調べ」における役割であることがわかった。

　呼びかけ語には人間関係、会話、情報、発語内力を調整する語用論的機能があった。呼びかけ語の形式によってポライトネス指向の度合いは異なるが、裁判記録における敬称型の多用は、主に相手へ敬意を示したり、距離を保ったりする人間関係の調整機能を果たしていた。他の語用論的機能は、呼びかけ語が文のどこで使われているか、どんな語句と共起するかで異なっていた。裁判記録では文頭と文中におかれる場合が多く、会話の開始・終了の合図や話順を示す会話調整と同時に、談話標識などと共起して発話の特定の場所に注目を集める情報調整機能や前後のスピーチアクトの発語内力を調節する働きをしていた。

　今回の分析に使ったコーパスでは、呼びかけ語が多用されているテクストもあれば、全く使われていないテクストもあり、テクストの個体差が大きかったため、コーパス内の通時的変化を見ることはできなかったが、全体の使用傾向を捉えることはできた。裁判記録における呼びかけ語の使用状況の通時的変化を見るためには、同時代の他のコーパスデータを補完的に分析する必要があるので、今後の課題としたい。また、呼びかけ語は1章に紹介されている「周辺部」という観点からも捉え直すことができるという意味で、今後、別方向へのさらなる展開も期待される。

注

＊本研究は JSPS 科研費 22520510 の助成を受けたものである。
1　会話において何を「文」とみなすかは難しい問題だが、ここでは便宜的にコーパスに収録されたテクストの句読点によってポーズが示されていると解釈し、前後にポーズがあるものを文とみなしている。

使用テクスト

裁判名（場所）裁判の年月日（Archer and Culpeper 2003）

1. Connor Lord Macguire (Old Bailey) 1644–02–10.
2. King Charles I (Westminster Hall) 1649–01–20, 1649–01–27.
3. Henry Slingsby, Dr John Hewet, John Mordant (Westminster Hall) 1658–05–25, 1658–06–01.
4. Thomas Harrison, Henry Heveningham, Henry Martin, Gilbert Millington, Robert Tichborn, Owen Roe, Robert Lilburn, Hugh Peters (Hick's Hall, Middlesex) 1660 Oct.
5. Mary Moders (Old Bailey) 1663–06–04.
6. Edward Coleman (King's Bench) 1678–11–27.
7. Elizabeth Cellier (King's Bench) 1680–06–11.
8. John Giles (Old Bailey) 1680–07–14.
9. Nathanael Thompson, John Farewell, William Pain (Guild Hall) 1682–06–20.
10. Ambrose Rookwood (Westminster Hall) 1696–04–21.
11. Francis Francia (Old Bailey) 1716–01–22.
12. Christopher Layer (High Bench, Westminster) 1722.
13. William Sloper (King's Bench) 1738–12–05.
14. Bartholomew Greenwood (Surrey Assizes) 1740–08–02.
15. Captain Ambrose (On board ships; The Chatham & The London) 1745 Oct/Nov.
16. William Baker (Old Bailey) 1750 Dec.

参考文献

Archer, D. (2002) "Can Innocent People be Guilty?" A Sociopragmatic Analysis of Examination Transcripts from the Salem Witchcraft Trials. *Journal of Historical Pragmatics*, 3(1) 1–30.

Archer, D. (2006) (Re)Initiating Strategies: Judges and Defendants in Early Modern English Courtrooms. *Journal of Historical Pragmatics* 7(2): 181–211.

Archer, Dawn and Jonathan Culpeper. (2003) Sociopragmatic Annotation: New Directions and Possibilities in Historical Corpus Linguistics. In Wilson, Andrew, Paul Rayson and Tony McEnery (eds.) *Corpus Linguistics by the Lune: Studies in Honour of Geoffrey Leech*, pp.37–59. Frankfurt: Peter Lang.

Brown, Penelope and Stephen C. Levinson. (1987) *Politeness: Some Universals in Language Usage*. Cambridge: Cambridge University Press.

Brown, Roger and Albert Gilman. (1960) The Pronouns of Power and Solidarity. In Sebeok, T. A. (ed.) (1969) *Style in Language*, pp.253–276. New York: The Technology Press of Massachusetts Institute of Technology and John Wiley and Sons.

Busse Beatrix. (2006) *Vocative Constructions in the Language of Shakespeare*. Amsterdam: John Benjamins.

Coulthard, Malcolm and Alison Johnson. (2007) *An Introduction to Forensic Linguistics: Language in Evidence*. New York: Routledge.

Culpeper, Jonathan and Elena Semino. (2000) Constructing Witches and Spells. *Journal of Historical Pragmatics* 1(1): 97–116.

Kryk-Kastovsky, Barbara. (2006) Historical Courtroom Discourse: Introduction. *Journal of Historical Pragmatics* 2(7): 163–179.

Leech, Geoffrey. (1999) The Distribution and Function of Vocatives in American and British English Conversation. In Hilde Hasselgård and Signe Oksefjell (eds.) *Out of Corpora: Studies in Honour of Stig Johansson*, pp.107–118. Amsterdam: Rodopi.

Leith, Dick. (1983) *A Social History of English*. London: Routledge.

Nevala, M. (2004) *Address in Early English Correspondence*. Helsinki: Société Néophilologique.

Nevala, Minna. (2009) Altering Distance and Deining Authorigy: Person Reference in Late Modern English. In Culpeper, J. (ed.) (2009) *Historical Sociopragmatics*, pp.61–82. Amsterdam: John Benjamins.

Raumolin-Brunberg, H. (1996) Historical sociolinguistics. In Terttu Nevalainen and Helena Raumolin-Brunberg. (eds.) *Sociolinguistics and Language History: Studies based on the Corpus of Early English Correspondence*, pp.11–37. Amsterdam: Rodopi.

Seed, John. (1992) From "Middling Sort" to Middle Class in Late Eighteenth-and Eary Nineteenth-Century. In Bush, M.L. (ed.) *Social Orders and Social Classes in Europe since 1500: Studies in Social Stratification*, pp.114–135. London: Longman.

Shiina, Michi. (2003) How Spouses Used to Address Each Other: A Historical Pragmatic Approach to the Use of Vocatives in Early Modern English Comedies. *Bulletin* 48: 51–73. Faculty of Letters, Hosei University.

椎名美智 (2005)「歴史語用論における文法化と語用化」秋元実治・保坂道雄 (編)『文法化―新たな展開』pp.59–74. 英潮社.

Shiina, Michi. (2007) Is Gender an Issue?: Vocative Exchange in Early Modern English Comedies. In Nakao, Y. *et al.* (eds.) *Text, Language and Interpretation: Essays in Honour of Keiko Ikegami*, pp.415–429. Tokyo: Eihosha.

Shiina, Michi (2008) Characteristics of Japanese Courtroom Discourse: Rhetorical Questions and their Pragmatic Functions. Annual Conference of the Poetics and Linguistics Association in 2008. Sheffield University.

椎名美智 (2010)「『呼びかけ語』の機能:歴史語用論的アプローチ」吉波弘他 (編)『英語研究の次世代に向けて:秋元実治教授定年退職記念論文集』pp.409–424. ひつじ書房.

高田博行・椎名美智・小野寺典子 (編著) (2011)『歴史語用論入門―過去のコミュニケーションを復元する』大修館書店.

Wales, Kathleen. (1983) *Thou* and *You* in Early Modern English: Brown and Gilman Re-Appraised. *Studia Linguistica* 37 (2): 107–125.

第5章

ドイツの魔女裁判尋問調書（1649年）に記されたことば

―裁判所書記官の言語意識をめぐって

高田博行

1. 魔女裁判

　ヨーロッパの魔女迫害によって火刑の犠牲となった人の数は5万から6万人とされ、実にその半数はドイツで行われた魔女裁判によるものであるという (Behringer 2001: 8)。魔女迫害がヨーロッパで猛威をふるい始めるのは16世紀末以降であり、ドイツでは三十年戦争の最中の1630年頃にピークを迎える (Hille 2009: 15)。三百あまりもの領邦に分かれていたドイツにおいては、各領邦が独自の裁判権を行使できたが（バシュビッツ 1970: 280）、魔女裁判を行う際の法的な基盤となったのは、神聖ローマ皇帝カール5世が制定した「カール5世刑事裁判令」、いわゆる「カロリーナ刑事法典」(1532)であった (Topalović 2003: 27, 121)。中世後期のヨーロッパの都市国家では集住に伴う治安維持の必要性から犯罪は国家による公的な訴追対象となり、「糾問訴訟」という新しい訴訟手続きが生まれていた（上口 2009: 14）。この手続きにおいては、裁判官が検察官の役割を合わせもったため、被告人の立

場は圧倒的に不利であった。ふたりの証人の証言または被告人の自白があれば有罪とできるので、自白追求のために拷問を伴う尋問が常態化した（上口 2009: 15）。カロリーナ刑事法典は、この糾問主義の典型であるとされる（浜本 2007: 112–124）。

　カロリーナ刑事法典の第1条には、「どの刑事裁判所にも、裁判官、参審人、裁判所書記官が備えられ」[1]ねばならないと記されている。被告人はまず入念に尋問される。この尋問で自白がない場合、被告人をいきなり拷問にかけるのではなく、拷問の器具などを示すことで威嚇して自白するように詰問する。それでも被告人が否認し、被告人自身が自らの無実を証明できないときには、裁判官と参審人と裁判所書記官の立ち会いの下で拷問に附されるべきだと規定されている（第46条・第47条）。カロリーナ刑事法典には、魔女を裁判にかけるときの規定が詳しく書かれている。被告人が魔法を自白したときには、「何をもって、どのように、いつ、魔法が行われたのか、どのようなことばを使ったのか、どのような業を使ったのか」（第52条）、「誰からそのような魔法を習ったのか、どのようにしてそれに至ったのか、その魔法をさらに多くの人びとに対しても使ったのか、誰に対して使って、どのような損害を生じさせたのか」（第52条）が尋問されねばならない。

　裁判所書記官の「義務」については、第181条から第190条の中に詳しく規定されている。裁判所書記官は、「刑事上の告訴および答弁に関して行われる審理すべてを、きわめて、入念に、明瞭に、しかし整然と記録し」（第181条）、「審理がそれぞれなされた年、日および時刻を」（第182条）記さねばならない。証人については、その話し方に関わる「状況を入念に書き留め」、「その証人の身振り・手振り」も記録せねばならない（第71条）。尋問は、裁判所書記官が宣誓のうえ作成し署名した調書に記録されて初めて法的に効力のある行為となる（Hille 2009: 26）。裁判官に疑念が生じた場合、最寄りの大学の法学部等に「訴訟記録送付による鑑定」（第219条）が求められる。このときに尋問調書が最重要の資料となるので、裁判所書記官は尋問の経過と内容を「きわめて入念に、明瞭に、順を追って」（第189条）記録せね

ばならないのである。このような重要な職である裁判所書記官は、多くの場合上層階級の市民層の出身であり、大学で勉学をして法律的知識をもっており、俸給も高額で、のちに市参事会員になることも少なくなかったという（Stegmann 2006: 50–51; Hille 2009: 26）。

2. マルガレーテ・ティーマンに関する尋問

2.1 裁判の経過

　さて、本章が分析対象とするのは、北ドイツのゲッティンゲン市公文書館に保管されているマルガレーテ・ティーマン（Margarete Timann、以下「マルガレーテ」と記す）が被告人とされた魔女裁判尋問調書のうち、1649 年 1 月 20 日と 1 月 23 日のものである（Macha et al. (2005: 35–40) に復刻）。全 238 行で、総単語数は約 8000 語である。本章は、歴史語用論の中でも「語用論的フィロロジー（Pragmaphilology）」のアプローチを採り、「過去の言語共同体における言語の使用のされ方や規則を、当時の社会文化的文脈と関連づけて共時的に再構成すること」（高田・椎名・小野寺 2011: 21）を試みる。17 世紀中葉のドイツの魔女裁判尋問記録における言語使用の特徴を裁判所書記官という職責と関連づけて、裁判所書記官の言語意識に迫りたいと思う。

　まず、マルガレーテの魔女裁判をめぐる経過を、Macha et al. (2005) の解題部分（Macha et al. 2005: 34）と Alexander (1979) に基づいて概観しておこう。マルガレーテの大叔母は魔女裁判で火刑にされた人物で、マルガレーテの祖母と母に関してもいろいろと芳しくない噂が立っていた。1648 年 6 月 19 日、ゲッティンゲンの市参事会は魔女の嫌疑でマルガレーテに対する訴訟手続きを開始した。マルガレーテの尋問に関わったのは、裁判官としてゲッティンゲン市長ヘルモルト（Helmold）、参審人として市参事会員シュナイダー（Schneider）と修士ラウシェンプラート（Rauschenplat）、そして裁判所書記官フィリップ（Phillip）であった。訴訟手続きの経過の中で、鑑定の照会が最寄りのヘルムシュテット大学法学部に何度かなされた。ヘルムシュテッ

ト大学法学部は検討した結果、マルガレーテに対するいくつかの尋問項目を用意し、必要な場合は拷問によってマルガレーテを尋問してもよいとの鑑定結果を出した。本章が分析対象とする調書が記録した尋問は、この鑑定結果を受けて行われたものである。後日マルガレーテの夫が請願書を出しマルガレーテの釈放を求めたのを受けて、ふたたびヘルムシュテット大学法学部に鑑定が依頼された。その結果、マルガレーテを町から追放することが妥当であるとの鑑定結果が示されたが、市長と参審人はこの鑑定結果をよしとせず、別の大学に再度鑑定を求めることにした。そのあとの経緯は伝わっていない。

2.2 尋問の経過

　尋問調書に書かれた内容のあらましは、次の通りである。1649年1月20日午前7時に、拷問を伴わない「穏便な」尋問が開始された。あらかじめ鑑定書に書かれていた7つの尋問項目が問われた。その結果、被告人は自分が飼っていた鶏が家から逃げて、フォークト（Vogt）家の中に入って行ったときに、フォークト家の娘に中へ入れてもらえなかったため、大声で罵ったことを自白した。喧嘩をしたとされるダメラート（Damerath）については、被告人は最初はまったく面識がないと答えたが、あとになって実際には市場で店を出しているときに言い争うことがあって、罵りのことばを吐いたことを自白した。魔女とされるゲッティンゲン市民の名前が書かれたリストに152人が挙がっていることを被告人が早くから知っていたとされる点については、以前に家に来た物売りの女が魔女であったようで、その女が情報源であることを被告人は示唆した。穏便な尋問ではそれ以上の自白が得られなかったため、午前9時になり拷問の威嚇を行い尋問項目すべてが再び読み上がられ再度尋問されたが、結果は同じであった。そのため被告人は拷問室へ連行されて、両脚にねじをはめられ、梯子に体を張り付けられた。それでも、自白は得られなかった。午前11時に拷問が終わったあと、被告人はダメラートに災いが起こったのは彼の義母の仕業であるはずだと言った。

1月23日には、隣人である 篩 職人の妻が証人として召喚され、被告人が収監された日に被告人と話をしたときに、被告人は自分が収監されるのを知っている様子でそわそわしていて、いつもと違っていたと証言した。そのあと、被告人はダメラートの義母の仕業に言及した理由を問われて、それはある人からこの義母が魔女であることを聞かされていたからだと答えた。また、フォークト家の娘との経緯に関しては、この娘が被告人を娼婦呼ばわりしたので罵り返したことを認めたが、自らが魔女である点については否認した。別の証人が呼ばれ、152人という魔女の数を被告人が言うのを実際に聞いたという証言が得られた。

2.3　尋問調書の構成

　尋問調書は、尋問する側と尋問される側の発話を文字によって公的に書き留めたものである。この対話の書き留め方に関して、Topalović (2003: 168) は次の3つのレベルを区別している。

　　第1階層のテクスト：司法行為と発話行為の記述
　　第2階層のテクスト：発話の再現（間接話法）
　　第3階層のテクスト：発話の再現の中に埋め込まれた発話（直接話法）

この3つのテクスト階層の違いに注意してみると、尋問調書の29–32行目[2]は、次のように示すことができる。

（1）

第1階層	[29] Nach gethaner [30] Zuredunge (wie sie nemlig schon überzeuget) [31] gestund sie,〈説得を行った後（即ち彼女はすでに承服して）、彼女は次のことを自白した。〉	
第2階層		das Damerath geantwortet :〈ダメラートが次のように答えたと：〉
第3階層			[32] Davor kan ek mek segnen.〈俺は十字を切って、それ〔悪魔〕から身を守ってみせらあ。〉

ここではたしかに、Topalović (2003) が想定している通り、第2階層のテクストでは間接話法、第3階層のテクストでは直接話法が用いられている。しかし、分析対象とした尋問調書全体を詳細に検討してみると、第2階層のテクストには間接話法だけでなく直接話法も見られ、また第3階層のテクストには直接話法だけでなく間接話法も見られ[3]、テクストの各階層内の言語的特徴がけっして一様ではないことがわかる。そこで本章は、言語的特徴を明確に把握できるように、Topalović (2003) の区分法を採らずに次の3つのテクスト構成の種類を区別することとする。

　　経過描写の上位テクスト
　　間接話法による発話再現の下位テクスト
　　直接話法による発話再現の下位テクスト

尋問の経過を描写する上位テクストの中に、被告人と証人の発話を再現するテクストが埋め込まれていて[4]、その発話再現のテクストには直接話法のものと間接話法のものとがあるという捉え方となる。

3. 形式化・正確化する書きことば

3.1 ラテン語の使用

　さて、尋問調書の言語的特徴を追ってみよう。調書の冒頭部は次の通りである[5]。

（2）　[4] Am 20ten januarii, anno 1649. [5] Ist nach einkommenem informativ die [6] Zimänische morgens früe umb 7 uhr ordine [7] auf die demselben einverleibte articul in [8] der güte für erst befraget: darauf sie ge-[9]antwortet, [10] ad 1. et 2. negando. [11] Auf den 3 gleichfals mit Nein: gestund aber, [12] das [...].
〈通知の到着のあと、ティーマンの妻は早朝 7 時に命令書により、この命令書に添付の尋問項目に従ってまずは穏便に尋問された。質問に彼女は答えた。第 1 及び第 2 の尋問項目については否定した。第 3 の尋問項目に対しても同様にいいえで答えた。しかし〔彼女は〕、[…] ということを自白した。〉

　このテクスト部分は、経過描写の上位テクストである。この上位テクストには、形式性もしくは書きことば性が見て取れる。その要素のひとつは、ラテン語の使用である。法律の言語としてのラテン語を使用することによって、書かれたテクストが専門性を帯びる。ラテン語は経過描写の上位テクストにのみ現れ、発話再現の下位テクストには現れない。法規・行政に関わるラテン語の表現として、ordine [6][6] 〈命令により〉、contribution [100–101]〈税金納付〉、territion [122]〈(拷問の)威嚇〉、ex carcere [184–185]〈牢獄より〉、in specie [190]〈正規に〉、Continuatio protocolli in inquestiosachen contra... [234–236]〈…に対する尋問記録の続き〉がある。その他には、尋問の経過を表すラテン語表現として、januarii, anno... [4]〈…年 1 月〉、post horam nonam [120]〈9 時過ぎに〉、hora undecima [136]〈11 時に〉という日時表示や、欄外に書かれた Praesentibus...〈…の臨席のもと〉、Personis iisdem〈同一人たちが臨席して〉のような尋問の枠の設定がある。また、ad 1. et 2. negando [10]〈項目1および2について否認〉、respondit [188]〈答えて言う〉、certa omnia pernegabat [225]〈彼女はことごとく否定した〉など、認否に関わるラテン語表現がある。さらにまた、ut supra [196]〈上述のように〉、iidem〈同様に〉[144]、eodem [226]〈同様に〉、summa [34]〈総括すると〉のように、テクスト内で照応させるラテン語表現が見られる。qvasi parum sentiens crucaitus [137–138]〈あたかも少ししか拷問を受けなかった者であるかのように感じながら〉、Hisce finitis dimissa iterum in carcerem [232–233]〈これが終わると、再び牢屋へ連れられた〉のような付帯状況の説明もある。

3.2 冠飾句

　この尋問調書に記されたことばが書きことば性を強く感じさせる別の要素は、従属節の名詞化である。例えば、上に引用したテクスト(2)の中の場合では、nach einkommenem informativ [5]〈通知の到着のあと〉がそうである。これは、「通知が到着した後で」(nachdem das Informativ ein(ge)kommen ist)という従属節が名詞化されたものになっている。テクスト(2)にある auf die demselben einverleibte articul [7]〈それに添付された尋問項目に従って〉では、定冠詞と過去分詞の間に demselben〈それに〉という代名詞が挟まれている。このような構造に冠詞類と名詞の間に拡張された形容詞・分詞修飾語が入った構造は、ドイツ語文法では「冠飾句」と呼ばれる。by seinem vörig abgestatteten eyde [226–227]〈彼のあらかじめ行った誓約の際に〉では、副詞も vörig〈あらかじめ〉が挟まれている。さらには、間接話法での発話再現の下位テクスト中に、次の(3)の下線部ような多くの要素が挟まれた冠飾句が見られる。

（3）　wegen eins ihr auf dem Embeckischen markte zu nahe gesetzeten tische [21–23]

〈アインベックの市場で彼女の近くに寄せられすぎた商売台の故に〉

このように冠詞類と過去分詞の間に多くの要素が置かれて拡張されている冠飾句は、16世紀初めにまず官庁語で現れたとされる。語数の多いかさばった冠飾句は16世紀後半に普及し、17世紀初めに「南ドイツの官庁文体全体の体系の構成要素」(Weber (1971: 101); Reichmann and Wegera (1993: 327) も参照) となった。本章の尋問調書が書かれたのと同時期の文法家 Schottel (1641) は、冠飾句には関係節によって「書き換えて言うよりも品位がある」(Schottel 1641: 572) と説明している。ここで言われる「品位」(Zier) という評価語は、冠飾句が官庁語から由来する「威信形」(Fritz and Straßner 1996: 108) とみなされたことと関連していると考えられる。実際に Schottel (1641) が示す例文のあとには、その出典として Reichsabschiede (帝国議会議決文) を表す R.A. という略号が書かれていることが少なくない。

3.3 e音の追加

先に引用したテクスト (2) の中にある befraget〈尋問された〉[8] という過去分詞の語形に注目してみよう。この尋問調書では、この事例のようにアクセントのない e 音が落とされずに残されている。アクセントのない語末音 e の消滅 (例えば im Land e に代わる im Land) は15世紀末に拡大し、「16世紀前半に最も普及し通用した」(Reichmann and Wegera 1993: 81)。しかしその後は、書きことばにおいてこの e 音が復活し始めた (Reichmann and Wegera 1993: 81; Hartweg and Wegera 2005: 143)。この e 音の復活の様子は、17世紀のルター聖書の諸版やその他の印刷物における言語的修正の過程を見てもよくわかる (Takada 1998: 195–197; 高田 2013: 213–214)。また 1641 年以降の文法書には、この e 音が付いた語形が規範として示される (Takada 1998: 169–171, 205–206; 高田 2013: 210–213)。語中における e 音 (例えば des Landes に代わる des Lands) についても、同様のことが言える (Takada 1998: 171–175, 198–200, 205–207, 212–215)。つまり、17世紀中葉におい

ては、書く際に e を添えることが規範的と感じられたのである。

　尋問調書に見られる語末音 e の復活は、auf dem Embeckischen markte ［22］〈アインベックの市場で〉、mit selbigem tische ［24］〈同じ台で〉、aus dem winde〈風から〉［105］、an einem orthe〈ある場所で〉［110–111］、by seinem vörig abgestatteten eyde〈あらかじめ行われた彼の宣誓の際に〉［226］、in ihrem hause〈彼女の家の中で〉［194］といった男性名詞・中性名詞単数与格の e にとどまらず、人称代名詞与格の ihme（zu ihme〈彼のところへ〉［152］、mit ihme〈彼と一緒に〉［23］）、指示代名詞与格の deme（sieder dem e〈それ以来〉［42］）にも見られる。さらにはまた、Zuredunge［30］〈説得〉、einziehunge［68–69］〈収監〉、haushaltunge〈家政〉［100］、peinigunge〈拷問〉［125］、nachbarinne［76–77］〈隣人女性〉、gefengnisse［138］〈牢獄〉のように ung、-in、-nis などの接尾辞にも見られる。これらの接尾辞末の e 音は、中高ドイツ語にはあったが、16 世紀以降に一般に復活せず（Reichmann and Wegera 1993: 81）、17 世紀の文法書でも一貫して誤りとされていたものであるが（Takada 1998: 168–169）、マルガレーテの尋問調書では復活している。動詞の語尾に関しても、同様に e 音を採用する傾向性は明らかである。規則動詞の過去分詞は 1 例（gesagt［28］）を除いてすべて gesaget［57 等］〈言った〉、befraget［164 等］〈尋問された〉、gemachet［15］〈行った〉、gehöret［169］〈聞いた〉などのように e の入った語形になっており、過去形でも bekennete［37］〈自白した〉、wohnete［101–102］〈住んでいた〉、vermeinete［113］〈思い違えた〉のように e が付加されている。以上から、この尋問調書の書記官は、全般的に e のある形で書くことが「正規」であるという語感をもっていて、実際にそのように実践している。したがって、この e 音の復活はこの尋問調書に書きことば性を与えていると言える。

3.4　主節の枠構造

　先に引用したテクスト(2)の書きことば性の高さを示唆するさらなる要素は、主節における完全枠の使用である。5 行目の完了の助動詞 ist と 8 行目

第 5 章　ドイツの魔女裁判尋問調書（1649 年）に記されたことば　115

の過去分詞 befraget の間に長い文要素（21 語）がすべて収められている枠、つまり完全枠の構造ができている。

　Ebert（1999）によるニュルンベルクの都市言語の調査では、15 世紀に微減した主節の完全枠は、16 世紀にはふたたび大きく増加した。とくに、官庁に関わる文書において完全枠が多く見られ（Ebert 1999: 114）、「威信ある模範」（Ebert（1999: 116）；また Reichmann and Wegera（1993: 436）も参照）として、「17・18 世紀にとくに好まれ」（Polenz 1994: 269）、その頻度と大きさが増加していった。分析対象とした尋問調書と同時代の Schottel（1641: 606f.）の文法書では、主節における枠構造が一般的通用性をもつ規則として示されている。17 世紀末には別の文法家たちが、主節の枠を形成する際に助動詞と不定形の間に多くの要素を詰め込まないように注意を喚起している（Bödiker 1690: 212; Stieler 1691: 203）。このことから、17 世紀後半において大きすぎる枠の形成が頻繁に実践されていたことがわかる。

　マルガレーテの尋問調書においては、経過描写の上位テクストだけでなく、間接話法および直接話法による発話再現の下位テクストにおいても、主節の枠はすべて完全枠（65 例）となっている。ただし枠の大きさとしては、テクスト（2）に示した冒頭部初めの例（Ist ... befraget）で枠内に 21 語を入れているケースおよび、主節の枠の中に従属節が挟まれている次の 2 例を除くと、小さな枠で収まっている。

（4）　Aufs dritte: es **were** ihre nachbarinne die Siebemachersche auf denselben tag, wie sie eingezogen worden 3 mahl zu ihr ins haus **kommen**.［76–79］
　　　〈第 3 の尋問項目に対して隣人の篩(ふるい)職人の妻が、彼女〔被告人〕が収監されたのと同じ日に三度彼女の家にやってきたと〔被告人は答えた。〕〉

（5）　es **wer** ia die Siebemachersche denselben tag, als sie gefenglig eingozogen worden in ihrem hause **gewesen**.［192–194］
　　　〈篩(ふるい)職人の妻が、彼女〔被告人〕が収監されたのと同じ日に彼女の家にいたのだと〔被告人は答えた。〕〉

つまり、この裁判所書記官は主節における完全枠という規則は遵守しているものの、だからといって理解に支障が出るような大きすぎる枠の形成を頻繁に行っているわけではない。

3.5　従属節の枠構造

3.5.1　経過描写

　先のテクスト (2) には、darauf (= worauf) [8] や das (= dass) [12] を用いた文の従属構造によって、さらなる書きことば性の高さが示唆される。条件、留保、根拠などによる複合的な思考を表現したり、より正確な意味内容を表現する場合には、文の従属構造が必要となる。そのため中世後期には、法律関連のテクストで従属的な文構造が強まり、16 世紀から 18 世紀にかけては、論証の展開を明示化するために、法律語、学問語、専門語において論理展開を表す接続詞の数が増加した (Polenz 1994: 275)。マルガレーテの尋問調書で経過描写を行う上位テクストにおいて従属節が多く見られるのは、まさに細かな論証の展開を記録する必要性からであると考えられる。その例を見てみよう。

（6）　Nach diesem ist sie post horam nonam dem scharfrichter zur peinlichen territion unter die hand gegeben.
　　　〈このあと、彼女は 9 時過ぎに拷問をするために刑吏の手に渡された。〉
　　　da ihr dan nochmahls alle articul vorgelesen worden, sie aber nichts darauf bekant hatt.
　　　〈彼女に再びすべての尋問項目が読み上げられたが、彼女はそれに対して何も自白しなかったので。〉
　　　Darumb sie zur peinigunge abducirt,
　　　〈そのため、彼女は拷問へ連行された。〉
　　　in **welcher** ihr eine beinschraube auf ein iegliches bein gesezet,
　　　〈その拷問の中で彼女は脚ねじを両脚にはめられた。〉

so sie aber zur bekentnisse nicht bewegen können.［120–128］
〈その脚ねじを彼女は自白するまで動かすことができなかった。〉

この(6)では、彼女が拷問の威嚇を受けた「理由」が da 節で示され、darumb（= worum）節でその帰結が示されている。さらには拷問については welcher 節（関係節）で詳しい説明がなされ、その中のねじについて so 節（関係節）によって詳しく説明されている。

3.5.2 発話再現

　マルガレーテの尋問調書では、間接話法による発話再現の下位テクストでも従属構造が頻繁に観察される。発話を間接的に引用するために、まずは発話内容を伝える dass（das Damerath geantwortet［31］〈ダメラートが答えたということ〉）、決定疑問文を導入する ob（ob er gegen die Zimänsche gedacht hette［227］〈彼がティーマンの妻に言ったかどうか〉）、補足疑問文を導入する疑問詞（warumb sie dan gesaget［61–62］〈なぜそのとき彼女が言ったのか〉）などによる従属節が作られる。次の(7)のように、間接話法になっている従属節が3つの階層で形成されている文もある。

（7）　Darauf sie geantwortet,〈それに対して彼女は答えた。〉
　　　　das sie solches darumb geredet,
　　　　〈彼女は次の理由でそのように言ったのだと、〉
　　　　　　weil sie sich nicht könte einbilden,〈彼女は想像できないから、〉
　　　　　　　　das eine hexe zur seeligkeit kommen könne.［114–119］
　　　　　　　　〈魔女が天国に行けることを。〉

しかし、このような階層的な従属節の構造は多くはなく、むしろ dass、ob、疑問詞を伴わず、次の(8)のように接続法の動詞を用いた主節の形式で間接引用している箇所のほうが多い。

(8) Des anderen morgens berichtete Marcus Sternberg, der Herrendiener,
〈翌朝、刑務官のマルクス・シュテルンベルクが報告した、〉
es **hette** die Zimänsche zu ihme gesaget:
〈ティーマンの妻は彼に言ったと：〉
Sie **were** so unvermögen vndt könte den einen arm nicht wol regen.
[150–153]
〈彼女は力が入らず、片方の腕が動かせないと。〉

この(8)では、接続法を用いた主節形式が一貫して使われており、従属節なしで表現されている。さらには、(8)の引用部分に続く部分では、ほぼ30行にわたって、発話は接続法を用いた主節形式で発話内容が細かく詳細に書き留められている。つまり裁判所書記官は、原因や時間関係などを表す従属接続詞を多用して複雑な文構造になることを避けて、並列構造による簡易な文構造に配慮していると解釈できる。

3.5.3 定動詞の位置

従属節における定動詞後置は、古高ドイツ語ですでに頻繁に見られるものの、義務的というわけではなかった。しかし14世紀には、それは一般的な用法になっていた (Nübling 2008: 96)。従属節中での定動詞後置を、17世紀の文法家 Schottel (1641: 755) は「秩序あるもの (ordentlich)」として、主節の枠の場合と同様にポジティヴに評価している。従属節における定動詞の絶対的後置（完全枠）の増加は、14世紀から17世紀の間に確認できる (Ebert 1999: 107)。この従属節における完全枠という威信形は、16・17世紀以降に支配的になった。

「17世紀から19世紀にかけてますます複合的になっていく従属的な文構造文体に随伴する現象」(Polenz 1994: 278) として、従属節における完了の助動詞の省略（例えば、weil der Mann nach Hause gekommen ist〈その男が帰宅したので〉における ist の省略）がある。16世紀になって広がりを見せたこ

第 5 章　ドイツの魔女裁判尋問調書（1649 年）に記されたことば　119

の定動詞を欠くこの無定動詞構造は、官庁文体に特徴的であった。この構造は、17 世紀の官庁関連の文書ではほとんど例外なく使われ、さらには小説や専門的文書においても大量に使用された（Reichmann and Wegera 1993: 440–441）。17 世紀初めの週刊新聞においては、関係節の 84％がこの無定動詞構造になっていたという（Demske-Neumann 1990: 247）。

　さて、マルガレーテの尋問調書においては、単一の動詞の場合は 17 例すべてが(9)のように完全枠を形成している。

（9）　... damit es ohne vieles gespott vndt aufsehen der leute **zugienge**［93–94］
　　　〈人びとのあまりに多くの嘲りや注目を浴びずに済むように…〉

完了形など 2 成分からなる動詞の場合は 39 例中 19 例が(10)のように完全枠（定動詞の絶対的後置）、16 例が(11)のように無定動詞構造、4 例が(12)のように不完全枠となっている。

（10）　... das sie umb Martini hinaus in seinem hause bey seiner frawen gewesen **sei**［154–156］
　　　〈彼女は聖マルティヌスの日に外出して、彼の妻のところにいたと…〉
（11）　... das sie solchen thaler von einer verdächtigen frawen gelöset［97–99］
　　　〈彼女はそのターラー貨幣を怪しい女から得たと…〉
（12）　... ob eine frawe fürm Grunerthor **were** weggeloffen［172–173］
　　　〈誰か女がグリューナー門の前を走り去ったかどうか…〉

3 成分からなる動詞の場合は、9 例中 4 例が(13)のように完全枠、3 例が(14)のように無定動詞構造、2 例が(15)のように不完全枠である[7]。

（13）　... das sie eingezogen werden **solte**［199］
　　　〈彼女が収監されるはずだと…〉

(14) ... so sie aber zur bekentnisse nicht bewegen können ［127–128］
　　〈しかし彼女を自白へと導くことができなかったところの…〉

(15) ... wie die thür **were** für ihr zugethan worden ［216–217］
　　〈彼女の前の扉が閉められてしまったので〉

　正確さが求められる官庁語においては、従属節における枠の中に多くの要素が詰められることになった（Nübling 2008: 96）。17世紀末の文法家 Bödiker (1690) は、「そのような書き方をする人たちというのは、自分たちのもくろみの高さは不明瞭なドイツ語によってこそ品位をもって表現されると考えている」（Bödiker 1690: 245）と、社会言語学的な動機を読み取っている。しかし、マルガレーテの尋問調書を見ると、(16) のように、従属文の中に従属文が埋め込まれている文（入れ子構造）も観察されるが、これらはかさの大きなものではなく、理解の妨げになる性質のものではない。

(16) item das sie ihre gefängliche einziehunge 14 tage vorher, <u>ehe es geschehen</u>, gewust ［68–69］
　　〈同様に、彼女が自分の収監を、実際に収監される14日前に知っていたと〉

　この尋問調書における無定動詞構造を詳しく見ると、定動詞省略が可能な2成分動詞が24例あるうち8例が、3成分動詞では省略可能な7例中4例が無定動詞構造ではない。つまり、定動詞省略が可能なケースにおける省略の率が60パーセント程度しかないことから、この尋問調書が官庁関連のテクストにしては無定動詞構造の比率が高くないことがわかる。

4. 臨場感をもたせる話しことば

4.1 低地ドイツ語

　マルガレーテの尋問調書では、2.3 節で引用したテクスト (1) の部分にあった Davor kan **ek mek** segnen. (= Davor kann ich mich segnen.)〈それから自分の身を守ってみせらあ。〉[32] のように、直接話法の発話が低地ドイツ語の語形で書かれているものがある。マルガレーテが市場の露店でダメラートと言い争う場面では、(17)、(18) のように同様に低地ドイツ語が書かれている。

(17)　**Dat dek ok de Düvel hale, dar du steist.** [27] (= Dass dich auch der Teufel hole, wo du stehst.)
　　〈おめえはぼーっと立ってたら、悪魔にさらわれるさ。〉

(18)　**Dat schastu wies** werden. [28–29] (= Das sollst du weiß werden.)
　　〈おめえはどうなるか見てろよ。〉

　低地ドイツ（北ドイツ）には、ハンザ同盟都市間で超地域的な通信を行うために、低地ドイツ語による文章語（ハンザ語）ができていたが、16 世紀になりハンザ同盟の没落と共にその威信が失われた。それに伴い、北ドイツの公官庁機関と社会的上層は高地ドイツ語の文章語を習得するように努め、17 世紀中頃までに低地ドイツでは高地ドイツ語文章語が低地ドイツ語文章語に取って代わった。このプロセスの中で、日常の話しことばとしては低地ドイツ語が使用され、公的な領域では威信言語としての高地ドイツ語が使用されるというダイグロシア（二言語使い分け）の状況が生まれた。この低地ドイツにおける言語交替は、「ドイツ語史における第一級の出来事」(Polenz 2000: 259) であり、低地ドイツ人の心の中に「自らの母語である低地ドイツ語に対する宿命的な軽蔑心」(Sanders 1983: 999) を深く根付かせた。例えば 1653 年のリスト (Johann Rist) による戯曲『平和に歓喜するドイツ (Das

Friedejauchtzende Teutschland)』の中では、身分の高い大佐は高地ドイツ語で話し、一方農民は低地ドイツ語で話すように設定され、低地ドイツ語の使用が社会的に低い階層の印とされている (Takada 2012: 32)。

　このような歴史的経緯を踏まえると、マルガレーテの尋問調書の中で被告人の発話が低地ドイツ語（のまま）で再現されているのは、発話者たちの社会的階層が低いことを特徴づけていることになる。他方でまた、低地ドイツ語で発話が再現されている箇所がマルガレーテが誰かを罵る場面であることからすると、被告人の罵りことばを生き生きと写し取って、証拠としての信憑性を高める目的で裁判所書記官が低地ドイツ語を使用しているという解釈も成り立つ。

4.2　呼称代名詞

　上に挙げたマルガレーテがダメラートを罵ったときの発話 (17) と (18) では、マルガレーテは相手（単数）を親称（単数）の du で呼び指している。同様に、マルガレーテが鶏を追っていった先の家にいたフォークト家の娘を罵る場面でも、(19) のようにマルガレーテは相手を du で呼んでいる。

(19)　... wen **du** so gewisse keine hur werest, als ich keine hexe bin.［221–222］
　　　〈おめえが娼婦でないんと同じくらい、わたしも魔女なんかじゃない。〉

しかし一方、第三者の証言の中でマルガレーテ自身が誰かによって 2 人称で指される場面では、(20)、(21) のように du ではなく親称複数の ihr が用いられている。

(20)　... es solten ihrer gleichwol 152 sein, wen **ihr** nun keine seid, vndt die anderen sagen auch, sie seyens nicht, wer sind sie dan?［57–60］
　　　〈だけど魔女の数は 152 人だということだ。あんたが魔女じゃなくて、他のもんらも自分たちゃ魔女じゃないと言うなら、いったい誰が魔女なん

だい。〉

(21) **ihr** möchtet ia wol aus dem winde bleiben［104–105］
〈あんたは、風を避けることができるだろうよ。〉

(20) では、（証人の回想の中で）マルガレーテは証人によって ihr で呼び指され、(21) では魔女とおぼしき女が被告人の家に来たときにその女によって ihr で呼び指されている。du と ihr の違いは何を意味しているのであろうか。

　ひとりの相手を呼び指す代名詞として、ゲルマン語において初めは du（2人称単数の形）しかなく、王に対しても du が用いられた。しかし、相手への敬意を表すためにひとりの相手であっても複数として扱って ihr（2人称複数の形）を用いるようになった。16 世紀になって、それまで通用していた du と ihr の呼称代名詞の体系が崩れ始める。社会的に地位が高くない人物に対しても ihr が用いられるようになったため、呼称代名詞に代わって der Herr（ご主人様）、die Frau（奥様）という人物名称が敬意を表す方法として使用され始めた。このような人物名称が敬称として何度も使われる中で、その人物名称が 3 人称単数の代名詞 er（英語の he に対応）または sie（英語の she に対応）で受けられることが繰り返された。その結果、本来は前方照応的な機能をもつはずの代名詞 er/sie が、もはや前方に照応する名詞がなくても Was bekommt er/sie?「あなた様は何をお召し上がりになりますか？」のように用いられて、1630 年代までに er/sie（3 人称単数の形）が敬意を表す呼称代名詞へと機能変化した。下級貴族と中流階級上層は ihr を敬意形としてもはや使用しなくなり、敬意を表す目的では er/sie を使用することになった。このようにして、17 世紀前半にひとりの相手を du, ihr, er/sie で 3 段階に呼び分ける体系が誕生した（高田 2011）。この体系の中では、du よりも ihr のほうが社会的地位が相対的に高い呼称である（現代ドイツ語で敬称として用いられる Sie（3 人称複数の形）は、18 世紀になって使用されるようになったものである）。

　したがって、マルガレーテの尋問記録の裁判所書記官は、被告人には相手

をさげすむ du を用いさせ、一方証人には被告人をさげすみはしない ihr を用いさせることで、被告人のことば遣いの悪さを印象づける意図があったと解釈することが可能である。

4.3 話しことばらしさ

　直接話法による発話再現の下位テクストには、話しことばらしい表現が観察される。そのひとつが音縮約である。上の(20)の直接話法には、代名詞の es が動詞 seyen と前接して、seyens (= seiens) という音縮約が起こっている。同種の例は、die **kans** wol besser［146–147］〈彼女のほうがおそらく上手にそれができる〉における kans (= kanns < kann es)、ob eine frawe **fürm** Grunerthor were weggeloffen.［172–173］〈ある女がグリューナー門の前を走り去ったかどうか。〉における fürm (= vorm < vor dem)、そして上の(18)における schastu (< sollst du) である。

　話しことばらしさを印象づけるもうひとつのものとして、陳述内容に対する話し手の態度（気持ち）を反映する「心態詞（Abtönungspartikel）」がある。今挙げた die kans wol besser に含まれている心態詞 wol (= wohl) は、「陳述内容がおそらく事実であろうという、話し手の推測の気持ちを反映」（岩﨑 1998: 1381）している。また次の(22)、(23)で使用されている心態詞 ia (= ja) は、「陳述内容が、聞き手と共通の既知の事柄である、あるいは自明の事実であるという、話し手の判断」（岩﨑 1998: 693）を示している。

(22) 　ich bin **ia** der teuffel nicht.［218］
　　　〈わたしゃ悪魔なんかじゃないんだから。〉
(23) 　das ist **ia**, als wen der schinder über einem ist.［143］
　　　〈なかなかのしごき人がいるみたいだな。〉

先ほど挙げた(21)に含まれている ia (= ja) と wol (= wohl) との組み合わせは、「推測に関する話し手の自信のほどを示」（岩﨑 1998: 1385）している。

4.4 間接話法における話しことばの痕跡

　この ja や wohl といった話し手の気持ちを反映する心態詞は、マルガレーテの尋問調書をよく見てみると、直接話法の箇所に劣らず、もしくはそれ以上に頻繁に、例えば(24)、(25)のように間接話法の箇所にも確認できる。

(24) 　Ad 5. zu der zeit hette **ia** Schrader schon gehinket.〔47–51〕
　　　〈尋問項目5について。その頃シュラーダーはすでに足を引きずってたんだと〔被告人は答えた〕。〉

(25) 　Aufs dritte: es were ihre nachbarinne die Siebemachersche〔…〕zu ihr ins haus kommen, vndt hette gesprochen, die herren würden auch eine von ihrer ecken einziehen lassen, wer solche **wol** sein möchte.〔76–85〕
　　　〈第3の尋問項目に対して。隣人の篩(ふるい)職人の妻が〔…〕彼女の家にやってきて、〔次のように〕言ったと〔被告人は答えた〕。役人たちが彼女の地域からひとりの女性を収監するだろう。誰がその女性になることだろうか。〉

　(25)の wer solche wol sein möchte という間接話法は、Wer mag solche wohl sein?〈だれがそんな者だと言うんだい。〉という直接話法がその元に想定される。「疑問の内容についての話し手の不確実な気持ちを反映」(岩﨑 1998: 1386)する補足疑問文中の wohl が、間接話法の文の中へ引き継がれている。

　また、間接話法中では ja と wohl の他に doch や denn といった心態詞も、次の(26)、(27)のように使用されている。

(26) 　Ferner ist ihr vorgehalten, das sie an einem orthe gesaget, ihr wunder, warumb **doch** die herrn der verbranten hexen das abendmahl raichen lassen, ob sie vermeineten den teuffel zubekehren.〔110–113〕
　　　〈さらには、彼女〔被告人〕がある場所で〔次のように〕言ったことが咎められた。ほんとうに驚いたことに、なぜいったい役人たちは焼かれる魔女に最後の晩餐を差し出すのか、役人たちは魔女を改宗させることをお考え

なのか〔と〕。〉

(27) Auf solche rede hette sich die Zimänsche unter dem ganzen gesichte entsalbet, hette nicht gefraget, was **den** solches für eine frawe sein solle, da sie **doch** sonst gerne alles wissen wolte; sondern were stillschweigens in ihren hoff gegangen.［174–182］
〈この話にティーマンの妻は顔全体が青くなり、普段は何でも知りたがるのに、その人物がいったいどのような女であったのかについて尋ねることなく、黙って中庭に入っていった〔と証人は証言した〕。〉

(26)の doch は「話し手の驚き・驚嘆・賛嘆、場合によっては不快・怒り、などさまざまな気持ちを反映」(岩﨑1998: 302)し、(27)の den (＝ denn) には、「話し手の〈驚き〉〈疑問〉〈いらだち〉〈不快〉〈非難〉などの気持ちが」(岩﨑1998: 257)こもっている。(26)の中の ihr wunder〈なんてことだ〉にも、話しことばの痕跡が見られる。これは直接話法で mein wunder という間投詞的表現が所有代名詞の部分を間接話法の故に mein〈私の〉から ihr〈彼女の〉に変えただけで、そのまま残されている。

　その他に、間接話法の箇所には社会的価値づけが高くない文法的形式が用いられている。それは、(例えば sagen〈言う〉を sagen tun のように)不定詞＋ tun (＝「行う」、英語の do に対応)で本動詞を言い換える形式で、魔女とおぼしき女が被告人の家にやって来て話した発話(28)の中にある。

(28) Die frawe hette sich auch vernehmen lassen, das sie wol leute helffen könte, aber sie dorfte es nicht thun, den die priester **thäten** so darauf **schelten**.［106–109］
〈この女はまた、自分はたしかにひとを助けることができるが、牧師が叱るんでそうしてはいけないのだと述べた。〉

この文法形式は「民衆的な種類のテクストにしかほとんど」(Polenz 1994:

263）現れず、17世紀中頃には「話しことば的色彩」(Reichmann and Wegera 1993: 395）を帯びていたとされるものである。また、**wens** hette also mügen auf die wage gehen［63］〈それで〔魔女の重さを量る〕秤のところに行くことになっても〉のように、直説話法に見られる音縮約が間接話法の箇所に現れている。

5．裁判所書記官による「真実」の追求

　以上のように、マルガレーテ・ティーマンの尋問調書に記されたことばは、形式化・正確化する書きことばと、臨場性をもたせる話しことばとで混成されていることがわかった。この2つの種類のことばのあり方を、Koch and Oesterreicher(1985)のモデルを援用して、「遠いことば（疎遠言語）的」対「近いことば（親密言語）的」と言い換えてみよう（高田・椎名・小野寺 2011: 13–15。→本書の芹澤論文222頁を参照）。「近い」と「遠い」というメタファーは、「パラメタ値の組み合わせを全体として把握するために利用」(Koch and Oesterreicher 2007: 351）されている。「近い」とは、「会話的であること」、「コミュニケーションの相手と親密であること」、「テーマ展開が自由であること」、「個人的であること」、「準備のないとっさのものであること(Spontaneität)」、「情緒的参与が強いこと」などのパラメタ値の組み合わせを総括的に述べ、「遠い」とは、「モノローグ的であること」、「コミュニケーションの相手と疎遠であること」、「テーマが固定的であること」、「公共的であること」、「熟考されたものであること」、「情緒的参与が弱いこと」などのパラメタ値の組み合わせを総括的に述べたものである。

　こう考えると、マルガレーテの尋問調書を書いたフィリップという名の裁判所書記官は、経過描写の上位テクストでは、被告人や証人たちからは遠い立ち位置で情緒的参与なしに、固定的な裁判の経過展開の枠内で公的な事柄を熟考しつつモノローグ的に「遠いことば（疎遠言語）」を用いて書き留めている。ただし裁判所書記官フィリップは、学識者や官僚たちが複雑に従属節

が入り組んだような「遠いことば性」の極めて高い文体を用いて自らの社会的地位の高さを誇示した 17 世紀にあって、「遠いことば性」が高すぎはしない、理解しやすいことばで書いている。これは、判断の根拠として理解されない限り尋問調書の実際的な意味がなくなるという意識と関係しているであろう。

　裁判所書記官フィリップは、直接話法による発話再現の下位テクストでは、被告人や証人たちを近い立ち位置から個人的な会話として彼らの情緒性を「近いことば（親密言語）」で写し取っている。間接話法による発話再現の下位テクストでは遠いことばになりがちなところ、この書記官は近いことば性に配慮して調書を記している。

　では、この裁判所書記官が「近いことば」を尋問調書に少なからず記している理由は何であろうか。裁判所書記官は、カロリーナ刑事法典に定められているように、「刑事上の告訴および答弁に関して行われる審理すべてを、きわめて、入念に、明瞭に、順を追って記録」（第 181 条）せねばならない。裁判所書記官がこの職責に忠実であるならば、被告人と証人たちの発話を写し取るに際して、本物らしさ、信憑性が可能な限り高くなるように努めねばならない。この意識の背後にあるのは、次の (29) の文に書かれている意味での「真実」に対する追求心である。

(29)　Es hatt aber so wenig dieses als ienes die warheit aus ihr bringen können. [131–133]
　　　〈しかし、あれこれ行っても彼女から真実を引き出すことはほとんどできなかった。〉

裁判所書記にとっては被告人が魔女であるということが「真実」であり、この「真実」を引き出すために、裁判所書記官は尋問調書の中で被告人を魔女らしい印象で浮かび上がらせる必要がある。被告人が拷問のあとで「周りを見回して、笑いながら「なかなかのしごき人がいるみたいだな」と述べた」

第 5 章　ドイツの魔女裁判尋問調書（1649 年）に記されたことば　129

［142–143］という記述などは、笑うというノンバーバルな情報を交えながら裁判所書記官が近い立ち位置から被告人を描写し、不敵な被告人のイメージを助長するのに成功している。裁判所書記官フィリップが尋問調書の行間または欄外に加筆した箇所を見てみても、被告人にとって不利になる情報を加筆したと思われる箇所が少なからずある。例えば、アインベックの市場で被告人がダメラートと言い争った際に被告人の夫が「その台に自分の手をぶつけて、出血した」という箇所で、handt〈手〉という語の前に schon verwundete〈すでに怪我をしていた〉という説明を加筆して、seine schon verwundete handt［24–25］〈すでに怪我をしていた彼の手〉としている。ここでは、被告人の夫は言い争いより前の時点で「すでに怪我をしていた」のであって、被告人側の被害をより小さなものとして描こうとしていると考えられる。

　以上のことから、尋問調書作成にあたって裁判所書記官フィリップが「近いことば性」と「遠いことば性」を使い分けた際の言語意識には、「真実」を追求するという裁判所書記の職責が大きく反映されていると言えよう。ただし、このような言語意識はフィリップという名の今回の裁判所書記官に特有の個人的な意識なのか、それとも裁判所書記官たちがそれまでに形成し受け継いできた集団としての意識なのかについては、筆者の今後の課題としたい。

注

1　以下「カロリーナ刑事法典」からの翻訳に際しては、塙（1992: 145–236）所収の日本語訳「カール五世刑事裁判令（カロリーナ）」を参考にしたが、最終的には Zoepfl (1883) が編集した原典にあたり筆者が訳し変えた。
2　引用文中の［　］内の数字は、Macha et al. (2005: 35–40) に復刻されている尋問調書の行数を表している。以下同様。
3　あとで例文（23）として示す das ist ia, als wen der schinder über einem ist［143］〈な

かなかのしごき人がいるみたいだな〉は、...soll sie [...] lachend gesaget haben [140–142]〈彼女は笑いながら言ったとのことである〉という第 1 階層のテクストの後に続く第 2 階層のテクストであるが、直接話法となっている。あとで示す例文 (25) にある die herren würden auch eine von ihrer ecken einziehen lassen, wer solche wol sein möchte. [80–85]〈役人が彼女の地域からひとりの女性を収監するだろう。誰がその女性になることだろうか。〉は、発話の再現の中に埋め込まれた発話 (第 3 階層のテクスト) であるが間接話法となっている。

4 「上位テクスト」と「下位テクスト」という概念は、Engel (2009: 65) の Obertext と Untertext に依拠している。後者は、「埋め込まれたテクスト」(Engel 2009: 65) である。
5 [ ] 内の数字は、Macha et al. (2005: 35–40) に復刻されている尋問調書の行数を表す。
6 以下、例の直後にある [ ] 内の数字は、Macha et al. (2005: 35–40) に復刻されている尋問調書の行数を表す。
7 17 世紀において 3 成分・4 成分からなる動詞が従属節でどのような語順となったのかについて詳しくは、Takada (1998: 235–261, 264–269) を参照。

参考文献

Alexander, Wolfgang. (1979) Magarete Timann — Eine Hexe? Ein hochnotpeinlicher Prozeß im 17. Jahrhundert. In *Göttinger Jahresblätter* 2: 49–52.
バッシュビッツ、クルト　川端豊彦・坂井洲二 (訳) (1970)『魔女と魔女裁判―集団妄想の歴史』法政大学出版局．(Baschwitz, Kurt. (1963) *Hexen und Hexenprozesse: Die Geschichte eines Massenwahns und seiner Bekämpfung*. München: Rütten+Loening.)
Behringer, Wolfgang. (ed.) (2001) *Hexen und Hexenprozesse in Deutschland*. München: dtv.
Bödiker, Johannes. (1690) *Grund-Sätze Der Deutschen Sprachen im Reden und Schreiben*. Köln an der Spree: Liebpert.
Demske-Neumann, Ulrike. (1990) Charakteristische Strukturen von Satzgefügen in den Zeitungen des 17. Jh. In Anne Betten. (ed.) *Neuere Forschungen zur historischen Syntax des Deutschen. Referate der Internationalen Fachkonferenz Eichstätt 1989*, pp.239–252. Tübingen: Niemeyer.
Ebert, Robert Peter. (1999) *Historische Syntax des Deutschen II 1300–1750*. 2nd ed. Berlin: Weidler.

Engel, Ulrich. (2009) *Deutsche Grammatik. Neubearbeitung.* München.
Fritz, Gerd and Erich Straßner. (1996) (eds.) *Die Sprache der ersten deutschen Wochenzeitungen im 17. Jahrhundert.* Tübingen: Niemeyer.
浜本隆志(2007)『拷問と処刑の西洋史』新潮選書.
塙浩(1992)『フランス・ドイツ刑事法史』大学図書.
Hartweg, Frédéric and Klaus-Peter Wegera. (2005) *Frühneuhochdeutsch. Eine Einführung in die deutsche Sprache des Spätmittelalters und der frühen Neuzeit.* 2nd ed. Tübingen: Niemeyer.
Hille, Iris. (2009) *Der Teufelspakt in frühneuzeitlichen Verhörprotokollen. Standardisierung und Regionalisierung im Frühneuhochdeutschen.* Berlin and New York: de Gruyter.
岩﨑英二郎(1998)『ドイツ語副詞辞典』白水社.
Koch, Peter and Wulf Oesterreicher. (1985) Sprache der Nähe–Sprache der Distanz. Mündlichkeit und Schriftlichkeit im Spannungsfeld von Sprachtheorie und Sprachgeschichte. In *Romanistisches Jahrbuch* 36: 15–43. Berlin and New York: de Gruyter.
Koch, Peter and Wulf Oesterreicher. (2007): Schriftlichkeit und kommunikative Distanz. In *Zeitschrift für germanistische Linguistik* 35: 346–375. Berlin and New York: de Gruyter.
Macha, Jürgen, Elvira Topalović, Iris Hille, Uta Nolting, and Anja Wilke. (2005) *Deutsche Kanzleisprache in Hexenverhörprotokollen der Frühen Neuzeit.* Vol. 1: Auswahledition. Berlin and New York: de Gruyter.
Nübling, Damaris. (2008) *Historische Sprachwissenschaft des Deutschen. Eine Einführung in die Prinzipien des Sprachwandels.* 2nd ed. Tübingen: Narr.
Polenz, Peter von. (1994) *Deutsche Sprachgeschichte vom Spätmittelalter bis zur Gegenwart. Vol. 2. 17. und 18. Jahrhundert.* Berlin and New York: de Gruyter.
Polenz, Peter von. (2000) *Deutsche Sprachgeschichte vom Spätmittelalter bis zur Gegenwart. Vol. 1. Einführung, Grundbegriffe, 14. bis 16. Jahrhundert.* Second ed. Berlin and New York: de Gruyter.
Reichmann, Oskar and Klaus-Peter Wegera. (eds.) (1993) *Frühneuhochdeutsche Grammatik.* Tübingen: Niemeyer.
Sanders, Willy. (1983) Die Sprache der Hanse. In Werner Besch, Ulrich Knoop, Wolfgang Putschke, and Herbert E. Wiegand. (eds.) *Dialektologie. Ein Handbuch zur deutschen und allgemeinen Dialektforschung.* Vol. 2, pp.991–1002. Berlin and New York: de

Gruyter.

Schottel, Justus Georg. (1641) *Teutsche Sprachkunst*. Braunschweig: Zilliger.

Stieler, Kaspar. (1691) Kurze Lehrschrift Von der Hochteutschen Sprachkunst. In Kaspar Stieler. *Der Teutschen Sprache Stammbaum und Fortwachs oder Teutscher Sprachschatz.* Vol. 3, pp.1–243. Nürnberg: Hoffmann. (Reprint, Hildesheim and New York: Olms 1968).

Takada, Hiroyuki. (1998) *Grammatik und Sprachwirklichkeit von 1640 bis 1700. Zur Rolle deutscher Grammatiker im schriftsprachlichen Ausgleichsprozeß.* Tübingen: Niemeyer. (Reprint, Berlin and New York: de Gruyter 2011).

高田博行(2011)「敬称の笛に踊らされる熊たち―18世紀のドイツ語呼称代名詞」高田博行・椎名美智・小野寺典子(編著)『歴史語用論入門―過去のコミュニケーションを復元する』、大修館書店、pp.143–162.

Takada, Hiroyuki. (2012) Niederdeutsch und Hochdeutsch bei Schottelius. In *Wolfenbütteler Barock-Nachrichten* 39: pp.26–34, Harrassowitz: Wiesbaden.

高田博行(2013)「「正しい」ドイツ語の探求(17世紀)―標準文章語の形成と文法家」高田博行・新田春夫(編)『講座ドイツ言語学　第2巻　ドイツ語の歴史論』ひつじ書房、pp.199–223.

高田博行・椎名美智・小野寺典子(編著)(2011)「歴史語用論の基礎知識」『歴史語用論入門―過去のコミュニケーションを復元する』大修館書店、pp.5–44.

Topalović, Elvira. (2003) *Sprachwahl — Textsorte — Dialogstruktur. Zur Verhörprotokollen aus Hexenprozessen des 17. Jahrhunderts.* Trier: Wissenschaftlicher Verlag.

上口裕(2009)『刑事訴訟法』成文堂.

Weber, Heinrich. (1971) *Das erweiterte Adjektiv-und Partizipialattribut im Deutschen.* München: Hueber.

Zoepfl, Heinrich. (ed.) (1883) *Die Peinliche Gerichtsordnung Kaiser Karls* V. Leipzig: Winter.

第6章

近世期吟味控類における「尋問」と「釈明」のストラテジーについて

諸星美智直

1. はじめに

　歴史語用論において、会話体小説や独白体口語文ではなく、過去に現実に行われた談話を記録した文字資料を調査対象とする場合、豊富に伝存する近世期の資料として、1名の話者による談話としては講義筆記や法談などが、複数の話者による対話としては、武家や地方・町方の文書類に見られる訴訟や交渉の際の対話の記録などが考えられる。英語学においては、文学テクストの使用を批判した Hope によって裁判記録が歴史語用論の資料として使用されて以来、その使用の当否も含めて裁判記録を用いた研究が進んでいる[1]が、日本の近世期においては文書を候文体やナリ体の文語で記録するのが一般的で、口語体で記録したり、部分的にも口語的要素が見られる文書は極めて稀である。したがって、口語文書は戯作のように簇出したわけではなく、伝存すること自体が僥倖というべき資料である。
　筆者はこれまで、近世武家言葉の研究の一環として口語的な吟味控類を求

めて語法史的な分析を中心に加えてきた[2]が、語用論の観点からも興味深い言語現象が認められるようである。特に吟味者の発言部分においては、Brown and Levinson (1987) のポライトネス理論[3]におけるポライトネス・ストラテジーは殆ど見られないのに対して、「あからさまなフェイス侵害行為」(FTA) には多彩なストラテジーが見られる。そこで本章では、近世期の吟味控類のうち、特に口語的性格の強い資料を選んで吟味席における吟味する側と吟味を受ける側とのストラテジーについて検討を加えることにする。

2. 寺社奉行による吟味 ― 『真実院与智洞対決実記』

　宝暦年間に端を発する浄土真宗西本願寺派の法論三業惑乱においては、その教義をめぐって僧俗を古義派と新義派とに二分して争ったが、暴動化したため、享和3年(1803)に京都町奉行ついで翌文化元年(1804)に江戸幕府の宗務掛寺社奉行脇坂淡路守(審理中に中務大輔に改称、播磨竜野五万石)安董および評定所留役の旗本星野鉄三郎・西田金次郎・清水兵蔵らの吟味に係り、文化3年(1806)に幕府の決裁により古義派の勝訴を以て決着している。この間、吟味席に出廷して尋問を受けた両派の僧俗は、それぞれに尋問内容を記録して同志に内容を知らしめたようで、古義派では京都油小路善休寺春貞・美濃今須村三和弥五郎などの吟味控類が伝存する。本章ではこのうち、近江国神崎郡福堂村の覚成寺住職高尚院超然の編纂した『反正紀略』巻九にも収める全編を通じて口語体で記録した吟味控の原典と推測される文化元年5月27日の寺社奉行脇坂安董による直吟味を美濃今須村の三和弥五郎が記録した覚成寺蔵『真実院与智洞対決実記』を用いる。書誌・吟味者・記録者の詳細についてはすでに考察を加えたことがある[4]ので、本章では措く。

2.1　寺社奉行による尋問のストラテジー

　徳川幕府が宗教団体の宗論を糾明するのは異例であるが、この事件は浄土真宗本願寺派の宗論が暴動化したため介入するところとなったもので、新義

第 6 章　近世期吟味控類における「尋問」と「釈明」のストラテジーについて　135

派・古義派の僧侶の安心の内容を確認することと暴動化の原因の解明に主眼が置かれているようである。吟味を行う側の幕府役人であり大名・旗本である寺社奉行・評定所留役と吟味を受ける側の僧俗とでは身分と立場が隔絶しているため、吟味者側が用いるのは、ポライトネスの理論ではあからさまなフェイス侵害行為ばかりであるが、僧俗の安心の内容、行動を吟味席で正確に述べさせるためにさまざまなストラテジーが使用されている。以下にこの吟味控に見られるストラテジーを掲げる。

①供述内容を明快にさせるための連用修飾語を加えよ。

（１）〔脇坂安董→利兵衛・衛門〕御奉行両人トモニ顔ヲ挙テ、ハヤク云ハヌ歟ト高声ニテ仰アル、利兵衛委細ハ衛門ガ存テ居リマスト申上ル、御奉行白地ニ申セト仰アル、衛門小声ニテ大坂善巧寺ヨリ、御門跡様御安心ノ違フテ有事ヲ承マシタト申上ル、御奉行ハッキリト申セ、衛門ト仰アル、　　　　　　　　　　　　　　　　　　　　（対決 13 オ）
〈お奉行「両人ともに顔を挙げて、早く言わぬか」と高い声でおっしゃる。利兵衛「委細は衛門が存じて居ります」と申し上げる。お奉行「あからさまに申せ」とおっしゃる。衛門小声で「大坂の善巧寺から、西本願寺のご門跡様のご安心が違っていることを聞きました」と申し上げる。お奉行「はっきりと申せ、衛門」とおっしゃる。〉

（２）〔脇坂安董→衛門〕御奉行私ガ書セマシタト云カラ、手ヲ以テ書シタカト尋ルノダハ、ドフダ驍々ト申サヌ歟ト仰アル、　　　　　（対決 18 ウ）
〈お奉行「「私が書かせました」と言うから、「手を以って書かせたのか」と尋ねるのだわ。どうだ、しかじかと申さぬか」とおっしゃる。〉

（３）〔脇坂安董→下間兵部卿〕御奉行仰ニ…其遺言ノ趣、其方承知致シ居ル由、如何ナル遺言ダ、齟齬ノナイ様申立ルガヨイ、　　　　（対決 22 オ）
〈お奉行「…その遺言の趣旨をその方は承知しているか。どのような遺言だ。食い違いのないよう申し立てるがよい。」〉

のように、「申セ」の連用修飾語として詳細・明白な発言を求める「白地ニ」「ハッキリト」「驍々ト」「能キコヘル様ニ」（例（４））「齟齬ノナイ様」、ま

た速やかな発言を促す「ハヤク」などが見られる。

②高声に追及せよ。

（４）〔脇坂安董→利兵衛・衛門〕両人平伏シテ返答無之、御奉行衛門返答ハドフダト、高声ニテ仰セアル、衛門私ガ書セマシタト小声ニテ申上ル、御奉行顔ヲ挙テ能ヨク、キコヘル様ニ申セト仰アル、　　　（対決18オ〜ウ）

〈両人は平伏して返答がない。お奉行「衛門、返答はどうだ」と高い声でおっしゃる。衛門「私が書かせました。」と小声で申し上げる。お奉行「顔を上げて、よく聞こえるように申せ。」とおっしゃる。〉

（５）〔脇坂安董→善巧寺正運・慈光寺大魯〕御奉行ドフ云フ訳デ違テ有ヲ知タ、速ニイヘト仰有ル、両僧唯頭低テ居ル、御奉行闇渡ヒビキ高声ニテ、其方ドモハ学林八僧ト智洞ガ免許ノ強傑デ在ナガラ、是式ニ返答ガナイ歟ドフダト仰アル、　　　（対決26ウ）

〈お奉行「どういうわけで違っているのを知った。速やかに言え。」とおっしゃる。両僧はただ頭を垂れている。お奉行は響き渡る高い声で「その方どもは、「学林の八僧」と智洞が認める豪傑でありながら、この程度の質問に返答がないのか、どうだ。」とおっしゃる。〉

のごとく奉行脇坂が「高声」で追及する場面が６箇所あるが、いずれも被吟味者側が平伏するばかりで返答しない場合である。吟味者側の声については、この吟味控より後の成立ではあるが、幕末の江戸町奉行所与力佐久間長敬の『吟味の口伝』に「吟味中、折には激声げきせいを発し、叱咤しったすることあれども始めより大音を発するは宜しからず候。末には声かれて聴きぐるし。緩急よく度を計り弥いよ〜といふ時、押掛り問詰めべし。応答数回に及び候得ば、尠すくなくも三とき位は掛る者故、其心得にて致すべく候、不馴ふなれの内は、始めの内より、大音をあげ、責問てうしかはし致し候故、末には調子変りて、間のぬけ、我却て弱くなり候。」[5]という指摘があり、脇坂の場合も、初めから「高音」で吟味し続けているわけではなく、被吟味者側の反応を見ながら「緩急」をつけて吟味しているようである。なお、旧幕時代に評定所留役・奈良奉行を歴任した小俣景徳も、明治期に『旧事諮問録』で「なかなかやかましきものであります。

当今の吟味と違って、叱り付けるのであります。ちと圧制の気味があったので、しかしそれでなければ、盗賊や肝太い奴になっては、生柔しい事ではいけません。」[6]と述べている。

③供述の矛盾を追及せよ。

（６）〔脇坂安董→利兵衛〕御奉行仰ニ由緒ガ有ユヘ願事ハ御門跡ヘ直訴致スガ古例歟、但シ手次寺ヲ構ズ講中ガ本山役人迄訴訟ニ及ガ先例歟、利兵衛日坊官衆御家老方詰所ヘ願ヒマスガ先例ト申上ル、御奉行仰ニ夫ナラ家老詰所江出ル筈デナイ歟、門主ノ膝元江直訴致シタハ家老共ヨリ今度ハ直訴ニ致セト、指図ヲ請ケテ膝元江直訴ニ及ンダ歟、

(対決５オ)

〈お奉行仰せに「由緒があるから願い事はご門跡へ直訴するのが古例か。但しは手次寺を構わずに講中が本山の役人まで訴訟に及ぶのが先例か。」利兵衛日わく「坊官衆・ご家老方の詰所へ願いますのが先例」と申し上げる。お奉行仰せに「それなら家老の詰所へ出るはずではないか。門主の膝元へ直訴致したのは家老どもから「今度は直訴に致せ」と指図を受けて膝元へ直訴に及んだのか。」〉

（７）〔脇坂安董→智洞〕御奉行…是非共預レト申タリトモ、軽カラヌ書付ナレバ、内々ニテナリトモ本山江指出ス筈デ有マイ歟、二条ニオヒテ曲淵和泉守森川越前守糾ニ及ブ迄ナゼ、秘テ置タ、…　(対決33ウ)

〈お奉行「…「是非とも預かれ」と申したとしても、軽くはない書き付けなので、内々ででも本山へ差し出すはずではないか。京都二条の町奉行所において曲淵和泉守・森川越前守が糾明に及ぶまでなぜ隠しておいた。…」〉

　これらの例では形式名詞「筈」を用いて「願事」は門主の膝元に直訴すべきではなく家老の詰所に訴え出る「筈」ではないかと利兵衛の弁明の矛盾を追及している。

④被吟味者側にとって不利な数字を誇張して示せ。

（８）〔脇坂安董→衛門・利兵衛〕御奉行ワイラ何ヲ尋テモ返答ニ困ル様ニ見ユル、数百人ノ頭タル者ノ様ニモナイ、埒ノ明ヌ男ダハ、衛門門主ノ膝

　　　　元ヘ何百人程連テ出タ、衛門其人数ハ覚ヘマセヌト申上ル、御奉行大
　　　　数ハ覚テ居ソフナモノダ、覚ヘラレヌ程ナラ千人余モ連テ出タ歟、
　　　　衛門三百人バカリト申上ル、御奉行利平ハ幾人程連テ出タ、利兵衛衛門
　　　　ト同シ様ト申上ル、御奉行仰ニ両人トモハツキリト申セ、数百人ヲ指
　　　　廻ワイラハ強勇デ在ナガラ、何デヲドツク、両人唯頭低テバカリ居ル、
　　　　御奉行双方デハ七八百人程ノ人数ダナト仰アル、　（対決6オ〜7オ）
　　　　〈お奉行「わいら、何を尋ねても返答に困るように見える。数百人の頭たる
　　　　者のようでもない、埒の明かぬ男だわ。衛門、門主の膝元へ何百人ほど連
　　　　れて出た。」衛門「その人数は覚えませぬ。」と申し上げる。お奉行「大数
　　　　は覚えていそうなものだ。覚えられぬほどなら千人余も連れて出たか。」衛
　　　　門「三百人ばかり。」と申し上げる。お奉行「利兵衛は幾人ほど連れて出
　　　　た。」利兵衛「衛門と同じ様。」と申し上げる。お奉行仰せに「両人とも
　　　　はっきりと申せ。数百人を差し回すわいらは強勇でありながら、なんでお
　　　　どつく。」両人ただ頭垂れてばかりいる。お奉行「双方では七、八百人ほど
　　　　の人数だな。」とおっしゃる。〉

（9）　〔脇坂安董→衛門・利兵衛〕御奉行其時、鎗ナドヲ扱フタモノガ有ツタ趣キ、
　　　　夫ハ誰ダト仰有ル、両人ハイトバカリ平伏シテ居ル、御奉行ワイラ両
　　　　人ガ、鎗扱ヲ致シタナト、仰有ル　衛門利兵衛デゴザリマスト申上ル、
　　　　　　　　　　　　　　　　　　　　　　　　　　（対決19ウ）
　　　　〈お奉行「その時、鎗などを扱ったものがあった趣き、それは誰だ。」と
　　　　おっしゃる。両人「ハイ」とばかり平伏している。お奉行「わいら両人が
　　　　鎗扱いをしたな。」とおっしゃる。衛門「利兵衛でござります。」と申し上
　　　　げる。〉

　　例（8）は直訴に参加した門徒の人数を明示しない衛門・利兵衛に対して、
　脇坂が「千人」という過大な人数を挙げて追及することにより、両人は実数
　に近い「三百人」という人数を示している。なお、このあとに割注で「両人
　申立ハ一方デ三百人斗リノ意ニテアルベケレド問落サレ候ト申ス衆評ナリ」
　とあるのは、この吟味控を同志が検討した際にこの人数について「衆評」し

たことを示している。例(9)も脇坂が鎗を扱った人物を特定するために「ワイラ両人」と人数を多めに掲げることによって、衛門から、鎗を扱ったのが利兵衛であるとの答えを引き出している。

⑤被吟味者側の発言を虚偽であると決めつけよ。

(10) 〔脇坂安董→一衛門・利兵衛〕御奉行仰ニ、虚言バカリ云フ奴ダ、今マデハ門
    主ノ教示ハ勿体ナイト云テ、今又若ィユヘ能化ヨリ示ガ受タイトハ、
    何ヲ申ノダ、コヽヲ何処ダト思フ、ワイラ当門主ノ示ハ、何晩聞タ、
    利兵衛是迄聴聞ハ仕マセヌト申上ル、　　　　　　　（対決10オ～ウ）
    〈お奉行仰せに「うそばかり言う奴だ。今までは「門主の教示はもったいない」と言うて、今また「若いゆえ能化より示しが受けたい」とは、何を申すのだ。ここをどこだと思う。わいら、当門主の示しは、いつ聞いた。」利兵衛「これまで聴聞は仕りませぬ。」と申し上げる。〉

(11) 〔脇坂安董→利兵衛〕御奉行仰ニ、其申口チモ偽リタバ（ママ）、諸国ノ騒ニナル程
    ノ事ヲ致スワイラガ、証拠モナイ評判バカリデ、多人数ノ頭取ガ出来
    ルモノ歟、…　　　　　　　　　　　　　　　　　　（対決12ウ）
    〈お奉行仰せに「その申し口も偽りだわ。諸国の騒ぎになるほどのことを致すわいらが、証拠もない評判ばかりで多人数の頭取が出来るものか。…」〉

　例(10)(11)は、「虚言」であると決めつけることによって、そのまま黙っていると事態が不利になるという心理的負荷をかけて事実関係を糾明するためのストラテジーと考えられ、『吟味の口伝』に「此方よりさぐりの詞、彼の心に適中せざる時は速かに返答し、或はムツと憤り、面色に現る者なり。是前の反対なればなり。故によく囚人の顔を見詰めて吟味するが肝要に候。」〈こちらから探りを入れる言葉が囚人の心に適中しない時は速やかに返答し、あるいはムッと憤り、顔色に現れるものである。これは前の事例の反対だからである。そこでよく囚人の顔を見詰めて吟味するのが大事でございます。〉[7]とあるように、「さぐりの詞」と解することができる。

⑥御定法・御法度を被吟味者側に意識させよ。

(12) 〔脇坂安董→一衛門・利兵衛〕御奉行仰ニ、後生ノコトハ其身壱人ノ嗜デ有

ニ、多人数ノ騒働(ドウ)ヲ致シ、諸国ヨリ註進ノ有様ナ事ガ、何ッ(ン)ト後生ヲ願フ信心歟、三人以上ノ騒デモ、御法度、勿論強訴モ同事ノ御禁制ト云フ事ハ知テ居ヨフ、ワイラハ法義ノ事ユヘ国ノ騒キニ成テモ、公儀ヲ恐ル事ハイラヌト心得テ居ル歟、是式ノ辨ノナイ事ハ有マイ、ドウダ返答致セ、利兵衛何ッ(ン)トモ申上ヶヨウモゴザリマセヌト申上ル、

（対決9オ〜ウ）

〈お奉行仰せに「後生(ごしょう)のことはその身一人の嗜みであるのに、多人数の騒動を致し、諸国から注進のあるようなことが、なんと、後生を願う信心か。三人以上騒いでもご法度(はっと)、もちろん強訴(ごうそ)も同じ事のご禁制ということは知っていよう。わいらは法義のことだから国の騒ぎになっても公儀を恐れることはいらぬと心得ているか。これしきの弁えのないことはあるまい。どうだ。返答いたせ。」利兵衛「なんとも申し上げようもござりませぬ。」と申し上げる。〉

(13) 〔脇坂安董→衛門・利兵衛〕御奉行仰ニ、ワイラ仏法ノ事ヲ公儀ニ於テ、イラザル御セ話ト思フデ有フ、仏法デモ神道デモ、国郡ノ騒ニナルニオヒテハ、公儀ノ御手ニカ丶ルハ御定法ダ、奉行所ノ吟味ニ成テ、虚言ヤ飾リ言葉ヲ聞テハ居ヌ、程ニ、速ニ申セ、速ニ申テ言ワケガ立ズバ御慈悲ヲ願ヘト仰有ル、両人ハイトバカリ平伏シテ居ル、

（対決11オ〜ウ）

〈お奉行仰せに「わいら、仏法のことを公儀においていらざるお世話と思うであろう。仏法でも神道でも、国郡の騒ぎになるにおいては公儀のお手にかかるご定法(じょうほう)だ。奉行所の吟味になって、虚言や飾り言葉を聞いてはいないから、速やかに申せ。速やかに申して言い訳が立たなければお慈悲を願え。」とおっしゃる。両人「はい」とばかり平伏している。〉

(14) 〔脇坂安董→衛門・利兵衛〕御奉行仰ニ、…胡乱(ウロン)ナ事バカリ云フテ居ルト、云ハサセル御定法ガ有ルゾヨ、ドフダ白地ニ云ハヌカト仰有ル、両人頭低ィテ居ル、

（対決13オ）

〈お奉行仰せに「…うろんなことばかり言っていると、言わせるご定法があ

第 6 章　近世期吟味控類における「尋問」と「釈明」のストラテジーについて　141

るぞよ。どうだ、あからさまに言わぬか。」とおっしゃる。〉

（15）〔脇坂安董→智洞〕御奉行<u>三人以上ノ徒党ハ、御法度ノ科ニカヽル</u>、マシテ国家ノ騒キニ至テハ、公儀ノ御手ニカヽルハ、御定法ダト云フ事ハ、坊主デモ知テ居ヨウカラ、<u>公儀ノ御苦労</u>ヲ、其方ドモガ心配スル事デナイ、　　　　　　　　　　　　　　　（対決 34 オ）

〈お奉行「三人以上の徒党(とう)は、ご法度の罪科(はつと)にかかる。まして国家の騒ぎに至っては、公儀のお手にかかるのはご定法だということは、坊主でも知っていようから、公儀のご苦労をその方どもが心配することでない。」〉

（16）〔脇坂安董→智洞〕御奉行…書類(カキモノ)ヲ請取置タデ、邪正ノ論トモニ分テアレド、<u>公儀ノ御慈非ヲ以、御調ベ仰付ラルヽノダ</u>、安心ノ邪正ハ追々尋ニ及ブ、…騒動ハ国家ノ大事ナレバ、法義ノ論ト申テモ、<u>公儀ニ於テ、御聞流ハナイ</u>、衛門利兵衛ガ申立ノ趣ナラバ、其方騒動ノ張本ト云モノダ、三衣着スル身分デ、<u>公儀ノ御苦労ニナル</u>、頭取ヲ致ス存念ハ有マイ、定テ申立モ有フ、速ニ申タテイ、ドフダト仰アル、

　　　　　　　　　　　　　　　　　　（対決 36 ウ～ 37 オ）

〈お奉行「…書類を受け取っておいたので、邪正の論ともに分かれているが、公儀のお慈悲(じ)を以ってお取り調べ仰せ付けられるのだ。安心(あんじん)の邪正は追々尋ねに及ぶ。…騒動は国家の大事なので、法義の論と申しても、公儀においてお聞き流しはない。衛門・利兵衛の申し立ての趣きならば、その方が騒動の張本というものだ。三衣を着る身分で、公儀のご苦労になる。頭取を致す存念はあるまい。きっと申し立てもあろう。速やかに申し立てい。どうだ。」とおっしゃる。〉

　本件は、古義派・新義派ともに僧俗が「徒党」を組み、「国郡の騒」となったことが幕府による審問の対象になっている。罪状の適用を条文化した『公事方御定書』下巻は公開することで却って犯罪を誘発することを避けるため秘密とされていたが、徒党は「武家諸法度」を始め、明和 7 年（1770）の徒党・強訴・逃散の禁止令などの「御法度」「御定法」で幕府が厳重に禁ずるところで、高札にも掲げて周知している罪科である。このため奉行脇坂

は頻繁にこの「御定法」「御法度」を、具体的には徒党・騒動の罪科を挙げて追及しているのである。例(12)(15)に「知テ居ヨウ」とあるように、僧俗側にとっては、徒党と認定されれば獄門も科せられる重罪であるという認識がすでにあるため、これを意識させることは、効果的な尋問のストラテジーとなっている。

⑦拷問を意識させよ。

(17) 〔脇坂安董→浄教寺智洞〕御奉行…其方大魯正運トモニ不分明ナル申口チダ、何レニモ手段ノアル事ト察セラル丶、学頭ノ身分トシテ、拷問ヲ受ルデハ有マイ、白地ニ申立テルガヨイト仰アル、　　　（対決33オ）
〈お奉行「…その方、大魯・正運ともに不分明な申し口だ。いずれにも手段のあることと察せられる。学頭の身分として拷問を受けるではあるまい。あからさまに申し立てるがよい。」とおっしゃる。〉

　本件は宗論のみならず「徒党」による暴動に発展したため「拷問」することも可能であるが、この吟味では、脇坂は専ら「御定法」「御法度」を以て脅しており、「拷問」に言及するのはこの一箇所だけである。

⑧場所が奉行所であることを意識させよ。

(18) 〔脇坂安董→利兵衛〕御奉行…押隠シ置テ跡ニ顕ルト、ワレガ罪ガ重ナルゾヨ、趣意ノ有コトデ有フ、速ニ申セ、奉行所デ、ダマシテ白状サセテ罪ニ堕スト云フ、吟味ハ致ヌハ、隠シテモ尋フトシテ、隠サセテハ置ヌ程ニ、速ニ云テシマヘト仰アル、　　　（対決21オ）
〈お奉行「押し隠しておいて後で露顕すると、われの罪が重くなるぞよ。趣意のあることであろう。速やかに申せ。奉行所で騙して白状させて罪に落とすという吟味は致さぬわ。隠しても尋ねようとして隠させてはおかないから速やかに言うてしまえ。」とおっしゃる。〉

(19) 〔脇坂安董→善巧寺正運・慈光寺大魯〕御奉行高声ニテ何ヲ申ノダ、坊主ノ身分デ、此一ッデモ大罪ダハ、衛門利兵衛ハ入牢ノ者ユヘ、手紙ハ所持イタサナイト思テ、奉行所ヲ欺ノ歟、不屈ノ奴ダハ、本願寺末ノ坊主ニ、天罰ハナイカ知ラ子ドモ、国家ヲ騒シタ　公儀ノ御罰ハ思イ知タ

第 6 章　近世期吟味控類における「尋問」と「釈明」のストラテジーについて　143

欺、篤ト糾明ニ及バ子バナラヌ奴ダ、其儀ハ別ニ尋ルデ有フ、…

(対決 26 オ〜ウ)

〈お奉行高い声で「何を申すのだ。坊主の身分として、この一つでも大罪だわ。衛門・利兵衛は入牢の者だから手紙は持参致さないと思うて奉行所を欺くのか。不届きの奴だわ。本願寺の末寺の坊主に天罰はないか知らないが、国家を騒がせた公儀の御罰は思い知ったか。とくと糾明に及ばねばならぬ奴だ。その儀は別に尋ねるであろう。…」〉

　例(18)(19)および例(10)の「コ、ヲ何処ダト思フ」のように吟味の場所が他ならぬ「奉行所」であることを意識させるのも被吟味者側に⑥の「御定法」「御法度」、⑦の「拷問」を意識させるのと同様の効果を示すストラテジーであろう。

⑨吟味態度が公平であることを意識させよ。

(20)〔脇坂安董→利兵衛〕御奉行夫ユヘ、仏敵ト云フタ事ナラバ、兵庫ガ麁忽ナル申口チト云者ナレド、<u>併一方ノ申口チバカリデハ、麁忽トモ定メラレヌハ</u>、兵庫モ、先門主ノ目鏡ヲ以、当門主ノ側近ヶヲ勤ル者ナレバ、左様ノ麁忽ハ有間鋪コト、何レニモ仏敵ト云フニハ趣意ガ有フ、白地ニ云ヘト仰アル、　　　　　　　　　　(対決 20 ウ)

〈お奉行「それゆえ仏敵と言うたことならば兵庫の粗忽な申し口というものであるけれど、しかし一方の申し口ばかりでは粗忽とも定められぬわ。兵庫も先門主の眼鏡を以って当門主の側近くを勤める者なので、そのような粗忽はあるまじきこと、いずれにも仏敵と言うには趣意があろう、あからさまに言え。」とおっしゃる。〉

(21)〔脇坂安董→善巧寺正運・慈光寺大魯〕御奉行両人ノ者ハ其方トモ手紙ヲ以テ、呼寄タト云、<u>相違アラバ、早ク対決致セト仰アル</u>、(対決 25 ウ)

〈お奉行「両人の者は、その方どもが手紙を以って呼び寄せたと言う。相違があるなら早く対決致せ。」とおっしゃる。〉

　本件の吟味は、被吟味者 1 名またはその同類に対して吟味を行うだけでなく、古義派・新義派の両派に主張させ事実関係を確認するのが目的であ

り、かつ、あらかじめ一方に有利に審議を進める必要もないので、吟味の公平を期すために両派に対して頻りに対決するよう指示している。ただし、この記録自体は古義派の手になるので、吟味の論点を記憶通りに記述しているのか、また記録者であり勝者であるとも言える古義派に有利に展開する記述になっているのかについてはさらに慎重な考察を加えるべきであろう。

2.2　僧俗側による釈明のストラテジー

　本件の吟味は、教義の糾明だけが目的ではなく、暴動の事実関係の解明が目的であるため、僧俗側には明瞭な釈明のストラテジーは見出しがたいが、以下のような態度もストラテジーとして認められるのではないかと思われる。

①不利な時には沈黙せよ。

(22)　〔利兵衛・衛門→脇坂安董〕御奉行仰ニ、…ドフ云ワケデ勿体ナイゾ、両人ハイトバカリ頭低テ居ル、御奉行仰ニ、勿体ナウテ教化ガウケラレヌト云フ、趣意ハドウタゾ、両人唯平伏シテ居ル、　　（対決８ウ〜９オ）

　　　〈お奉行仰せに、「…どう言うわけでもったいないぞ。」両人「はい。」とばかり頭垂れている。お奉行仰せに「もったいのうて教化が受けられぬという、趣意はどうだぞ。」両人ただ平伏している。〉

②釈明の言葉がないことを強調せよ。

(23)　〔利兵衛→脇坂安董〕御奉行仰ニ、…ドウダ返答致セ、利兵衛何ントモ申上ヶヨウモゴザリマセヌト申上ル、御奉行仰ニ、何ンノ申様ガナイ事ガ有モノゾ、ワイラハ高名ナ信心者ノ強傑ダハ、返答ヲ致セ、利兵衛唯ハイトバカリ平伏シテ居ル、（対決９ウ）

　　　〈お奉行仰せに「…どうだ。返答致せ。」利兵衛「何とも申し上げようもござりませぬ。」と申し上げる。お奉行仰せに「なんの、申しようがないことがあるものぞ。わいらは高名な信心者の豪傑だわ。返答致せ。」利兵衛ただ「はい。」とばかり平伏している。〉

　僧俗側が教義を開陳して吟味を烟に捲くストラテジーも考えられるが、脇

坂は生母も熱心な門徒で、自ら教義に通じていたといわれる。

3．町奉行による吟味—『旧幕町奉行調写』

　江戸の町奉行による吟味の口語体の記録は事例が極めて少ないが、国学院大学図書館蔵『旧幕町奉行調写』は、著者・成立年未詳ながら、江戸水道町の商家富五郎の妻米の失踪殺人事件を扱った吟味控である。この事件は、家出した米が金川宿の宿屋で失踪し、訴えを受けて北町奉行曲淵甲斐守景漸（まがりぶち・かげつぐ）が直吟味で丁稚長松、駕籠搔き、宿屋亭主徳八、女中霜を順次取り調べたところ、米の死体を発見しながら後難を恐れて隠匿した徳八が弁明に詰まって犯人として入牢となった事件である。真犯人は、宿屋で米と居合わせた旗本森家騒動の当事者である家臣木田政兵衛で、米の金子を奪って殺害して逃亡したものである。本書は冒頭に訴状を掲げ、9丁ウ6行目まで口語体の曲淵景漸による直吟味を収める。6行目の続きから本書の後半は、作州津山藩の支流で3000石の旗本森新三郎政宜家の御家騒動の経緯を文語体で記してある。両者は全く異質な資料であるが、森家騒動の関係資料である点で共通している。吟味自体は曲淵景漸の北町奉行着任の明和6年（1769）8月15日以降、森家騒動落着の安永4年（1775）2月4日以前と推測される。

3.1　町奉行による尋問のストラテジー

　本資料は吟味控の部分が短いため、2.1ほど多様ではないが、北町奉行曲淵甲斐守景漸による尋問のストラテジーとしては、以下のものが見出される。

①供述の矛盾を追及せよ。

(24) 〔曲淵景漸→駕籠搔七六、棒組惣兵衛、宿屋亭主徳八〕「…跡先の考もなく徳八を頼て留まして翌朝ニ成て迎ニ参ると早朝ニ立つたと申升故棒組ニ申ニハあれ程の約束たに立つたと申せバ致方なしと委細申上ル「甲惣兵衛ヘイ七六申通りか「ヘイ相違ムりません「甲徳八女ハ八日の朝立つたか「ヘ

ィ立舛てムり升「甲どふして立た「ヘィ壱人立ました「甲七六ナゼ夫程
の堅ひ約束て女の立ぬ前早く迎ニ行ぬ「ヘィ女の事故定て夜深ニハ立ま
いと夜の明ヶ〜ニ参た「徳ハシテ女ハ何時立た「また暗ひ内「甲女の
一人旅暗ひ内ハ立まい相宿ハ何人「ヘィ九人泊りました

(旧幕6オ〜ウ)

〈七六「…後先の考えもなく徳八を頼んで泊めまして、翌朝になって女を迎
えに参ると、「(女は)早朝に発った」と申しますので、駕籠の棒組に申すに
は「あれほどの約束なのに発ったと申せば致し方ない」と委細申し上げ
る。甲斐守「惣兵衛。」惣兵衛「へい。」甲斐守「七六が申す通りか。」惣兵
衛「へい。相違ござりません。」甲斐守「徳八、女は八日の朝発ったか。」
徳八「へい。発ちましてござります。」甲斐守「どうして発った。」徳八
「へい。一人発ちました。」甲斐守「七六、なぜそれほどの堅い約束で女の
発たぬ前に早く迎えに行かぬ。」七六「へい。女のことなので定めて夜更け
には発つまいと夜の明け明けに参った。」甲斐守「徳八、して、女は何時
発った。」徳八「まだ暗いうち。」甲斐守「女の一人旅、暗いうちは発つま
い。相宿は何人。」徳八「へい。九人泊まりました。」〉

(25)〔曲淵景漸→宿屋亭主徳八〕「甲シテ女の宿賃ハ請取たか「ヘィ請取ました「甲
駕籠代何程「ヘィ百五十文取ました「甲夫ハ銭か金か「ヘィ壱分取まし
た「甲両替ハどこでした「ヘィ町で「甲まだ其時分ハ起ざる比じや「ヘ
ィ町でハムりません「甲どこだ「ヘィ「甲どこだ「ヘィ成程町で起きませ
ぬから私方より釣を遣しました「甲壱分ハ何程じや「ヘィ壱メ百八十
二文「甲差引の銭を何程遣した「ヘィ「甲何程「ヘィ「甲何を己レハうろ
付ク「ヘィ夫レよ百五十文取升タ(ママ)「甲夫ハ旅籠代だハ釣ハ「ヘィヱタ九百
「甲なんだ「ヘィ壱メ三十八八(ママ)文渡しました「甲己レ何をうろ付そふ
であるまい「ヘィ成程三十四でムり升「甲馬鹿者メ年の尋でハなひハ
「ヘィ「甲壱メ三十四文釣を遣したのか「ヘィ「甲たわけめ己ハどふも怪
しひ七六が頼といひ迎ヘ行ぬ内譬ヘ女が立といふと申ても留ル筈夜深
ニ立つとハ怪しひ「ヘィでも立ましたに相違ムりません「甲七六が立ぬ

第 6 章　近世期吟味控類における「尋問」と「釈明」のストラテジーについて　147

筈と申わひ「ヘィ何も立ん筈と申証拠もムりません「甲立たといふ証拠が有か「ヘィ立んと云証拠もムりません「甲だまれコリャ此方ニハ立んといふ証拠が有ル七六ニ駕の内ヘ敷て呉ひと小袖壱ツ預ヶる位ひで立ものか憎ひ奴た己レ入牢申付ルと 入牢と成ル　　　　（旧幕6ウ〜7ウ）

〈甲斐守「して女の宿賃は受け取ったか。」徳八「へい、受け取りました。」甲斐守「駕籠代は何ほど。」徳八「へい、百五十文取りました。」甲斐守「それは銭か金か。」徳八「へい、一分取りました。」甲斐守「両替はどこでした。」徳八「へい、町で。」甲斐守「まだその時分は起きざるころじゃ。」徳八「へい、町ではござりません。」甲斐守「どこだ。」徳八「へい。」甲斐守「どこだ。」徳八「へい、なるほど町で起きませぬから私方より釣を遣わしました。」甲斐守「一分は何ほどじゃ。」徳八「へい、一匁百八十二文。」甲斐守「差し引きの銭を何ほど遣わした。」徳八「へい。」甲斐守「何ほど。」徳八「へい。」甲斐守「何をおのれはうろつく。」徳八「へい、それよ（ママ）百五十文取りました。」甲斐守「それは旅籠代だわ。釣は。」徳八「へい、ええ九百。」甲斐守「なんだ。」徳八「へい、一匁。へい三十八文渡しました。」甲斐守「おのれ、何をうろつく。そうではあるまい。」徳八「へい、なるほど三十四文でござります。」甲斐守「馬鹿者め。年の尋ねではないわ。」徳八「へい。」甲斐守「一匁三十四文釣を遣わしたのか。」徳八「へい。」甲斐守「たわけめ。おのれはどうも怪しい。七六の頼みといい、迎えに行かぬうち、たとえ女が「発つ」と言うと申しても止めるはず。夜更けに発つとは怪しい。」徳八「へい、でも発ちましたに相違ござりません。」甲斐守「七六が発たぬはずと申すわい。」徳八「何も発たんはずと申す証拠もござりません。」甲斐守「発ったという証拠が有るか。」徳八「へい、発たんと言う証拠もござりません。甲斐守「だまれ、こりゃ、此方には発たんという証拠が有る。七八に駕籠の内へ敷いて呉れいと小袖一つ預ける位で発つものか。憎いやつだ。おのれ入牢申し付ける。」と入牢となる。〉

　本件においては、宿屋亭主徳八は無実であるが、米の失踪について、「夜深ニ立」ったと嘘の証言をしたために例（24）の駕籠搔惣兵衛・七六の証言

と食い違い、その矛盾を追及する北町奉行曲淵景漸に対して、すでに殺害されているため受け取る筈のない駕籠代の額をめぐって、例（25）のようなしどろもどろの「うろ付」いた弁明となり、入牢を申し付けられている。

②入牢を意識させよ。

(26) 〔曲淵景漸→丁稚長松〕「甲是長松我ハ此間米が供をして出てナセ途中より返つた我ハだれか若ヒ者ニ口留をされ銭を貰て返つたと云沙汰だ大方道で誰ぞに逢たろう偽を申と牢ヘ入れる正直ニ申セ　　　（旧幕３ウ）

〈甲斐守「これ、長松。われはこの間、米の供をして出て、なぜ途中から帰った。われは誰か若い者に口止めをされ、銭を貰って帰ったという沙汰だ。大方、道で誰ぞに逢ったろう。偽りを申すと牢へ入れる。正直に申せ。」〉

(27) 〔曲淵景漸→宿屋下人長蔵〕「甲下人長蔵是へ出ろ「ヘイ「甲我ア女ハどふした真直ニ申せ我存て有ろふ「ヘィ女の立ましたのハ一向私ハ存ジません夜ハ明て是なる霜が女中が見へなひと申升（ママ）から立たつと存しました「甲コリャ見へなひといふ詞と立つとハ違ふワひ我ヒらハ旅人が立バ旅人が見へなくなつたといふか何レ怪しい己もちんじ偽ると徳八同様入牢申付ぞ　　　（旧幕７ウ〜８オ）

〈甲斐守「下人長蔵、これへ出ろ。」長蔵「へい。」甲斐守「わりゃあ女はどうした。まっすぐに申せ。われ、存じてあろう。」長蔵「へい、女の発ちましたのは一向私は存じません。夜は明けて、これなる霜が「女中が見えない」と申しますから発ったと存じました。甲斐守「こりゃ、「見えない」という言葉と「発つ」とは違うわい。わいらは旅人が発てば「旅人が見えなくなった」と言うか。いずれ怪しい。おのれも陳じ偽ると徳八同様入牢申し付けるぞ。」〉

(28) 〔曲淵景漸→宿屋女中霜〕「甲是霜正直ニいわんと牢だぞ我蒲団を上る時外ニ子細が有たろふ「ハィ蒲団が血だらけでムりました「甲扨ハ怪しいと爰で徳八ニ色々吟味　　　（旧幕９オ〜９ウ）

〈甲斐守「これ、霜。正直に言わんと牢だぞ。われ、蒲団を上げる時、他に

第 6 章　近世期吟味控類における「尋問」と「釈明」のストラテジーについて　149

　　子細が有ったろう。」霜「はい、蒲団が血だらけでございました。」甲斐守「さては怪しい。」とここで徳八にいろいろ吟味。〉

　一番怪しい宿屋亭主徳八のみならず、下人長蔵や丁稚長松・女中霜のような女子共であっても少しでも供述に不審な部分があればこのように「入牢」を意識させるストラテジーを用いている。近世期の牢獄では劣悪な環境と虐待から牢死することも多く[8]、これは女牢も同じで「入牢」と聞くだけでも被吟味者を充分恐懼せしめる表現であると言える。

③拷問を意識させよ。

(29)　〔曲淵景漸→宿屋女中霜〕「甲そんなら侍ハ一人立たか「ハィ「甲其跡で我女の寝間江参つたらふ其節女ハどふしていた是己レ有躰ニいわぬと拷問ニ懸ル「ハィ翌朝参りました処が女ハいつ立ましたか居りません「甲そんなら其訳をなぜ徳八ニ申聞せん「ハィ寐ておりましたから右之侭を申ました其跡ハ存じませんから御免被下まし「甲ヤァ己ハ太ひ奴知らんと申て済ム物か有体ニ申さぬと拷問ニ懸るぞ我大方床を上げたろふ

　　　　　　　　　　　　　　　　　　　　　　　　（旧幕 8 ウ～9 オ）

　　〈甲斐守「そんなら侍は一人発ったか。」霜「はい。」甲斐守「その後でわれ、女の寝間へ参ったろう。その節、女はどうしていた。これ、おのれ、有り体にいわぬと拷問に懸ける。」霜「はい、翌朝参りましたところが、女はいつ発ちましたかおりません。」甲斐守「そんならその訳をなぜ徳八に申し聞かせん。」霜「はい、寝ておりましたから右のままを申しました。その跡は存じませんから御免くだされまし。」甲斐守「やあ、おのれは太い奴。知らんと申して済むものか。有り体に申さぬと拷問に懸けるぞ。われ、おおかた床を上げたろう。」〉

　本件は、江戸の北町奉行による失踪事件の真相解明を目的とする直吟味なので、2.1 の宗論や 4.1 の地方訴訟より以上に高圧的な尋問のストラテジーが認められる。拷問の対象は『公事方御定書』の「拷問可申付品之事」に享保七年極の人殺・火附・盗賊、元文五年極の関所破・謀書謀判を掲げ、「右之分悪事いたし候証拠慥ニ候得共不致白状もの同類之内白状いたし候得共当

人不致白状者之事」、また享保七年極で「右之外ニも拷問申付可然品も有之候ハ、評議之上可申付事」[9]とある。厳密には、牢問（笞打・石抱・海老責）と拷問（釣し責）とに区別され、しばしば用いられたのは牢問であって拷問は滅多に行われなかったと言われ[10]、また佐久間長敬の『吟味の口伝』にも「拷問は濫に行ふ者にあらずして、御詮議方第一厚く心掛けべき勤向に候。」[11]とあるが、総称して「拷問」と表記する場合もある[12]ようで、奈良奉行等を歴任した小俣景徳によれば牢屋敷での「拷問」としての石抱に言及している[13]。本件は失踪事件なので、吟味の過程で拷問に掛けることは充分すぎるほど蓋然性があるため、実際に拷問を行わなくても、拷問に言及するだけで極めて有効な吟味者側のストラテジーとなっている。

3.2 町人側の釈明のストラテジー

本件は宗論や地方訴訟とは異なり、北町奉行曲淵景漸によって米の失踪事件における丁稚長松・駕籠搔惣兵衛・七六・宿屋亭主徳八・女中霜などの容疑者の中から犯人を捜し出すための厳しい吟味が行われており、町人側の発言中には、目立ったストラテジーは見出しがたいが、下記の例が見られる。例（30）の例文中に「どふぞ御免遊しませ」「御慈悲ニ御免」などの「御免」「御慈悲」を乞う表現が見られる。

①恐懼して御免を請え。

(30) 〔曲淵景漸→宿屋女中霜〕「コリャ霜どふじや我ハ長蔵へ見へないと申たそふじやが見へないと立つたハ違ふ己も偽を云と入牢か」「霜ビツクリ泣ナガラハ私ハ何も存じませんどふぞ御免遊しませ私が母ハ去年から病気兄ハ癪で約ニ立ませぬ故無拠奉公ニ出ました私が牢へ這入と母の病気重ります御慈悲ニ御免「甲サ夫じや依而我ア大切のからだじや入牢すると命ニ抱ハる明白ニ申せ明白ニ申せバ我ニ御咎メハなひハ…

(旧幕8オ)

〈甲斐守「こりゃ、霜。どうじゃ。われは長蔵へ「見えない」と申したそうじゃが、「見えない」と「発った」は違う。おのれも偽りを言うと入牢か。」

霜びっくり、泣きながら「はい、私は何も存じません。どうぞ御免遊ばしませ。私の母は去年から病気、兄は癲で役に立ちませぬゆえ、よんどころなく奉公に出ました。私が牢へ入ると母の病気が重くなります。お慈悲に御免。」甲斐守「さ、それじゃによってわりゃあ大切のからだじゃ。入牢すると命に関わる。明白に申せ。明白に申せばわれにお咎めはないわ。…」〉

小俣景徳の証言するように石抱の拷問でも白状しなかった青木弥太郎などの強盗の場合には言い逃れのストラテジーを駆使する場合があったものと推測されるが、本件で尋問されているのは真犯人ではない善良な町人であるため、本資料からは見出しがたい。

4．地方の訴訟の事例—『御白洲始末書』

　近世期には、村境・入会地・用水権・漁業権などから個人の本家・分家争い・財産争いに至るまで、多種多様な訴訟・出入が行われている。支配の関係で吟味の担当者は領主の支配組織における訴訟担当の役人、幕府の寺社奉行・勘定奉行・直轄地の代官所等の役人など多様である。これら各種訴訟は、何度も蒸し返されることもあり、また、村の代表者が江戸や領主の役所に赴いて自分の村側の主張を開陳するため、訴状・経費・証拠書類などとともに吟味の状況を記録する資料が多数作成され、保存されている。ただし、その殆どは候文体などの文語体であり、口語で記録されることは極めて偶発的な事例にすぎない。ここでは、これまで調査してきた口語的な地方の吟味控のうち、天保14年（1843）9月より嘉永3年（1850）に至る三河国渥美郡の梅田川の藻草入会をめぐる訴訟を記録した愛知県豊橋市の野依校区市民館所蔵で野依村の八幡宮に伝存した文書の内の『御白洲始末書』[14]を取り上げ、検討を加える。訴訟を担当したのは、訴訟方・相手方の支配が異なるため幕府の寺社奉行となり、土屋采女正寅直、次いで松平紀伊守信義、掛りの寺社奉行吟味物調役小田武衛門である。小田は新規永々の旗本であるが、子竜平山行蔵門下の四天王といわれ、相馬大作こと下斗米秀之進や勝小吉と同門の

剣豪である。発言者及び聞き手としての吟味者の氏名を表記しない箇所も含むが、その場合は吟味者不明として掲げる。なお、この吟味控では吟味者側の発言部分に対して村方の発言部分は1字下げで記録してあり、発言者の識別が必要な場合は小書きで「大」（大崎村）、「五」（五ヶ村）など付記してある。

4.1 寺社奉行吟味物調役による尋問のストラテジー

吟味者側による糾明のストラテジーとしては、以下のものが認められる。
①主張の矛盾を追及せよ。

(31) 〔小田武右衛門→訴訟方大崎村治郎兵衛〕訴訟方之者共海面心得方はそうでも有ふが此裏書をなんと心得る治郎兵衛サァどふだなんと心得た
　　　治郎兵衛読兼居候処御自身ニ御読聞セ
是をみよ境論と有藻草論とハどこニ有
　　　大左様御座り舛が藻草場境論而御座り舛
心得方ハそふでも有ふが藻草と云ふ字ハ是みよ一字もない
　　　　　　　　　　　　　　　（白洲6オ〜ウ）
〈小田「訴訟方の者ども、海面の心得方はそうでもあろうが、この裏書きをなんと心得る。次郎兵衛、さあどうだ。なんと心得た。」
　次郎兵衛が読みかねておりましたところ、小田様ご自身にお読み聞かせ。
小田「これを見よ。『境論』とある。『藻草論』とはどこにある。」
　大崎村「さようござりますが、『藻草場境論』でござります。」
小田「心得方はそうでもあろうが、『藻草』という字はこれ見よ、一字もない。」〉

本件は、地方の訴訟なので、吟味者は、訴訟方・相手方双方の主張を聞きながら、矛盾点を追及している。発言の矛盾とともに、証拠となる文書の矛盾点も追及している。

②「難儀」を意識させよ。

(32) 〔小田武右衛門→訴訟方大崎村・相手方五ヶ村〕其方共こふゆヘバ訴訟方江当る

第6章　近世期吟味控類における「尋問」と「釈明」のストラテジーについて　153

　　こふいへば相手方江当ると云ふてハ其方共難義ニおよふそふ心得て
　　下ヶれ　　　　　　　　　　　　　　　　　　　　（白洲24ウ）
　　〈小田「その方ども、こう言えば訴訟方へ当たる、こう言えば相手方へ当たると言うては、その方ども難儀に及ぶ。そう心得て下がれ。」〉

(33)　〔吟味者不明→訴訟方大崎村〕ひらりと出たのか若借来致した者か有れハ厳
　　重之吟味ニも及ねハならぬ左様致せハ其方共難渋ニ及ふゆへ勘弁致さ
　　ねハならぬ…　　　　　　　　　　　　　　　　　（白洲35オ）
　　〈不明「ひらりと出たのか、もしも借来致した者があれば厳重の吟味にも及ばねばならぬ。そのように致せばその方ども難渋に及ぶので勘弁致さねばならぬ。…」〉

(34)　〔吟味者不明→大崎村治郎兵衛〕…先惣代治左衛門不行届と言ふからハ我等
　　が取巧て有ふ謀書謀判之吟味ハどふ言ふ物だしつて居るて有ふ強而申
　　立るか厳重之吟味相請るかどふた　　　　　　　　（白洲39オ）
　　〈不明「…先惣代の治左衛門が不行届きであると言うからは、われらが取る巧みであろう。謀書謀判の吟味はどう言うものだ。知っているであろう。強いて申し立てるか。厳重の吟味を受けるか。どうだ。」〉

　地方訴訟は、反逆や殺人事件などの重大な犯罪ではないので、年貢増徴や支配機構に対する抵抗などから強訴・一揆に及ばない限りは、3.1のような拷問・入牢を直接意識させるストラテジーは用いないようである。ただし、例(34)は農民の権利主張の根拠となる文書に「謀書謀判」の疑惑があり、この場合は元文5年(1740)以来拷問の対象となっているため、「厳重之吟味」になることを意識させている。

③正確な主張を求めよ。

(35)　〔小田武右衛門→相手方〕書付ニ当ル物かないか夫ならハ是も下ヶ遣ス是ニ引
　　合セて得と見定否申立よ即答ニも成まい猶予致ス引取て篤と見定メ否心
　　得方始末書ニて差出せ　　　　　　　　　　　　　（白洲30ウ）
　　〈小田「書付に当たるものがないか。それならばこれも下げ遣わす。これに引き合わせてとくと見定め申し立てよ。即答にもならないだろう。猶予致

す。引き取ってとくと見定めて、いな心得方始末書で差し出せ。〉

　本件では、吟味者は、正確な事実確認を求めているので、性急な吟味よりは、訴訟方・相手方双方に対して、発言も、証拠となる文書の確認も「得と（篤と）」見定めることを求める発言が多いようである。本文書は相手方の野依村の代表者の手になる記録であるが「得と」が目立つのは、慎重な吟味を進める吟味者の性格を反映しているとも解せられるが、吟味席での用語であるとも言える。

④場所が奉行所であることを意識させよ。

(36) 〔吟味者不明→大崎村惣代〕寛文十年ト有からハ其頃より藻草取せ候事ト見へる相手方ニハ廻状か有聊之証拠でも奉行所ニおゐてハ仕来り通りニ致さねハならぬ尤最初之済口ト午年之済口トハ余り表裏之済口ニ相成居ル故奉行所ニおゐても格別ニ吟味いたす即答ニもなるまい腰懸まで下ケてやろう訴答立会之上大切ニ得トそこのぬける程見よ下れ

（白洲35オ〜ウ）

〈不明「「寛文十年」とあるからは、その頃から藻草をとらせたことと見える。相手方には廻状がある。僅かな証拠でも奉行所では仕来り通りに致さねばならぬ。もっとも、最初の「済口」と「午年の済口」とはあまりにも表裏の済口になるので、奉行所においても格別に吟味致す。即答にもなるまい。腰掛まで下げてやろう。訴答立ち会いの上、大切にとくと底の抜けるほど見よ。下がれ。」〉

(37) 〔吟味者不明→大崎村治郎兵衛〕…奉行所ニおゐて証拠物取調之上申付ル然を我等か申事ニ引付て顕然た抔ト奉行所を蔑ニ致不届至極な事だ

（白洲38ウ）

〈不明「…奉行所において証拠物取り調べの上申し付ける。しかるをわれらが申すことに引きつけて顕然だなどと奉行所を蔑ろに致す。不届至極なことだ。」〉

　被吟味者に対して、奉行所における吟味であることを意識させるのは、上述の脇坂安董・曲淵景漸の吟味と一致するストラテジーである。

⑤主張の相違点を追及せよ。

(38)〔小田武右衛門→訴訟方・引合村〕梅田川之長サハ何程巾ハ何程有

　　凡壱里余も御座り舛巾ハ百間程

　引合村どふた

　　大崎村渡舟場より西植田村渡舟場迄之事て御座り舛か

　ヲ、そうた

　　大崎村渡舟場より西植田渡舟場迄ハ拾丁程御座り舛

　引合村と訴訟方とハ相違致次郎兵衛我ハ今壱り有と言ふたがとふた

　　私共渡船場より高足村迄壱り余も御座り舛川巾ハ百間余も御座り舛

（白洲29オ～ウ）

〈小田「梅田川の長さは何ほど。幅は何ほど有る。」

　訴訟方「およそ一里あまりもござります。幅は百間ほど。」

小田「引合村どうだ。」

　引合村「大崎村の渡舟場より西植田村渡舟場までのことでござりますか。」

小田「おお、そうだ。」

　引合村「大崎村の渡舟場より西植田村の渡舟場までは十丁ほどござります。」

小田「引合村と訴訟村とは相違致す。次郎兵衛、われは今一里あると言うたがどうだ。」

　訴訟方「私どもの渡舟場より高足村まで一里あまりもござります。川幅は百間あまりもござります。」〉

　本件は、利害の対立する訴訟方・相手方の村々の主張に対して裁決を下すことを目的とする吟味であるので、相違点を見出して対決させるストラテジーが用いられている。

4.2 農民側の釈明のストラテジー

　本件は地方訴訟で訴訟方・相手方の主張を述べるため、ひたすら吟味者に対する恐懼を表すだけでなく、村の代表とし権利を主張して勝訴を目指すためのストラテジーを用いている。
①吟味者に対する恐懼を表現せよ。

(39)　〔五ヶ村→調役小田武右衛門〕牟呂村無運上之村ハどれだ指図致せ
　　　　　乍恐此高須松島青竹清須藪下向草間村松并此村々て御座り舛
　　　　豊後様より御代替てからかいつからと廉をゆへ
　　　　　乍恐いつごろ共存ませぬ古来より入会て御座り舛（白洲23オ〜ウ）
　〈小田「牟呂村、無運上の村はどれだ。指図致せ。」
　　牟呂村「恐れながら、この高須・松島・青竹・清須・藪下・向草間・村松、ならびにこの村々でござります。」
　　小田「豊後様より御代が替わってからかいつからと廉を言え。」
　　牟呂村「恐れながら、いつごろとも存じませぬ。古来より入り合ってござります。」〉

(40)　〔大崎村惣代→吟味者不明〕…然ルニ其方共より差出候右之印紙ニハ仏餉村切反ヶ谷村右村兼帯と有皿之様な目をして見ても違た物ハ違て居るどふた
　　　　　ヘイ恐入ました義て御座り舛国許を取調之上申あげましやう
　　　　　　　　　　　　　　　　　　　　　　　　　　（白洲34ウ）
　〈不明「…しかるにその方どもより差し出した右の印紙には「仏餉村・切反ヶ谷村、右村兼帯」とある。皿のような目をして見ても違ったものは違っている。どうだ。」
　　大崎村「へい、恐れ入りました儀でござります。国許を取り調べの上申し上げましょう。」〉

　吟味者側に対して「恐れ入った」と恐懼を示すのは、今回調査した3件の吟味控に共通するストラテジーであるが、本件では例(39)のように吟味者の積極的フェイスに対する配慮を示す「乍恐」を用て恐懼する心情を表現

した上で自分の村の利益を主張していると解釈することができる。
②自分側の主張の正しさを証拠を挙げて強調せよ。
(41) 〔五ヶ村→調役小田武衛門〕相手方ハとふだ

　₅大津島大崎島堺論之節出来候絵図面ニ而藻草場論ニ拘りました絵図面而は御座り舛ぬ其証拠ニ此境界之外ハ五ヶ村地内下草秣場入会之場所ニ御座り舛れ共此所大崎村下草秣入会共書入ハ一切御座り舛ぬ然上ハ海面ニ五ヶ村入会と申義書入御座り舛ぬも同様之義ニて山海共ニ入会之証拠ニ拘りましたる絵図面とハ心得ませぬ　　　（白洲5ウ〜6オ）

　〈小田「相手方はどうだ。」

　　五ケ村「大津島・大崎島の境論の節出来ました絵図面で、藻草場論に関わりました絵図面ではござりませぬ。その証拠にこの境界の外は五ケ村の地内の下草秣場の入会の場所でござりますが、この所、大崎村下草秣入会とも書き入れは一切ござりませぬ。しかる上は、海面に五ケ村入会と申すこと書き入れがござりませぬのも同様のことで山・海共に入会の証拠に関わりました絵図面とは心得ませぬ。」〉

(42) 〔相手方五ヶ村・訴訟方大崎村→御前様（寺社奉行松平信篤）〕₅…其節大崎村之義も入会之趣申出ましたる処五ヶ村江御尋ニ付先前より為入会ましたる趣を申上候ニ付大崎村入会ニ相成ましたる義ハ則御裏書ニ而相分り舛る私共義ハ先前より聊相違之義ハ申上ませぬ大崎村之者共ハ先年より山海相互ニ入会田地相続仕来候海面入会ニハ無之抔品々取巧申立舛故私共甚難渋仕舛

　　₆山海変易之趣ニ相手方申上候得共元禄度天野助治郎様江双方より差上候書付も有之まして決而左様之訳ニ御座り舛ぬ　　（白洲18オ〜ウ）

　〈五ケ村「…その節、大崎村の儀も入会の趣を申し出ましたところ、五ケ村へお尋ねにつき、先前より入合わせました趣を申し上げましたので大崎村の入会になりましたことはすなわち、お裏書で分かりまする。私どもは先前から少しも相違のことは申し上げませぬ。大崎村の者どもは先年から山・海相互に入会い、田地相続してきました。海面の入会ではないなどさ

まざま取り巧み申し立てますので、私どもはなはだ難渋致します。」
　　大崎村「山海変易の趣に相手方が申し上げますが、元禄度に天野助治郎様へ双方から差し上げました書付もありまして、決してそのような訳ではございませぬ。」〉

　自村側の主張の正しさを、証拠となる文書を示して述べるストラテジーが地方訴訟の吟味席における特徴と言えよう。
③吟味者に対して返答の猶予を願え。
(43)〔大崎村治郎兵衛→吟味者不明〕得ト吟味致か強而申立るか即答ニハならぬか
　　　　御腰懸迄御猶予御願申上舛　　　　　　　　　　　　（白洲39ウ）
　　〈不明「とくと吟味致すが、強いて申し立てるか、即答はならぬか。」
　　　大崎村治郎兵衛「お腰掛までご猶予願い申し上げます。」〉

　本件では、吟味者も「得と」見定めて正確な発言・主張を求めているので、脇坂安董・曲淵景漸の吟味の事例とは異なり、「猶予」を願うことが可能であるようである。

5．おわりに

　近世期の口語体の吟味控類における吟味者と被吟味者のストラテジーについて、性格の異なる3種類の事例を取り上げ検討を加えた。この種資料は、すでに資料価値について検討を加えたように、吟味を受ける側が吟味後に記憶をもとに吟味者、自分側・相手側の被吟味者の発言を記録し、通例は候文体などの文語体で綴るところを偶発的に口語体もしくは口語交じり文体で綴ったものである。従って、本章で述べた吟味席におけるストラテジーについては、近世期に実際に行われた吟味の一端を断片的に覗くに過ぎないことは言うまでもない。その中で、吟味の対象となる事案の種類によって、拷問を用いることが可能な事案であるか否か、公事と出入、また、吟味者の性格・記録者の性格・記録の正確性など資料によって見出されるストラテジーは異なると言える。小稿では吟味者が寺社奉行・江戸町奉行という幕府役人

で被吟味者が僧俗町民・農民である事例を扱ったが、被吟味者が武家である事例も存在する。それらについては、稿を改めて論じたい。

なお、取り調べや裁判を記録した資料は、近代以降にも作成されて現在に至る。現代においても刑事による取り調べの体験談の他、取り調べのマニュアルが存在することは、2006 年 4 月 13 日付朝日新聞で愛媛県警から流出した被疑者取り調べマニュアルの存在を報じ、また、2012 年 12 月 13 日付日本経済新聞では、警視庁が自白誘導を防ぐ目的で初の統一的な教本『取り調べ（基礎編）』を作成し全国の警察に配布したと報じている。検事や裁判官・弁護士による尋問の技術のマニュアル類[15]も市販されている。時代によって法規や人権意識の変遷があるように、語用論的なストラテジーも近世期以来、現代に至るまで史的変遷を伴っていると思われるが、これらについても、今後の課題としたい。

注

1　椎名美智「何を「誓い」、何を「呪い」、何を「願う」のか？　初期近代英語期の裁判と戯曲の世界から」(高田博行・椎名美智・小野寺典子(編著)『歴史語用論入門―過去のコミュニケーションを復元する』2011 年 4 月、大修館書店)等参照。
2　諸星美智直『近世武家言葉の研究』(2004 年 5 月、清文堂出版)
3　Penelope Brown and Stephen C. Levinson, *Politeness Some universals in language usage* (1978, 1987)(田中典子(監訳)　斉藤早智子・津留崎毅・鶴田庸子・日野壽憲・山下早代子(訳)『ポライトネス―言語使用における、ある普遍現象』(2011 年 9 月、研究社))
4　前掲注 2 文献第 13 章参照。
5　原胤昭・尾佐竹猛(解題)『江戸時代犯罪・刑罰事例集』(1982 年 3 月、柏書房)所収、264 頁。成立年は検事市原分の附記によれば、末尾の「戊午のとし八月」から 1858 年 8 月と推測してある。
6　進士慶幹(校注)『旧事諮問録―江戸幕府役人の証言(上)』(1986 年 1 月、岩波書店)所収「第 3 回　司法の事(評定所)」(1895 年 3 月 21 日)107 頁。

7 前掲注 5 文献 263 頁。
8 石井良助『江戸の刑罰』(1964 年 2 月初版・1984 年 2 月 41 版、中央公論社) 143–146 頁。
9 『徳川禁令考』(1895 年、司法省) 後聚 4 帙巻 33 行刑条例 167 頁。
10 前掲注 8 文献 24 頁。
11 前掲注 5 文献 263 頁。
12 岡本綺堂「拷問の話」(『岡本綺堂随筆集』2007 年 10 月、岩波書店)。末尾に佐久間長敬の「教えによるところが多い」と付記してある。
13 前掲注 6 文献 130 頁。
14 前掲注 2 文献、319 頁。
15 山室惠(編著)『改訂版 刑事尋問技術』(2000 年 1 月初版・2007 年 4 月改訂版 2 刷、ぎょうせい)、水野谷幸夫・城祐一郎『Q & A 実例 取調べの実際』(2011 年 2 月第 1 刷・2012 年 4 月第 3 刷、立花書房) など。

第3部　ひとを説得する

第7章

中世イングランド神秘主義者の散文における説得の技法

片見彰夫

1. はじめに

　「キリスト教神秘主義(Christian mysticism)」とは、神を求める強い意志と、恩恵によって得られる観想において、神を霊的に体験的に認識することがその内容とされる。ここでの「体験」という概念は、分析的ではない直観的認識を包含するものである。*The Oxford English Dictionary*（以下 *OED*）は、神秘主義をいくつかの観点から定義付けるが、本章における定義としては、「忘我の瞑想または忍従という手段によって神性と一体になる可能性を信じること(belief in the possibility of union with or absorption into God by means of contemplation and self-surrender)」が、最も適切であろう。神秘主義者による散文群は、イギリス文学史上において重要な位置づけにある。1066 年のノルマン征服以前の豊かな国民文学を受け継いでいる稀な、ことによると唯一の例を提供する散文を書いた者として、Richard Rolle や Walter Hilton といった 14 世紀の神秘主義者の名を Chambers(1932)は挙げている。

さらに彼は、Rolle による散文をその年代、文体、そして普及度から「英語散文史上最も重要な地位の一つ」(1932: 102) を与えられていると主張する。さらに Gordon (1966: 55) では、「彼らの散文は、同時代の俗人たちの散文よりは効果的であり、仲間の神秘主義者たちとともに、彼は英語散文の文体の中心的な伝統を受け継いでいる」と指摘する。残された写本の多さや、後に成された引用の頻度から、Rolle や Hilton は、当時から広く読まれ、名の知られた神秘主義者であったことが分かる。彼らの影響は、後に続く Julian of Norwich や Margery Kempe にも及んでいる。Julian の文中には Hilton の影響を想起させる部分が見受けられるし、Kempe では、自身が Hilton や Rolle の作品を凌ぐ、神による高貴な働きを身をもって感じたことに触れている (17章)。Julian の庵を自ら訪ねた (18章) ことなどからも、「ヒルトンらの著した観想文学や神秘主義文学との接触がマージェリーの霊的成長を促した」(久木田 2003: 240) ということがいえるであろう。彼らには、読者をキリストの教えへと誘うための説得という共通の意図が存在する。では、宗教体験や幻視といった抽象的な形而上の概念を具体的な事象として明解に伝えるために、どのような文体技巧や修辞法が用いられていたのであろうか。この点について本章では、歴史語用論の観点を取り入れながら、反復と変奏、ワードペア、行為指示型発話行為の果たす説得の文体効果について論じる。そして同じ宗教散文として、1500 年以降の近代英語期に編集された欽定訳聖書 (1611) 中の福音書にも適宜言及しながら、中英語 (ME) (1100–1500) から近代英語 (Mod E) に及ぶ説得の技法について考察する。聖書では原典からの翻訳の影響も当然、想定されるが、欽定訳聖書は Tyndale 訳等の先行する英訳聖書へ依拠している部分が多いこと、加えて国教会で用いられた唯一の英訳聖書であったことからも、当時の散文文体のひとつの基準とみなすことができる。

　調査対象とする神秘主義散文は Rolle から、*Ego Dormio*（私は眠っている）(c.1343), *The Commandment*（愛の掟）(c. 1343), *The Form of Living*（生活形態）(c. 1348) の書簡体散文 3 編、Hilton からは、信仰生活の教導書である *The*

Scale of Perfection（完徳の階梯）(c. 1390–1395) を取り上げる。そして Julian からは、16 回の啓示体験の意味を約 20 年の歳月をかけて、熟考した記録である *A Revelation of Love*（神の愛の啓示）のロング・テクスト (c. 1393)、そして Kempe からは、「キリストの花嫁」としての霊的生活が綴られた *The Book of Margery Kempe*（マージェリー・ケンプの書）(c. 1430) を対象とする。なお、*A Revelation of Love* はイギリス人女性による最初の散文として、*The Book of Margery Kempe* はイギリス最古の自伝としても知られている。主な活動地域は Rolle が Yorkshire、Hilton が Nottingham、Julian が Norwich、Kempe は Norfolk であり、いずれも Midland 地域に属する。

　語用論は「話しことば」の研究とともに発展を遂げてきた。椎名 (2009: 66–67) では、歴史語用論の成立と発展の鍵は、口語表現に関わる過去のテクストがコミュニケーションの形態を示すデータとして受容されるようになったことにある、と述べられている。歴史語用論研究の基礎知識について詳らかにした高田・椎名・小野寺編 (2011: 13–15) では、歴史語用論で対象とするテクストへの話しことばの反映について、いくつかのモデルを提示している。ここで取り上げる散文は、特定の人物を想定して書かれた書簡文や、説教、口述筆記に基づいている。つまり、送り手や受け手との遠近関係が近い、対話コミュニケーションが意図された話しことばの文体が色濃く反映されていることが想定される。この点からも、歴史語用論の考察対象としての神秘主義散文の意義が考えられる。

2. 反復と変奏

2.1 反復と変奏の文体効果

　形式的文彩としての反復 (repetition) は、同一語彙の繰り返しのみならず、語句あるいは文単位においても生じる。Halliday and Hasan (1976: 279) では、語の反復による結束性を同一語、同義語、上位語、全体的な語の 4 つに下位区分している。繰り返し表現とは古英語期から既によく見られる伝

統的な表現形式であり、説教の伝達効果を高める働きがあると考えられる。例えば、1235年以前に筆写された The Ancrene Wisse の校訂本の編者 Shepherd (1959: lxii) は、テーマを発展させる上で、反復が技巧的に用いられていることを指摘している。

　反復を補う技法として、変奏 (variation) が挙げられる。変奏とはしばしば文法的平行性を伴いながら、異なる語句や同義語を使ってひとつの概念を反復する表現形式である。同主旨の内容を繰り返すことによって聴き手へ主題となる概念を確実に伝える効果が意図されることから、反復と変奏は中世文学の口承性と関連した表現手段であるといえる。加えて、中尾 (2004: 126–127) や、Toolan (2008) では反復と変奏に、標準から逸脱することによって生じる有標性と、特定の意味を強調して際立たせる前景化を文脈に付与することを指摘し、複数の文をつなげる結束性を表す手段でもあることを主張している。この点は語用論の観点からも興味深い。以下、反復と変奏が生じている用例について文脈に着目して考察する。

2.2　反復と変奏の用例とその解釈

　(1ab) は他の語の介入の後、反復がなされている「隔語句反復 (epanalepsis)」の用例である。出典部分のローマ数字は章、アラビア数字はページを示している。反復が生じているのは、それぞれ実線と波線が引かれている組み合わせである。

(1) a.　I trowe treuly þat þe comforth of Jhesu Criste and pe swetnes of his love, with þe fire of þe Haly Gast, þat purges all syn, sall be in þe and with þe, ledand þe, and lerand þe how þou sall thynk, how þou sall pray, what þou sall wyrk;　　　　　　　　　　(*The Form of Living* ii: 89)
　　　　〈私は真実、イエス・キリストの慰めとその甘美な愛が、あらゆる罪を浄化する聖霊の炎と共に、あなたの心の中に宿り、あなたと共にあり、あなたを導いて下さるものと信じています。そしてあなたがどのように思

第 7 章　中世イングランド神秘主義者の散文における説得の技法　167

考し、あなたがどのように祈り、あなたがどのように行動すべきかを、あなたに教えて下さると信じています。〉

b.　I it am, I it am; I it am that is heyest; I it am that thou lovist; I it am that thou lykyst; I it am that thou servist; I it am that thou longyst; I it am that thou desyrist; I it am that thou menyst; I it am that is al; I it am that holy church prechyth and teachyth the; I it am that shewed me here to thee.　　　　　　　　　　　　　　　　(*A Revelation* xxvi: 37)
〈われなり、われなり。われなり、至高のものは。われなり、汝が愛するは。われなり、汝が好むは。われなり、汝が仕えるは。われなり、汝が求むるは。われなり、汝が望むは。われなり、汝が欲するは。われなり、すべては。われなり、聖なる教会が祈り、汝に説くは。われなり、ここで汝にわれを示すは。〉

(1a)では、あらゆる罪を浄化する聖霊の炎を伴ったキリストの慰めと、その甘美な愛が心の中に宿り、導いてくれるということ、そしてどのように思考し、祈り、行動すべきかを教えてくれるという内容を、þe (thee) と þou sall (thoushall) と畳みかけるように反復することにより、読者の注意を喚起している。(1b) は、Julian へ向けられたキリストからの言葉である。関係代名詞 that 節によって修飾され、示される存在こそ「まさに我なり」と繰り返し唱えることによって、簡潔ながらも力強い印象づけがなされている。

　(2ab) は、前後を入れ替えて反復する「倒置反復法 (antimetabole)」の例である。

（ 2 ）a.　...Iesus is al that shal be savid and al that shal be savid is Iesus;...
　　　　　　　　　　　　　　　　　　　　　(*A Revelation* li: 79)
〈イエスこそまさに救われるべきであり、まさに救われるべきこそイエスなのです……。〉

b.　...our soule with our body and our body with our soule,...

(*A Revelation* lv: 88)
〈われわれの身体と共にあるわれわれの魂、そしてわれわれの魂とともにあるわれわれの身体……。〉

イエスこそが救われるべき者であること、魂と肉体が共にあることという重要なメッセージが倒置反復により、明確化されている例である。
　次に「対照法（antithesis）」について着目したい。これは語彙項目の対比によって、主張を前景化させる手法である。

（３）　For þei þat worshep þe þei worshep me; þei þat despysyn þe þei despysen me, &I schal chastysen hem þerfor. I am in þe, and þow in me.
(*The Book* I. x:23)
〈汝を礼遇する者はわれを礼遇し、汝を冷笑する者はわれを冷笑する。そのため、われを冷笑する者たちを懲らしめよう。われは汝の内にいる、そして汝はわれの内にいる。〉

キリストから向けられたMargeryへの言葉に、この対照法が現れている。汝（Margery）と、われ（キリスト）を礼遇と冷笑で対比した後、「われは汝の内にいる、そして汝はわれの内にいる」と倒置反復を含む対照法を用いることで、力強く確約する。対照法によって教えを鮮やかに伝えている例は福音書にも多く見られる。（４）は、「マタイによる福音書（*Matt.*）」からの例である。欽定訳聖書からの引用はローマ数字が章、アラビア数字が行を表す。

（４）　Enter ye in at the strait gate, for wide is the gate, and broad is the way, that leadeth to destruction, and many there be which goe in thereat: Because strait is the gate, and narrow is the way which leadeth vnto life, and few there be that finde it.　　　　　　　　　　　(*Matt.* vii. 13–14)
〈狭い門から入れ。滅びに至る門は大きく、その道は広い。そしてそこから

第 7 章　中世イングランド神秘主義者の散文における説得の技法　169

入っていく者が多い。命へ至る門は狭く、その道は細い。そしてそれを見出す者は少ない。〉

実線部と波線部がそれぞれ組となって対照的に反復されている。「容易に見出され得る滅びへとつながる広い門」と、「見つけることが困難な命へ至る細い門」という対照的内容を並置させることで、受け手への印象を深めている。また「ヨハネによる福音書(*John.*)」には、イエスが重要なことを述べる際に、Verily, verily, I say vnto you... (*John* I: 51) という前置きが定型的に用いられるなど、同一語句の繰り返しによって意味の強調をもたらしている例が見られる。反復表現は、近代英語においても継承される技巧であり、このように説得においても効果的であり続けたのである。次に変奏の例として(5)を見られたい。

（5）　Aske thou thanne of God nothinge but this gifte of love, that is, the Holi Goost. For amonge alle the giftes that oure Lord geveth　ther is noon so good ne so profitable, so worthi ne excellent, as this is. For there is no gifte of God that is bothe gifte and the gyvere, but this gifte of love; and therefore it is the beste and the worthieste.　　　(*The Scale* II xxxvi: 223–224)
〈神にはこの愛の賜物だけを求めよ、それは聖霊である。神がお与えになる賜物すべての中で、これほど素晴らしく恵みあるものはない。というのも贈り物であるとともに贈り主である神の賜物は、この愛の賜物だけだからである。そのため、最善で最も価値のあるものである。〉

人が神に求める最も有益なものである「愛の賜物」が下線部で示すように反復されている。冒頭では波線部で示したように「聖霊」として導入し、文末では「最善であり、最高に価値あるもの」と変奏させて締めくくっている。加えてこの用例では、最高潮を最後に示す斬層法(climax)が変奏部分と相まって用いられることで、説得の効果を高めている。(6)は、イエスがすべ

ての人間を救うために自己が負った脇腹の傷口を Julian に示すことによって、彼女を励ます言葉からの引用である。

(6) 'Lo how that I lovid the', as if he had seid: 'My derling, behold and se thy lord, thy God, that is thy maker and thyn endless ioy. Se what likyng and bliss I have in thy salvation,... (*A Revelation* xxiiii: 35)
〈われが汝をいかに愛していたか見よ。それはあたかもこうおっしゃっているかのようでした。「愛しき者よ、凝視して見よ汝の主、汝の神を。それは汝の創造者であり汝の尽きせぬ喜びである。汝の救済がいかに喜びであり、至福であるか見よ……。〉

傷口に視線を向けさせる指示を lo (look)、behold, se (see) と変奏させながら命令法で下していることが分かる。また波線部で示したようにイエス自ら自身を lord, God, maker, endless ioy (endless joy) と変奏させことによって、自己の様々な面を浮き彫りにしている。このように反復と変奏による表現効果は、キーとなる概念を保ちながら複数の語の意味に相互作用を与えることになり、聴き手や読者への説得という目的にも寄与すると考えられる。

3. ワードペア

3.1 ワードペアの定義と論点

time and tide, heaven and earth などの二項語について Malkiel (1959: 113) は、「接続詞により結合された、同一の統語位置を占める 2 語」と定義している。これらは word pairs, paired words, doublets, collocated words, binominals と呼ばれる対語のことであり、本章ではまとめてワードペア (以下 WP) という名称で取り上げる。この用法は *Beowulf* において既に現れており、英語散文の伝統を継承している表現のひとつであると考えられる。Julian と Margery の WP を扱った先行研究では Stone (1970) があり、リズム、押韻効

果という観点から主に論じている。Koskenniemi（1975）では、Margery の用いた WP の働きについて、口語にも生じる一般的なものから、創造性や独自性が存在する神秘主義特有の概念まで広く現れていることを指摘する。そして強意に端を発した WP が中英語後半には、文彩として用いられるようになったことを論じている。谷（2008）では、本章で対象とする 4 人の神秘主義者達とほぼ同時代に属する Chaucer の散文作品である *Tale of Melibee*, *The Parson's Tale*, *A Treatise of the Astrolabe*, 及び *Boece* 中の WP について調べている。そして WP には作品ジャンルごとの影響が反映され、対話という散文形式で頻度が高くなり、読者の理解を助けるという書き手の配慮を指摘する。WP の働きは、このように、作品ごとに異なるものであることが先行研究から明らかにされている。では、神秘主義者達の WP にはどのような特徴を見出すことができるのであろうか。ここでは WP の品詞、語源、表現効果の観点から、その生起状況を探る。調査範囲は、以下の通りである。作品全体に及ばなかったものは、全作品の前半部と後半部が含まれるようにページを割り当てて調べた。

Richard Rolle
Ego Dormio, The Commandment, The Form of Living の全体　52 ページ

Walter Hilton
The Scale of Perfection　第 1 巻第 1 章から 35 章、第 2 巻第 35 章から 42 章　69 ページ

Julian of Norwich
A Revelation of Love の全体　136 ページ

Margery Kempe
The Book of Margery Kempe　第 1 巻第 1 章から 25 章、第 2 巻第 1 章から 10 章　87 ページ

上記範囲における WP で用いられた接続詞について調査した結果が表 1 で

ある。同一の WP は、複数回用いられた場合も 1 回として集計している。

表1　WP を構成する接続詞

	Rolle	Hilton	Julian	Kempe	Total
and	213	425	644	325	1607
or	23	84	22	1	130
ne	3	35	22	17	77
nor	0	0	12	0	12
	239	544	700	343	1826

WP を構成する最も頻度の高い接続詞は and であることが分かる。以下では、最も多用された and を含む二項語の WP を対象として考察する。

3.2　品詞

それぞれの表で各神秘主義者が用いた WP の傾向を示す。構成要素を品詞ごとに分類し、それぞれの数と生起率を調査した結果が表 2 である。

表2　品詞ごとの数と生起率（ME）

品詞	Rolle	Hilton	Julian	Kempe
Noun and Noun	137(64.3%)	227(53.4%)	373(57.9%)	163(50.2%)
Verb and Verb	31(14.5%)	92(21.7%)	106(16.5%)	95(29.2%)
Adj. and Adj.	34(16.0%)	68(16%)	103(16.0%)	45(13.8%)
Adv. and Adv.	8(3.8%)	37(8.7%)	62(9.6%)	22(6.8%)
Prep. and Prep.	3(1.4%)	1(0.2%)	0	0
Total (100%)	213	425	644	325

すべての散文において、名詞と名詞を繋げた WP の頻度が最も高くなっている。これは joy and bless, mercy and grace のように事象を描写し、概念を伝えるためには名詞が適切なためであることが理由として考えられる。表 3 は近代英語の例として、2.2 で言及した *Matt., John.* に加えて、「マルコによる福音書（*Mark.*）」、「ルカによる福音書（*Luke.*）」における生起状況を調べた結果である。[1]

表3　品詞ごとの数と生起率(**ModE**)

	Matt.	*Mark.*	*Luke.*	*John.*
Noun + Noun	21(23.9%)	13(37.1%)	28(38.9%)	4(17.4%)
Verb + Verb	55(62.5%)	20(57.1%)	38(52.8%)	17(74.0%)
Adj. + Adj.	11(12.5%)	1(2.9%)	5(6.9%)	1(4.3%)
Adv. + Adv.	0	1(2.9%)	1(1.4%)	0
Prep. + Prep.	1(1.1%)	0	0	1(4.3%)
Total (100%)	88	35	72	23

福音書のWPにおいては、いずれも動詞の生起率が最も高く、名詞がそれに続き、その他の品詞においては少数であることが示されている。その動詞のWPにおいても、come と go を第1要素にもつ come and see (*John*. i: 39) や goe and tell (*Matt*. xviii:15) のような組み合わせが多いことも共通している。福音書全体で130種類生じる動詞のWPのうち、42例が come (came)、31例が go (went) を含んでおり、合わせれば動詞のWP全体の56.1%程度を占める。一方、神秘主義者においては、come, go と対になったWPは多くない。Kempe では go を含む WP が 8 例あるが、他の各神秘主義者はそれぞれ 1 例にとどまり、Rolle にいたっては用例がない。神秘主義者は WP において、glad and merry, behold and see のような同義の語を二項にして意味を強調する用例が多いことも特徴である。近代英語期の印刷術の発展に伴う文字の介在によって説得の技法が変化したことが考えられる。

3.3 語源

　1300年代半ばまでに、英語はイギリス人の本来の言葉としての地位を再び獲得し、国語として確立する動きが始まっていた。そのため貴族にとっても一部を除いて、フランス語は教育によって身につけられる言語となっていた。その時代と、本章で対象とした神秘主義者の活動する時期は重なる。WPを構成する各語の語源について、*OED* に基づいて調査した結果を表4に示す。

表4　各語の語源(ME)

1st word+2nd word	Rolle	Hilton	Julian	Kempe
Anglo-Saxon + Anglo-Saxon	117(54.9%)	188(44.2%)	324(50.3%)	143(44%)
Romance + Romance	26(12.2%)	60(14.1%)	67(10.5%)	59(18.2%)
Anglo-Saxon+ Romance	29(13.6%)	83(19.5%)	105(16.3%)	65(20%)
Romance + Anglo-Saxon	34(16%)	68(16%)	82(12.7%)	43(13.3%)
Romance + Old Norse	3(1.4%)	5(1.2%)	9(1.4%)	6(1.8%)
Old Norse + Old Norse	0	0	1(0.1%)	0
Old Norse+ Anglo-Saxon	0	8(1.9%)	25(3.9%)	3(0.9%)
Old Norse + Romance	1(0.5%)	8(1.9%)	9(1.4%)	2(0.6%)
Anglo-Saxon + Old Norse	3(1.4%)	5(1.2%)	22(3.4%)	4(1.2%)
Total	213	425	644	325

表5は福音書に現れるWPの語源である。

表5　各語の語源(ModE)

1st word + 2nd word	*Matt.*	*Mark.*	*Luke.*	*John.*
Anglo-Saxon + Anglo-Saxon	65(73.8%)	22(62.9%)	40(55.5%)	14(60.9%)
Romance + Romance	5(5.7%)	2(5.7%)	13(18.1%)	0
Anglo-Saxon + Romance	13(14.8%)	6(17.1%)	7(9.7%)	5(21.8%)
Romance + Anglo-Saxon	2(2.3%)	2(5.7%)	7(9.7%)	2(8.7%)
Romance + Old Norse	0	0	0	0
Old Norse + Old Norse	0	0	0	0
Old Norse + Anglo-Saxon	2(2.3%)	0	3(4.2%)	1(4.3%)
Old Norse + Romance	0	0	1(1.4%)	0
Anglo-Saxon + Old Norse	1(1.1%)	3(8.6%)	1(1.4%)	1(4.3%)
Total	88	35	72	23

　Jespersen (1905: §98)はフランス語を英語と組にした場合、後者が意味解釈の働きを果たすとしているが、Chaucerでは異なり、意味を強調することが目的であったと述べる。谷 (2008) では、Chaucerの散文作品のWPで

は、英語本来語とフランス語、またはフランス語どうしを語源とする組み合わせが74%を占め、英語本来語のみを構成素とする21.1%を凌駕することを明らかにしている。これとは対照的となるが、表5では福音書においては英語本来語の組み合わせの生起率が最も高いことを示している。読者にかなりの程度のフランス語の知識を求めたChaucerの創作態度、そしてTyndale訳の影響を受け、アングロ・サクソン系の語を中心に原型が作られた欽定訳聖書の、荒削りではあるが力強い文体の違いが明確に出ている。神秘主義者の散文においても、アングロ・サクソン系の語が最も頻用されており、ほぼ同時代に属するChaucerの散文との違いが顕著に表れている。神秘主義散文や福音書では、日常語に密着した本来語を中心に用いることで、読者を信仰へと導く説得効果を高めることが意図されていたと考えられる。親しみのある本来語を用いることで民衆や平信徒へ自らの考えを分かりやすく伝え、説得力を高めるという神秘主義者たちの意図が反映されているのであろう。古フランス語やラテン語といったロマンス語系の語を含む神秘主義者によるWPの語彙については、in prayer and in meditacioun 'in prayer and in meditation' や、vertu and grace 'virtue and grace' のような宗教への密接な関連性のある用例の他は、comfortyn and solacyn 'comfort and solace' のような英語に既に定着したフランス語（*OED*による初出年は、comfort, solaceともc.1290）であり、外来語としての意識は薄くなっていたものと思われる。

3.4 多く現れるWP

　説得と関連性が深いと考えられるWPであるが、どのような組み合わせが多く見られるかその傾向を示すため、ME各テクストで複数回用いられているペアを以下に列挙した。この中には元来の説得、強調という目的が薄れ、定型化したものもあることが考えられる。なお、Julian of Norwichについては、対象部分の作品量が他テクストと比べて多いため、3回以上現れたWPを記した。複数のテクスト間で共通して生じているペアは太字で示し、和訳を添えた。

Richard Rolle

Noun and Noun: **day and nyght**（昼と夜）/ lust and liking / aungels and halowes / **mete and drynk**（食物と飲み物）/ **men and women**（男と女）/ joy and comforth / lufe and loving / joy and sweetenes / **body and saule**（bodi and sawle）（身体と精神）

Verb and Verb: waxand and wanande / **ete and drynk**（食べて飲む）

Adj. and Adj.: vayne and ill

Adv. and Adv.: mare and mare

Walter Hilton

Noun and Noun: resoun and wille / **men and women**（男と女）/ **nyght and day**（夜と昼）/ **bodi and soule**（身体と精神）/ loves and dredes / mekenesse and charit / love and charit / God and soule / wille and desire / wettis and feelynge / knowynge and love (lovynge) / knowynge and feelynge / **mete and drynke**（食べ物と飲み物）/ with herte and with mouth / lustis and likynges / entente and wil / mekenesse and charit / god and goostli things / goodnesse and merci / grace and virue / grace and travaile / resoun and will / savour and delite / love and likyking / likyng and joy / absence and presence / reste and softenes

Verb and Verb: **answere and seie**（答えて言う）/ love and preise / faile and fall / brenne and waste / see and feel / **seen and beholden**（見て凝視する）

Adj. and Adj.: unhurt and unbroken / able and redi

Adv. and Adv.: **bodili and goostli**（身体的に精神的に）/ worldli and fleischli / godli and goostli

Julian of Norwich

Noun and Noun: **ioy and blisse**（喜びと祝福）/ **mercy and grace**（慈悲と恩寵）/ ioy and liking / worship and ioy / worship and bliss / vertue and grace / will

第 7 章　中世イングランド神秘主義者の散文における説得の技法　177

and worship / pite and love / love and grace / understondyng and knowing / (in) **hevyn and** (in) **erth**（天と地）/ wele and wo / ruth and pite / good and wisedome

Verb and Verb: saw and understode / **behold and see**（見て凝視する）/ see (saw) and feel (felt) / sen and known / wetyn and knowen / groundid and rotid / thanking and prayseing / knowen and lovid / tremelyn and quakyn

Adj. and Adj.: herd and grevous / glad and mery / wide and syde / low and simple / meke and myld / kind and grace / swete and delectable

Adv. and Adv.: **gostly and bodily**（精神的に身体的に）/ mekely and mytyly / merily and gladly

Margery Kempe

Noun and Noun: solas and comfort / mercy and forgefnes / felyngys and revelacyons / **day and nygth**（昼と夜）/ **mete and drynke**（食べ物と飲み物）/ wepyng and morning / forenoon andaftyrnoon / affection and thought / myrthe and melodye / prechyng and techyng / **mercy and grace**（慈悲と恩寵）/ grace and goodness / wepyng and sobbyng / hevynes and diswer / drede and hevynes / joy and blisse

Verb and Verb: **answeryd and seyd**（答えて言った）/ **etyn and drynkyn** / levyn and faryn

Adv. and Adv.: **gostly and bodily**（精神的に身体的に）

　福音書において共通して生じている WP には、answered and said がある。この用法は OED では、「古風な用法」であるという記述がある。また福音書においては原典のヘブライ語法の影響も考えられるが、Hilton と Kempe でも複数回用いられていた。ここから、ウルガタ聖書からこの語法を取り入れた可能性が考えられる。6 世紀頃に完成し、1546 年のトリエント公会議で公認された唯一の権威あるラテン語訳聖書の語法が、14 世紀神秘主義者

から近代英語期へと継承されていることのひとつの証左となっている。

4. 行為指示型発話行為動詞
4.1 行為指示型発話行為とは

　説得に関連性が深い発話行為のひとつである「行為指示型発話行為 (directives)」とは、Searle (1969: 66, 1979: 14–15)、Givón (1993: 264) によれば、"話者や書き手が、情報の受け手にある行いをさせるようにしむける言語による試み" と定義付けることができる。Kohnen (2008) は、古英語における発話行為動詞として、request, command, advice, entreaty を意味内容にもつ 50 の動詞を調べている。その典型的な型式は、一人称主語が発話行為動詞をとり、その目的語として発話行為を受ける対象、そして発話行為の内容が that 節で続くというものである。Kohnen によれば、*Helsinki Corpus* を用いた調査でも古英語では、示唆や忠告といった間接的な発話行為指示は見当たらない。また、'Could you give me your hand?' というような疑問文の婉曲的な指示形式は、近代英語初期まで見出すことが困難である。これら Kohnen による調査は、「相手の面子を慮る (face-saving)」示唆や申し出といった動詞使用が当時は稀であり、現代英語では用いることに配慮が必要とされる直接的な命令行為動詞の方が、当時は一般的であったことを示している。Kohnen (2007) は、古英語から近代英語期に至る説教における発話行為を通時的に論じているが 14 世紀神秘主義者については対象とされていない。また歴史語用論の観点から発話行為に関する先行研究の成果と、その課題を紹介している Archer (2010) にも本章で対象とする神秘主義散文は含まれておらず、今後研究すべき課題として残されているといえよう。
以下、本節では、説得に関係する「行為指示型発話行為を表す動詞 (directive speech act verbs)」が、どのように各神秘主義者によって用いられているのか、そして神や読者に向けてどのような行為指示型発話行為を行っているかをいくつかの動詞を中心に見ていく。

4.2 発話行為動詞の用例と解釈

本節では、要請、懇願、命令を表す ask, beseech, bid, pray, tell について考察する。これらの動詞は Wierzbicka (1987)、Moessner (2010) によれば、行為指示型動詞の範疇に属するものである。作品全体を調査した生起数の結果を表 6 に示した。

表6　神秘主義散文における行為指示型動詞の生起数

	Rolle	Hilton	Julian	Kempe
I ask	0	0	1	7
I beseech	0	0	0	3
I bid	0	0	0	11
I pray	2	5	3	48
I tell	0	12	1	16
Total	2	17	5	85

OED の語義では、中英語期から近代英語期へ至るまで、これらの動詞は行為指示の働きを継続して有している。しかし福音書では、*Matthew.*, *John.* には用例がない。*Luke.* では、I beseech が 1 例、I pray が 3 例、I tell は 13 例が用いられている。そして *Mark.* では、I pray が 1 例、I tell は 1 例が、教えを説く際に現れている。福音書に共通で頻度の高い発話行為動詞は say であり、I say unto you (thee) の形式で *Matthew.* に 54 例、*John.* に 26 例、*Luke.* に 35 例、*Mark.* で 20 例が生じている。say は、元来「事実や思想を言明する」の意味をもち、イエスの言葉として福音書で用いられると、(7) のように信者へ向けられた行為指示を導く働きを有することが多い。

(7) I say vnto you, Loue your enemies, bless them that curse you, doe good to them that hate you,...　　　　　　　　　　　　　(*Matt.* v: 44)
〈あなた方へ、私は言う。敵を愛し、自分を迫害する者のために祈れ……。〉

その一方、福音書で多く見られる say を含む発話行為形式は神秘主義者に

おいては用いられていない。彼(女)達は、神の言葉を伝える際にも命令を下すようなこの言い回しは好まず、日常口語で用いる動詞で行為指示を伝えている。以下、神秘主義者が行為指示動詞を用いた意図について文脈を含めて考察する。

4.2.1 I ask

ask には、「(話者が)望んでいることを、(受け手に)遂行してもらう」という行為指示がある。(8)は、Margery から神への嘆願の言葉である。

(8) I aske ryth nowt, Lord , but þat þu mayst wel ȝevyn me, & þat is mercy whech I aske for þe pepil synnys. 〈…中略…〉 þerfor I aske now mercy for þe synne of þe pepil, as I wolde don for myn owyn,...

(*The Book* I. lvii: 141)

〈 主よ 、私はあなたがお与えになるもの以外は何も求めません。ただ人々の罪をお許しになる慈悲をお願いします。〈…中略…〉ですから、 さあ 、私が自分の罪の許しを望んだように、人々の罪をお許しになられるよう お願いいたします……。〉

枠で囲った部分のように、Lord と呼びかけたり、注意を喚起する now によって、I aske の行為指示効果を強化していることがうかがえる。

4.2.2 I beseech

beseech には、「(話者が)熱烈に請う行為を、(受け手に)遂行してもらう」という行為指示がある。この強い感情を伴った beseech を親しい関係にある司祭へ向けて Margery は用いている。

(9) Good sone, I beseche ȝow, preyth hym to dyne wyth ȝow & wyth ȝowr felawys & late me be present, & þan xal ȝe knowyn þe trewth.

第 7 章　中世イングランド神秘主義者の散文における説得の技法　181

(*The Book* I. xl: 97)

〈善き息子よ、お願いします、彼をあなた方と食事をする際に招き、その場に私を同席させてください。そうすれば真実が分かるでしょう。〉

Margery への誤解に基づき、彼女の信仰心に疑いをもっている司祭の誤解をとくために、彼を交えた食事へ同席させてもらうことを強く求めている文である。この Margery からの申し出は受け入れられ、自分を理解してくれた司祭の言葉に対して、彼女は食事の場で感動の号泣をすることになる。(10) は Margery による神に向けられた発話である。

(10)　I beseche þe, forȝeue þe pepyl al scorne & slawndrys & al þat þei han trespasyd,...
　　　　　　　　　　　　　　　　　　　　　　　　(*The Boo*k I.xliiii: 107)
　　　〈私はあなた (神) にお願いします、私を軽蔑し中傷する罪深き者たちをお赦しください……。〉

イエスの深い慈悲を知った Margery は、その御心に習い、自分を中傷する人々をもすべて許してほしいということを、神に向けて嘆願している。

4.2.3 I bid
　bid には、「(話者が) 命令、または熱心に懇願する行為を、(受け手に) 遂行してもらう」という行為指示がある。Margery には、10 例が生じており、そのすべてがキリスト、またはキリストの言葉を伝える使徒から、彼女に向けて発せられたものである。信仰心から、金曜日の断食を止めないため、彼女の夫は不満である。困り果てた彼女は十字架にひざまずき、祈りを捧げているまさにその時に、キリストは夫の要望に応じて食べ飲むことを、行為指示動詞 bid を用いて彼女に命じたのである。

(11)　I wyl no lengar þow fast, þerfor <u>I byd</u> þe in þe name of Ihesu ete & drynk as thyn husband doth.　　　　　　　　　（*The Book* I. xi: 24–25）

　〈われは汝がもはや断食することは望まない、であるから、汝の夫のするようにイエスの名において、食べ飲むよう汝に<u>われは命じる</u>。〉

キリストからの、この発話指示行為を受け、彼女は夫と一緒にビールを飲み、焼き菓子を食べたのであった。

4.2.4　I pray

　pray は、「（話者が）謙虚に、しかし熱心に（受け手が）ある行為を遂行するよう嘆願する」という発話行為動詞である。「神に祈る」に限らず、世俗的な意味合いで日常的に用いられていた。最後の審判の日に、まさに現世に別れを告げようかと思われた時、Julian は彼女を取り囲んでいるキリスト教徒達へ、以下のように呼びかける。

(12)　I pray you ⎡al for Gods sake⎤ and counsel you for your owne profitt that ye levyn the beholding of a wretch that it was shewid to,...
　　　　　　　　　　　　　　　　　　　　　　　　（*A Revelation* viii: 13）

　〈⎡神にかけて⎤、あなた方に私はお願いします、どうかあなた方自身のために、それが示された、とるに足らない者に目を向けることをお止めになるように……。〉

取るに足らない無力な存在である自分を見つめるのではなく、その視線を主キリストへ向けてほしいという謙虚な嘆願が、I pray で導かれている。そして、al for Gods sake の誓言によって発話行為が強められている。pray を用いたキリスト教徒への指示は、Rolle にも用例がある。

(13) I pray þe þat þou umbethynk þe, fra þe begynnyng of þis worlde, whare þe worlds lovers er now,... 　　　　　　　　　　　　　(*The Commandment* 80)
〈あなたによく考えて頂くことを私は願います、世界が始まって以来、現世を愛した人が現在どこにいるのかを……。〉

肉体の安楽を手に入れ、悪しき意思に従って肉体と快楽の日々を送った人々がその後、地獄へ行ったことをどうか心に留めておいてほしい、ということを読み手へ訴えかけている。(14)は、I pray が文末におかれた例である。

(14)　And þerfor prouydith ȝow an-oþer place, I pray ȝow.
　　　　　　　　　　　　　　　　　　　　　　(*The Book* I. lvii: 139)
〈そのため、もし他の場所をさがしてもらえればと、お願いしたい。〉

修道院長から Margery と聴罪司祭へ向けられた言葉である。彼女の修道院礼拝堂への出入りを許可したくない修道院長は、彼女が彼の礼拝堂を去り、他の場所で聖体受領を受けてほしいという指示を口にする。彼の言葉には I pray が添えられているが、相手の反応を見ながら付け加えることが可能な文末におかれることで談話標識化しており、指示行為に含まれる強い嘆願の効果は弱められている[2]。これは、双方の社会上の身分関係が関係しているといえるであろう。立場が上位である修道院長は、司祭や一信徒に仰々しい嘆願を行うことは適切ではないと判断したことが、文末におかれた原因であろう。

4.2.5 I tell

　話者の願望を伝える点では、ask、bid と共通しているが、tell は、「ある行為を遂行するよう、(受け手に)命じる」という強制力が一層強まった発話行為動詞である。(15)(16)では、I tell がいずれも重要な命令を下す際の前置きとして生じている。

(15) I telle thee soothli, yif thou wolt be truli meke, thee schal thenke a venial synne more grevous and more peyneful to thee,... (*The Scale* I. xvi: 48)
〈汝に真にわれは命じる、汝が本当に従順ならば、微罪をより深刻に、痛切に考えなければならないということを……。〉

キリストに対して従順でありたいのならば、軽微な罪であっても、深刻に痛みをもって感じなければならない、という内容を伝える tell に、網掛けで示した soothli といった強意副詞を伴って戒めている。Hilton が用いた発話行為動詞では強制力が強い tell の頻度が最も高くなっており、嘆願やへりくだった願望を表す動詞の方が多く現れる他の神秘主義者とは異なる特徴を示している。また相手を説得するにあたって重要な事柄を断言する前置きとしての(16)のような例が、Margery によって用いられている。

(16) I telle þe trewly it is trewe euery word þat is wretyn in Brides boke, & be þe it xal be knowyn for very trewth. (*The Book* I. xx: 47)
〈そなたに心から私は告げる、聖ビルギッタの本に書かれているすべての言葉が真実であり、そなたにによって紛いのない真実が明かされるであろう。〉

ここでも tell は、trewly といった強意副詞による修飾を伴っている。さらに、I telle ȝow, ser, (*The Book* I. xlv: 108) のように呼びかけ語とともに用いることで、行為指示性を明確にしていると考えられる用例も Hilton に見られる。

5. まとめ

　宗教散文における説得には、信仰、祈りという心的態度や、行動の変容への契機となる原動力が必要とされる。本章では、14 世紀の神秘主義の宗教

散文を中心に、近代英語散文である欽定訳聖書の福音書に、適宜言及しながら、説得の技法について論じた。神秘主義者達は平信徒、または宗教経験や知識に乏しい市井の人々をも対象として、キリストの教えを説いた。自己が獲得した形而上の啓示体験を伝え、神の教えへと誘う説得を行うためには、言語を通した具象化が必要とされる。神秘主義者達は、反復表現やワードペアといった修辞を巧みに用いることで、自らの幻視体験や主張を巧みに伝えることを試みていた。

　行為指示型発話動詞を中心にした発話行為も、読者あるいは作品中の対象人物への説得を目的とした文脈で用いられている。特に散文の語り手と周囲の人物との会話が多い Margery による散文では、神や彼女自身による発話の場面で多く現れていた。ここで想定されるのは作品の背後にある口誦性（orality）の問題である。耳から聴くことで理解させ、説得を行うという中英語期の背景が、効果的な反復表現、ワードペア、行為指示動詞といった言語表現を促し、洗練させていったものと考えられる。そしてこの英語散文の説得の技法は、近代英語期にも継承され、現代英語にも息づく修辞法として定着している。

注

1　and の前に comma (,) が介在する went out, and departed (*Mark*.I: 35) のような用例については、WP とはみなさないため集計されていない。
2　Akimoto (2000: 71) では、(15) のような文末に置かれる I pray を、挿入詞 (parenthetical) の初期の用例として指摘している。また秋元 (2010) では、挿入詞が本格的に多用されはじめたのは中英語期（1400 年頃）からであるという調査結果を提示している。この年代は本章対象の神秘主義散文が記された時と一致する。

使用テクスト

Allen, Emily H. (ed.) (1931) *English Writings of Richard Rolle Hermit of Hampole*. London: Clarendon Press.

Bestul, Thomas H. (ed.) (2000) *The Scale of Perfection*. Medieval Institute Publications: Michigan.

Glasscoe, Marion. (ed.) (1976) *A Revelation of Love*. Exeter: University of Exeter Press.

Meech, S. B. and H. E. Allen. (eds.) (1940) *The Book of Margery Kempe*, EETS O.S. 212. London: Oxford University Press.

Pollard, A.W. (introduction) (1985) *The Holy Bible, An Exact Reprint in Roman Type, Page for Page of the Authorized Version Published in the Year 1611*. Oxford: Oxford University Press (reprint.) Terasawa, Yoshio (1995) Tokyo: Kenkyusha.

参考文献

Akimoto, Minoji. (2000) The grammaticalization of the verb 'pray.' In Fischer Olga, Anette Rosenbach and Dieter Stein (eds.) *Pathways of Change: Grammaticalization in English*, pp.67–84. Amsterdam / Philadelphia: John Benjamins.

Archer, Dawn. (2010) Speech Acts. In Andreas, Jucker H. and Irma Taavitsainen (eds.) *Historical Pragmatics*. pp.379–417. Berlin / New York: Walter de Gruyter.

秋元実治(編) (2010)『Comment Clause の史的研究：その機能と発達』英潮社.

Chambers, Raymond W. (1932) *On the Continuity of English Prose from Alfred to More and his School*. London: Oxford University Press.

Givón, Talmy. (1993) *English Grammar. A Function-based Introduction*. Vol.2. Amsterdam: John Benjamins.

Gordon, Ian A. (1966) *The Movement of English Prose*. London: Longman.

Halliday, M.A.K. and R. Hasan. (1976) *Cohesion in English*. London: Longman.

Jespersen, Otto. (1938[9] [1905]) *Growth and Structure of the English Language*. Oxford: Basil Blackwell.

片見彰夫 (2011)「中英語から近代英語における説得の技法―反復表現とワードペアの観点から」『近代英語研究』27：49–73. 近代英語協会.

Kohnen, Thomas. (2007) Text types and the methodology of diachronic speech act analysis. In Fitzmaurice, M. Susan and Irma Taavitnainen (eds.) *Methods in Historical Pragmatics*, pp.139–166. Berlin: Mouton de Gruyter.

Kohnen, Thomas. (2008) Directives in Old English. In Jucker, Andreas H. and Irma Taavitsainen (eds.) *Speech Acts in the History of English*, pp.27–44. Amsterdam / Philadelphia: John Benjamins.

Koskenniemi, Inna (1975) On the use of repetitive word pairs and related Patterns in The Book of Margery Kempe. In Ringbom, Hakan et al (eds.) *Style and Text: Studies Presented to Nils Erik Enkvist*, pp.212–218. Stockholm: Sprakforlaget Sriptor.

久木田直江(2003)『マージェリー・ケンプ　黙想の旅』慶應義塾大学出版会.

Malkiel, Yakov. (1959) Studies in Irreversible Binomials. *Lingua* 8: 113–160.

Moessner, Lilo. (2010) Directive speech acts: A cross-generic diachronic study. *Journal of Historical Pragmatics* 11 (2): 219–249. Amsterdam / Philadelphia: John Benjamins.

中尾佳行(2004)『Chaucer の曖昧性の構造』松柏社.

Searle, John R. (1969) *Speech Acts*. Cambridge: Cambridge University Press.

Searle, John R. (1979) *Expression and Meaning. Studies in the Theory of Speech Acts*. Cambridge: Cambridge University Press.

Shepherd, Geoffrey. (ed.) (1959) *Ancrene Wisse*: *Parts Six and Seven*. London: Thomas Nelson and Sons.

椎名美智(2009)「歴史語用論の新展開―方法と課題」『月刊言語』38 (2): 66–73. 大修館書店.

Simpson, John A. and Edmond S.C. Weiner. (eds.) (1989^2 [1884–1928]) *The Oxford English Dictionary*, Oxford: Clarendon Press. 及び *OED Online*.

Stone, Robert K. (1970) *Middle English Prose Style*. The Hague / Paris: Mouton.

Taavitsainen, Irma, and Andreas H. Jucker. (2008) Speech acts now and then: Towards a pragmatic history of English. In Andreas Jucker H. and Irma Taavitsainen (eds.) *Speech Acts in the History of English*, pp.1–23. Amsterdam / Philadelphia: John Bemjamins.

高田博行・椎名美智・小野寺典子(編著)(2011)『歴史語用論入門―過去のコミュニケーションを復元する』大修館書店.

谷明信(2008)「Chaucer の散文作品におけるワードペア使用」『ことばの響き―英語フィロロジーと言語学』pp.89–116. 開文社出版.

寺沢芳雄・早乙女忠・船戸英夫・都留信夫 (1969)『英語の聖書』冨山房.

Toolan, Michael (2008) Verbal Art: Through Repetition to Immersion. Paper presented at the Second International Stylistics Conference, China (SISCC) at Shanghai University, Oct.22–25, 2008.

Wales, Katie (2011) *A Dictionary of Stylistics* (3rd edition). Harlow: Longman.
Wierzbicka, Anna (1987) *English Speech Act Verbs: A Semantic Dictionary*. Sydney: Academic Press.

第8章

シェイクスピアにおける説得の
コミュニケーション
―法助動詞を中心に

中安美奈子

1. はじめに

　有権者の票を獲得しようと選挙演説を行う政治家、テレビコマーシャルを制作して顧客を引きつけようとする広告主、陪審員に事件について説明する法廷弁護士、そして、再試験をしてもらえないか教授に頼み込む学生──いずれも私たちの日常生活によくある場面である。Simons and Jones（2011）によれば、いずれの場面においても誰かが誰かを「説得」しようと試みている。「説得」とは何だろうか。どのような条件が当てはまれば、それは「説得」を試みていると言ってよいのか。言い換えれば、どのような場合に相手を「説得」することに成功したと言えるのか。さらに過去に目を向けてみれば、歴史的な文脈において、過去の話者たちは、どのような方略を用いて相手を「説得」しようとしていたのだろうか。

　シェイクスピア劇『アントニーとクレオパトラ』からの例を検討してみよう。

（１）　*Men.* Wilt thou be lord of all the world?　　　　　　　（ANT 2.7.61）[1]
　　　〈ミーナス：全世界の王になろうとは思いませんか？〉

　ローマの三執政官を暗殺するため、ミーナスがポンペーを説得しようとしている場面である。ここで重要なのは、ポンペーにはそのつもりがないことをミーナスは知っているため、ひとつの発話では彼の心は動かないと判断しているということである。発話行為の観点から言えば、上記の発話は王になる意志があるのかどうか質問をしているだけであり、説得を試みる場面全体を含めた分析が必要となる。また、ここで方略として使われている法助動詞 WILL が大きな役割を果たしている点にも注目すべきである。

　説得（persuasion）とは、他者の判断や行動に何らかの影響を与えることを目的とした人間のコミュニケーションである（Simons and Jones 2011: 24）。本章においては、歴史語用論の観点から（Jucker and Taavitsainen (eds.)(2010)など）、シェイクスピアにおける説得の場面を取り上げ、法助動詞が方略としてどのように用いられているのかを分析し、初期近代英語における説得のコミュニケーションがどのようなものであったのかについて考察する。まず 2 節では、説得とは何かに関して、発話行為と関連づけながら定義を行う。次の 3 節では、本章が扱うコーパスと法助動詞について説明する。4 節においては、説得する側と説得される側がどのような法助動詞を方略として利用しているのかについて量的な分析を行った後、談話の中でどのように説得が行われているのかについて質的な分析を試みる。

2．説得とは何か [2]

　1 節で見たように、説得がコミュニケーションによって行われ、他者の判断や行動に何らかの影響を与えるとすれば、同じくコミュニケーションによって他者に影響を与える発話行為（speech act）（Austin (1962), Searle (1969)など）との関連はどのようなものであろうか [3]。

歴史語用論の分野においては、発話行為は主要な研究テーマの一つであると言ってよい。例えば指令型(directive)は、他者の行動に影響を与える(何かをさせる)発話行為であり、指令型の遂行動詞の他、命令文や法助動詞を含む文などにより遂行される(Kohnen (2004), Busse (2008), Culpeper and Archer (2008), Kohnen (2009)など)。着目すべきは、典型的な発話行為が単独の発話によってなされるというミクロな側面を扱うのに対して、説得はたいてい他者とのある程度の長さを持ったやりとりを必要とし、よりマクロな側面を扱うということである。そのため、歴史語用論では説得に関する議論はいまだ十分に行われているとは言えない[4]。さきの例(1)で見たとおり、話し手(説得する側)のミーナスは、ローマの三執政官を暗殺するという説得の目的を達成するため、世界の王になる意志があるかという質問すなわち発話行為を遂行することにより、聞き手(説得される側)であるポンペーの心に変化を起こそうとしている。もう一つの重要な点は、説得の方が発話行為より明示的に、説得される側の判断や行動に影響を与えるということである。この影響の側面に焦点を当てた発語媒介行為(perlocutionary act)は、発話行為の分析では問われないことも多い。一方説得においては、説得される側に影響があるか否かが重視される(O'Keefe (2002: 3), Jucker (1997: 123))。他者を「説得した」と言えるためには、必ず説得される側に何らかの影響がなければならない。そのため、「説得したがうまくいかなかった」という(2a)は不自然である。

(2) a. ?I persuaded him but failed.
　　b. I tried to persuade him but failed.
　　c. I persuaded him. 　　　　　　　　　　　　(O'Keefe 2002: 3)

説得が失敗した場合も含めて分析を行うためには、説得の意図(persuasive intension)があると認められる文脈の言語特性を見ていかなければならない(Jucker 1997: 123)。

発話行為との比較を試みたところで、O'Keefe (2002) や Simons and Jones (2011) に基づいて説得の条件をもう少し詳しく見てみよう。

　第一に、もっとも基本的で重要なことであるが、説得は人間のコミュニケーションによって行われる。言語的／非言語な手段によるもの、話しことば／書きことばによるもの、顕在的／潜在的に行われるもの、対面的／非対面的なシチュエーションにおけるもの、といったように、さまざまな手段や場面が考えられる。シェイクスピアにおいては、対面的に口頭で行われる場合が圧倒的で、次のセクションで紹介するコーパスでは、手紙による説得が行われているのは二例だけである[5]。歴史的なデータにおいては、現代と比較してはるかにコミュニケーションのメディアが限定されていることは容易に想像できる。第二に、もう一つの重要な点であるが、(2) の例で確認したように、説得する側が説得される側に影響を与えられなければ、説得は成功したとは言えない。何らかの行動を起こすのはもちろん、考えや感じ方といった心理的な変化を起こすことができればよい。冒頭で見た (1) の例では、質問をしているように見えるが、実際には三執政官を暗殺しようという説得の試みである。ポンペーがその気になってくれればミーナスが実行する。すなわち、ポンペーの心理的な変化があれば成功したと言えるのである。逆に言えば、聞き手に心理的な変化がなければ（最初からそのつもりであった、命令には必ず従うなど）、それは説得とは言えない。

　次の二点は、説得する側と説得される側それぞれの条件である。第三に、説得する側に何らかの規準や目的があり、その目的を達成しようとする意図がある。すなわち、その目的が達成されれば説得は成功したと言えるような規準とそれをクリアしたいという意図を説得する側は持っているということである。第四に、説得される側は何らかの判断をすることを促されるが、自分の判断をする自由があり、押し付けられることはない。説得は命令ではなく、no と言える余地を説得される側に残している。(1) の場面では、最終的にポンペーはその気はないと言ってミーナスの提案を断っており、説得は失敗に終わっている。

以上、説得の定義とその条件を典型的な発話行為とも比較しながら検討した。次の節で本章が扱うデータを紹介した後、4 節でこれらの条件にあてはまる説得に関する文脈の分析を行うこととする。

3. データ

3.1 コーパス
　本章はシェイクスピア劇をコーパスとして分析した結果に基づくものである。分析に使用した版はリヴァーサイド版（*The Riverside Shakespeare*（Evans 1997））であり、これに依ったコンコーダンス（Spevack 1968–1980）を補助的に利用した。コーパスは悲劇（史劇でもある）、喜劇をそれぞれ 2 つずつ含む次の 4 つの作品で構成した[6]。

Antony and Cleopatra（『アントニーとクレオパトラ』、略形は ANT、26,299 語、悲劇（史劇））
Julius Caesar（『ジュリアス・シーザー』、JC、20,764 語、悲劇（史劇））
Love's Labor's Lost（『恋の骨折り損』、LLL、22,819 語、喜劇）
The Merchant of Venice（『ヴェニスの商人』、MV、22,602 語、喜劇）

語数はコーパス全体で 92,484 語である。この中に説得の意図があり、成功・失敗を含めて説得の試みが確認できる文脈は、次のとおりであった。それぞれ説得の意図が確認できる場面、説得する側、説得される側それぞれの人物、相手に変化を起こさせる説得の目的、そして、試みが成功したか否かである[7]。本章で行う分析は、これらの文脈において使用される法助動詞を対象としている。

表1　コーパスにおける説得の試み

場面	説得する側	説得される側	説得の内容	成否
ANT 1.1	クレオパトラ	アントニー	使者に会う	no
ANT 1.2	アントニー	イノバーバス	アントニーが国に帰ることに同意する	yes
ANT 1.3	アントニー	クレオパトラ	言うことを聞く	yes
ANT 2.2	アントニー	シーザー	和解する	yes
ANT 2.2	アグリッパ	アントニー	オクテーヴィアと結婚する	yes
ANT 2.3	占い師	アントニー	エジプトに戻る	yes
ANT 2.5	使者	クレオパトラ	言うことを聞く	no?
ANT 2.6	三執政官	ポンペー	和解する	yes
ANT 2.7	ミーナス	ポンペー	ミーナスに三執政官を殺させる	no
ANT 3.4	オクテーヴィア	アントニー	オクテーヴィアにシーザーとアントニーの和解をさせる	yes
ANT 3.7	キャニディアスとイノバーバス	アントニー	海で戦わない	no
ANT 3.13	サイアリアス	クレオパトラ	シーザーに従う	yes → no
ANT 4.14	アントニー	イアロス	アントニーを殺す	no
ANT 5.2	プロキュリーアス→ドラベラ	クレオパトラ	シーザーに従う	no
JC 1.2	キャシアス	ブルータス	陰謀を率いる	no
JC 1.2	キャシアス	キャスカ	一緒に食事をする	yes
JC 1.3	キャシアス	キャスカ	陰謀に加わる	yes
JC 2.1	キャシアス	ブルータス	陰謀を率いる	yes?
JC 2.1	ポーシャ	ブルータス	秘密を話す	yes
JC 2.2	キャルパーニア→ディーシャス	シーザー	出かけるのをやめる→出かける	yes → yes
JC 2.3, 3.1	アーテミドーラス	シーザー	陰謀に気をつける（手紙を読む）	no
JC 3.1	キャシアス	ブルータス	アントニーにシーザーの葬儀で話をさせない	no

JC 3.2	アントニー	ローマ市民	アントニーに味方し、陰謀の実行者に抗議する	yes
LLL 2.1	王女	王	王女を宮廷に招く	no
LLL 5.2	王と騎士	王女と淑女	王や騎士と踊る	no
LLL 5.2	王と騎士	王女と淑女	王女たちを宮廷に招く	no
LLL 5.2	王と騎士	王女と淑女	ナヴァールに留まる	no
MV 1.3	バッサーニオとアントーニオ	シャイロック	アントーニオに金を貸す	yes
MV 3.3	アントーニオ	シャイロック	話を聞いて証文を無効にする	no
MV 4.1	公爵	シャイロック	態度を変える	no
MV 4.1	ポーシャ	バッサーニオ	指輪をポーシャに渡す	yes
MV 5.1	バッサーニオ	ポーシャ	バッサーニオを許す	yes

3.2 法助動詞（modal）

　本章では、法助動詞の近称形（proximal（いわゆる現在形））と遠称形（distal（いわゆる過去形））である SHALL/SHOULD、WILL/WOULD、CAN/COULD、MAY/MIGHT、MUST、そして縮約形の 'LL を分析の対象とする[8]。

　法助動詞は、統語論的には動詞から助動詞へ発達し、意味論的には動詞の持つ語彙的な意味からより主観的なモダリティへと発達を遂げた（Traugott (1972) など）。WILL など一部の法助動詞については、さらに意味が漂白化して時制とほぼ同じ意味・機能のみを備えるまでになった（Nakayasu 2009）。

　モダリティは、典型的には法助動詞によって表現される文法カテゴリーであり、出来事を表す命題の状態に関するものである（Palmer 2001）[9]。次の例文が示すとおり、認識的（命題に対する話し手の判断（epistemic））、束縛的（主語の外部から来る義務など（deontic））、動的（主語の内部にある意志など（dynamic））の 3 種類がある。

（3） 認識的モダリティ

Ant. (...)

Over thy wounds now do I prophesy

(...)

A curse <u>shall</u> light upon the limbs of men; (...)　　　（JC 3.1.259–262）

〈アントニー：この傷口を前にして予言しよう――(...) この世の人間どもの五体に呪いが降りかかるだろう。〉

（4） 束縛的モダリティ

Cleo.　　　　　　　Who's born that day

When I forget to send to Antony,

<u>Shall</u> die a begger.　　　　　　　　　　　　　（ANT 1.5.63–65）

〈クレオパトラ：私がアントニーに使者を送り忘れる日があれば、その日に生まれるものは乞食となって死ぬがいい。〉

（5） 動的モダリティ

Bru. (...)

I <u>shall</u> find time, Cassius; I <u>shall</u> find time.　　　　　（JC 5.3.103）

〈ブルータス：いまに償うぞ、キャシアス、償う時を見つけるぞ。〉

　認識的モダリティは他のモダリティより後に発達したもので、より主観的な（話し手の判断を表す）モダリティである（Verstraete (2001)）など）[10]。

　また、いわゆる過去形の法助動詞は、過去時制が持ちうる3つの意味を表すことができる（Oakeshott-Taylor 1984）。いずれもデフォルトである話し手の現在の状況から離れていることを示している。すなわち、最も典型的な時間的意味（時間的に離れている、すなわち過去時（temporal））の他に、比喩的意味（直接的な発話行為から離れている、すなわち丁寧さ（metaphorical））、仮想的意味（事実から離れている、すなわち仮定の事柄（hypothetical））

である。

（6）比喩的意味
Dull. (...) but I would see his own
person in flesh and blood. (LLL 1.1.184–185)
〈ダル：しかしながら、代理にあらざる実物の陛下ご自身にお会いしたいのであります。〉

（7）仮想的意味
Cleo. I would I had thy inches, thou shouldst know
There were a heart in Egypt. (ANT. 1.3.40–41)
〈クレオパトラ：ああ、あなたと同じ背丈がほしい、そしてあなたにエジプトの女王にも魂があることを見せてやりたい。〉

　Salmi-Tolonen（2005）は、認識的モダリティによって説得の方略が実現されていると考え、法廷の談話において MUST や WOULD などの法助動詞がどのように他の方略、例えば発話行為動詞と連携しているのかを分析している。こういったモダリティや遠称の比喩的意味や仮想的意味は、説得の場面でどのような効果を発揮するのだろうか。次節で詳細に量的・質的な分析を行う。

4．説得の分析

4.1　法助動詞と説得
　ここでは、統計的なデータを用いながら、説得において法助動詞がどのように使われているのか、その意味論的・語用論的な要因について検討していくこととする。
　最初に、説得する側と説得される側がそれぞれ法助動詞を何回使用してい

るかをまとめた次の表2を見てみよう。

表2 説得における法助動詞の生起回数

法助動詞	説得する側		説得される側		合計	
	回数	%	回数	%	回数	%
SHALL	27	12.3	56	20.7	83	16.9
SHOULD	25	11.4	29	10.7	54	11.0
WILL	49	22.3	57	21.0	106	21.6
WOULD	36	16.4	31	11.4	67	13.6
'LL	20	9.1	35	12.9	55	11.2
CAN	17	7.7	31	11.4	48	9.8
COULD	9	4.1	4	1.5	13	2.6
MAY	17	7.7	12	4.4	29	5.9
MIGHT	4	1.8	6	2.2	10	2.0
MUST	16	7.3	10	3.7	26	5.3
合計[11]	220	100.0	271	100.0	491	100.0

説得される側に比べて説得する側に多いのは、遠称の法助動詞で比喩的意味や仮想的意味に使用されることの多いWOULD(16.4%)とCOULD(4.1%)、丁寧に相手の許可を得る際に使用されるMAY(7.7%)、義務を主張することのできるMUST(7.3%)である。一方説得される側は、説得する側と比較して近称の法助動詞を多用する傾向にある(SHALL(20.7%)、'LL(12.9%)、CAN(11.4%))。こういった法助動詞を使用することは、遠称の法助動詞の際と比べて、話し手の発話行為を緩和する(mitigate)度合いが低いからであると考えられる。また、WILLは説得する側(22.3%)にも説得される側(21.0%)にも同様に頻繁に使用される。

次に、意味論的カテゴリーであるモダリティを見てみよう。表3は、モダリティの3つのタイプがそれぞれ説得する側と説得される側にどの程度の頻度で用いられているのかを示している。もうひとつのカテゴリー「不定(indeterminate)」が設けてあるが、これは特定のモダリティのタイプに分類

できない事例である[12]。

表3 説得におけるモダリティと法助動詞

モダリティ	説得する側		説得される側		合計	
	回数	%	回数	%	回数	%
認識的	73	33.2	58	21.4	131	26.7
束縛的	31	14.1	51	18.8	82	16.7
動的	111	50.5	155	57.2	266	54.2
不定	5	2.3	7	2.6	12	2.4
合計	220	100.0	271	100.0	491	100.0

　まず、説得する側（50.5%）、説得される側（57.2%）いずれも動的モダリティの割合が高いことが目を引く。主語（話し手であることが多い）に内在する要因である意志などを利用して説得したり、逆に説得を受け入れたり拒否したりすることが多いからである。また、両者を比較すると、説得する側に認識的モダリティが多く（33.2%）、説得される側に非認識的（事象的（event））な束縛的モダリティ（18.8%）と動的モダリティ（57.2%）が多い傾向がある。このことは、説得する場合には、命題全体に対して話し手が判断を行う、より主観的なモダリティの割合が高く、一方説得される場合には、事象を実現させるための要因に着目する、客観的なモダリティの割合が高いということである。確かなことを言うためには、さらにコーパスを広げる必要があるかもしれない。

　それでは、語用論的カテゴリーである発話行為が法助動詞を含む発話でどのように遂行されているのか検討してみよう。表4は、説得する側と説得される側がそれぞれどのような発話行為を遂行しているのかを示したものである（Nakayasu 2009）[13]。なお、「特になし」というカテゴリーが設けられているが、従属節に起こる法助動詞は特定の発話行為に関連づけられないためである（Nakayasu（2009: 86））。

表4　説得における発話行為と法助動詞

発話行為	説得する側 回数	%	説得される側 回数	%	合計 回数	%
陳述	33	15.0	23	8.5	56	11.4
予測	34	15.5	25	9.2	59	12.0
表出	5	2.3	7	2.6	12	2.4
侮辱	0	0	2	0.7	2	0.4
意志	5	2.3	43	15.9	48	9.8
決定	15	6.8	22	8.1	37	7.5
約束	8	3.6	13	4.8	21	4.3
脅迫	3	1.4	9	3.3	12	2.4
保証	5	2.3	3	1.1	8	1.6
命令	1	0.5	4	1.5	5	1.0
禁止	1	0.5	3	1.1	4	0.8
助言	4	1.8	1	0.4	5	1.0
依頼	12	5.5	9	3.3	21	4.3
許可	2	0.9	5	1.8	7	1.4
提案	5	2.3	8	3.0	13	2.6
申し出	1	0.5	2	0.7	3	0.6
拒否	0	0	4	1.5	4	0.8
疑問	21	9.5	19	7.0	40	8.1
確認	7	3.2	2	0.7	9	1.8
IFID	3	1.4	0	0.0	3	0.6
特になし	55	25.0	67	24.7	122	24.8
合計	220	100.0	271	100.0	491	100.0

(IFID = illocutionary force indicating device（発語内効力の指標）)

　2節で見たように、発話行為は単独の発話で遂行できるため、一見して説得と直接に結びつかない発話行為が含まれていることにも注目されたい。
　まず、説得する側が陳述(15.0%)、予測(15.5%)を説得される側に比べてより多く遂行していることに着目してみよう。これらの発話行為では、話し手が自分の持っている命題をそのまま提示するのではなく、法助動詞を用いて緩和する方略をとっているからである。これとは反対に、侮辱(0.7%)や

拒否（1.5%）は、説得される側にわずかに見られるのに対して、説得する側には全く見られない。心理的な変化を起こすなど、相手に影響を与えるのが説得の目的であるため、このような発話行為では相手がかたくなになって拒否される可能性が高いからであろう。

　動的モダリティと強く結びついている意志（15.9%）、決定（8.1%）は、説得される側により多く見られる。これらの発話行為は話し手の意志を表すという点でよく似ているが、後者は話し手の心の中に変化があるという点で異なっている[14]。説得される側は、これらの発話行為により、自分の考えを主張して説得に応じようとしなかったり、逆に相手の説得に応じたりするのである。一方、束縛的モダリティと関連の深い命令（0.5%）、禁止（0.5%）、許可（0.9%）は頻度が低く、特に説得する側ではほとんど遂行されない。

　疑問は、説得する側（9.5%）、説得される側（7.0%）とも比較的多く遂行される。疑問には情報探索疑問と修辞疑問があり、後者の方がより多く用いられる（それぞれ21例中13例、19例中13例）。説得する側は修辞疑問により相手を扇動して説得を成功させようとし、一方説得される側は相手の説得の術中にはまらないようにうまくかわしているのである。

　IFID（発語内効力の指標（illocutionary force indicating device））は、発語内効力を示す装置であり、法助動詞を含むことがある。本章のコーパスでは説得する側のみが利用しており、例として、言いづらいことを切り出す I would say（ANT 1.1.28）や丁寧に頼む if you may（LLL 5.2.341）などがある。

　説得の文脈において法助動詞の持つ意味・機能がどの程度利用されているのかを量的に分析したところで、次の4.2節では、実際に談話の中でどのようなやり取りが行われているのか、質的な分析を試みたい。

4.2　談話における説得

　前の4.1節では、法助動詞の持つそれぞれの意味・機能が、説得する側、説得される側のいずれかにより利用しやすい傾向があることを示した。ここでは、近称と遠称の法助動詞が大きな役割を果たす例から検討を始めてみ

たい。

　近称の法助動詞 SHALL を使用して出かけないよう説得しようとする妻のキャルパーニアに対して、シーザーは同じく SHALL で出かけることを主張する。

（8）　*Cal*. What mean you, Caesar? Think you to walk forth?
　　　　You shall not stir out of your house to-day.
　　　　Caes. Caesar shall forth; the things that threaten'd me
　　　　Ne'er look'd but on my back; when they shall see
　　　　The face of Caesar, they are vanished.　　　　（JC 2.2.8–12）
　　　　〈キャルパーニア：まさか、シーザー、お出かけになるおつもりでは？　今日一日、この家から一歩も出てはなりません。
　　　　シーザー：シーザーは出かけるぞ。おれをおびやかすものはおれの背中を見ただけだ。そんなものはひとたびこのシーザーの顔を仰いでみろ、たちまち消滅するだろう。〉

Caesar shall forth では、キャルパーニアの SHALL が持つ束縛的モダリティを動的モダリティに変更して、自分の確固たる意志を表していることに注目されたい。4.1 節で見たように、説得される側は意志を表出する頻度が説得する側に比べてより高い。その後シーザーは妻に説得され、出かけないことにするが、主語を Caesar から代名詞 I に変更し、法助動詞も WILL に切り替えている。ここでは、執政官という公人による決定から一個人の意志へと役割を変更したことを示すためと見られる (Nakayasu 2009: 227)。

（9）　*Caes*. And you are come in very happy time
　　　　To bear my greeting to the senators,
　　　　And tell them that I will not come to-day.
　　　　Cannot, is false; and that I dare not, falser:

I will not come to-day. Tell them so, Decius.　　　(JC 2.2.60–64)[15]
〈シーザー：いや、まったくいいところにきてくれた。実は頼みがある、元老院におれのあいさつを届けてくれ。今日おれは行かぬと。行けぬ、と言うのはまちがいだ、恐れて行けぬ、と言えばさらにひどいまちがいになる。ただおれは行かぬとだけ伝えてくれ、ディーシャス。〉

近称の法助動詞を使用して出かけないと言い張るシーザーに対して、ディーシャスが同じく近称の法助動詞を利用して出かけるよう説得を試みる。

（10）　Dec. I have, when you have heard what I can say;
　　　　And know it now: the Senate have concluded
　　　　To give this day a crown to mighty Caesar.
　　　　If you shall send them word you will not come,
　　　　Their minds may change. Besides, it were a mock
　　　　Apt to be render'd, for some one to say,
　　　　"Break up the Senate till another time,
　　　　When Caesar's wife shall meet with better dreams."
　　　　If Caesar hide himself, shall they not whisper,
　　　　"Lo Caesar is afraid"?　　　(JC 2.2.92–101)
〈ディーシャス：それは私の申しあげることをお聞きになればもっとはっきりおわかりでしょう。こういうことです、元老院の決議によれば、今日、偉大なるシーザーに王冠を献げるはず。もし行かぬと仰せになると、気が変わるかもしれません。それにきっと、ばかにしたような返報をしようというものが現れ、「ひとまず元老院は散会しよう、シーザー夫人がいい夢を見るときまで」などと言い出すでしょう。シーザーが姿をかくせば彼らはささやき交わします、「見ろ、シーザーは恐れている」と。〉

ディーシャスは出かけるよう依頼したり命令したりすることを避けて、出か

けなかった場合に起こることを認識的モダリティによって緩和し、予測という発話行為を遂行する方策を採っている。説得する側が説得される側に比べて予測をより多く遂行することは、すでに 4.1 節で見たとおりである。この策が功を奏し、シーザーは出かけることを決意する。

次に、遠称の法助動詞が効果的に用いられている事例を検討してみよう。次の例は、アントニーがシーザーに和解するよう説得を試みている場面である。

(11)　*Ant.* I learn you take things ill which are not so —
Or being, concern you not.
Caes.　　　　　　　I <u>must</u> be laugh'd at
If, or for nothing or a little, I
<u>Should</u> say myself offended, and with you
Chiefly i' th' world; more laugh'd at, that I <u>should</u>
Once name you derogately, when to sound your name
It not concern'd me.
Ant.　　　　　　My being in Egypt, Caesar,
What was't to you?
Caes. No more than my residing here at Rome
<u>Might</u> be to you in Egypt; yet if you there
Did practice on my state, your being in Egypt
<u>Might</u> be my question.　　　　　　　　　（ANT 2.2.29–40）

〈アントニー：話によると、きみが腹を立てているのは理由のないこと、少なくともきみにはかかわりのないことだ。

シーザー：このおれは笑いものになるだろう。理由もないのに、少なくともとるにたらぬ理由しかないのに腹を立て、しかも怒りを君にむけたとすれば。さらにひどく笑われよう、きみの名前がおれとかかわりのないのにあげつらい、きみの名誉を汚したとすれば。

第8章　シェイクスピアにおける説得のコミュニケーション　205

　　アントニー：ではおれのエジプト滞在がシーザーになんの関係がある？
　　シーザー：ないだろうな、おれがこのローマにいることがきみと無関係なようように。ただしだ、もしきみがむこうでおれをおとしいれる謀略をめぐらせば、きみのエジプト滞在はおれの問題になる。〉

シーザーは遠称の法助動詞 SHOULD を、続いて MIGHT を仮想的意味で用いることにより、アントニーを牽制したり脅迫したりしている。一方説得する側のアントニーも相手をなじることになってしまい、COULD を使って対抗する (ANT 2.2.56–61)。説得が失敗するかに見えたところで、新たな説得の試みが行われ、この文脈に埋め込まれる。アグリッパがアントニーにシーザーの姉オクテーヴィアを妻として迎えることを提案し、和解に導こうとする。

(12)　*Agr.* (...)　　　By this marriage,
　　　　All little jealousies, which now seem great,
　　　　And all great fears, which now import their dangers,
　　　　<u>Would</u> then be nothing. Truths <u>would</u> be tales,
　　　　Where now half tales be truths. Her love to both
　　　　<u>Would</u> each to other and all loves to both
　　　　Draw after her. Pardon what I have spoke,
　　　　For 'tis a studied, not a present thought,
　　　　By duty ruminated.　　　　　　　　　(ANT 2.2.130–138)
　〈アグリッパ：このご婚礼によって、いまは大きく見えている数々の小さな疑惑も、いまは危険をはらんでいるもろもろの大きな危惧も、たちまち消えはてましょう。いまはあらぬ噂までが事実となっている、がいまに事実が噂となりましょう。あのかたのお二人にたいする愛がおたがいの友愛を、さらには民衆のお二人への敬愛を目覚めさせましょう。ことばがすぎました。だがこれは思いつきではなく、国を憂え考え抜いたことです。〉

WOULD の持つ仮想的意味により、no と言える余地を残しつつ、実現すれば双方にとって有利な状況を生み出すという予測を提示している。この埋め込まれた説得の試みにより、和解するという目的は達成されることとなる。

　次に、単独の発話で遂行される発話行為が説得の試みの中で利用される事例を観察してみよう。4.1 節で見たように、疑問には情報探索疑問と修辞疑問とがあり、いずれも説得の場面でしばしば用いられる。前者の例として、冒頭の (1) に関する 1 節と 2 節における議論を思い出していただきたい。

(13)　*Men*. <u>Wilt</u> thou be lord of all the world?
　　　Pom.　　　　　　　　　　　What say'st thou?
　　　Men. <u>Wilt</u> thou be lord of the whole world?
　　　That's twice.
　　　Pom.　　　How <u>should</u> that be?
　　　Men.　　　　　　　　But entertain it,
　　　And though you think me poor, I am the man
　　　<u>Will</u> give thee all the world. 　　　（ANT 2.7.61–65）
　　　〈ミーナス：全世界の王になろうとは思いませんか？
　　　ポンペー：なんだと？
　　　ミーナス：全世界の王になろうとは思いませんか？何度でもくり返します。
　　　ポンペー：どうすればなれる？
　　　その気になりさえすれば。私をなに一つもたぬ男とお思いでしょうが、あなたに全世界をもたせることはできます。〉

ここで WILL は動的モダリティを持ち、この法助動詞を含む情報探索疑問で全世界の王になる意志があるかどうか聞いているのだが、実際には三執政官を暗殺するための説得の試みである。単独の発話では説得できないことを心得ているミーナスは、この発話行為によりポンペーの興味を引こうとしている。ポンペーはこの後にその気がないことを伝え、説得の試みは失敗に終

わっている。次の (14) は説得される側が使用する修辞疑問の例である。金を貸してほしいというアントーニオとその友人のバッサーニオに対して、シャイロックが修辞疑問で悪態をつきながら説得の試みをかわそうとする。

(14)　*Shy.* (…)
　　　　What <u>should</u> I say to you? <u>Should</u> I not say,
　　　　"Hath a dog money? Is it possible
　　　　A cur <u>can</u> lend three thousand ducats?" Or
　　　　<u>Shall</u> I bend low and, in a bondman's key,
　　　　With bated breath and whisp'ring humbleness,
　　　　Say this:
　　　　"Fair sir, you spit on me on Wednesday last,
　　　　You spurn'd me such a day; another time
　　　　You call'd me dog; and for these courtesies
　　　　I'<u>ll</u> lend you thus much moneys"?　　　　　　(MV 1.3.120–129)
　　　〈シャイロック：どうご返事したものかね？　こういうのはどうだろう、「犬に金がありますか？　野良犬に三千ダカット貸すことができますか？」ってのは？　それとも腰を低くかがめ、奴隷のようにびくびくしながら、息を殺し、蚊の鳴くような声で、恐る恐るこう申しあげるのは—「旦那様はこないだの水曜に唾を吐きかけてくださり、いつだったかは足蹴にかけてくださいました。また犬と呼んでくださったこともございます。そのお礼にしかじかの金額必ずご用立てしましょう」ってのは？〉

3.2 節で見たように、SHALL や SHOULD は束縛的モダリティ、すなわち主語の外部から来る義務などを表すモダリティと関連がある。このモダリティが説得される側の修辞疑問をいっそう強力なものとしていると言える。この文脈の後、シャイロックは「返せなかったら肉 1 ポンド」という条件をつけるものの、金を貸すことに同意することになる。

説得の文脈においては、対話の相互作用の中で相手の興味関心に基づいた提案を行ったり、相手の意見に同調したりすることがある[16]。ここでは、相手の使った法助動詞を巧みに利用している例を観察してみたい。以下の(15)は先の(14)の前に現れる文脈であるが、バッサーニオはシャイロックのMAYを利用してアントーニオに金を貸すよう説得を試みており、説得される側のシャイロックはそのMAYをさらに利用して金を貸すことに好意的な態度を示している。

(15) Shy. (...) The man is notwithstanding sufficient. Three thousand ducats: I think I may take his bond.
Bass. Be assur'd you may.
Shy. I will be assur'd I may; and that I may be assured, I will bethink me. May I speak with Antonio?
Bass. If it please you to dine with us. (MV 1.3.25–32)
〈シャイロック：それはともかく、あの男ならだいじょうぶ、三千ダカット、証文と引きかえに貸してもよさそうだ。
バッサーニオ：もちろんいいさ、安心しろ。
シャイロック：おれだって安心したいさ、安心するためには得心するまで考えなくちゃあ。アントーニオと会って話ができるかね？
バッサーニオ：なんならいっしょに食事してもいい。〉

次の例は、女性を近づけないという誓いを立てたナヴァール王に、フランス王女が宮廷に迎えてくれるよう説得を試みている場面である。

(16) King. You shall be welcome, madam, to my court.
Prin. I will be welcome then — conduct me thither. (LLL 2.1.95–96)

〈王：いや、いずれ姫を宮廷にお迎えするつもりです。
王女：では迎えていただきましょう、ご案内願います。〉

王の使用した SHALL を WILL に変更している点に注目していただきたい。二人称の主語と束縛的モダリティで自身の意志を表現した王に対して、王女は助動詞を切り替えただけでなく、主語を一人称に変更し、動的モダリティで切り返している。

　最後に、アントニーがローマ市民に行った演説を分析したい。この演説で、シーザー暗殺という陰謀の実行者であるブルータス側に傾いていた市民を説得し、自分の味方につけることに見事に成功する。

（17）　*All*. The will, the will! We <u>will</u> hear Caesar's will.
　　　Ant. Have patience, gentle friends, I <u>must</u> not
　　　read it.
　　　It is not meet you know how Caesar lov'd you:
　　　You are not wood, you are not stones, but men;
　　　And being men, hearing the will of Caesar,
　　　It <u>will</u> inflame you, it <u>will</u> make you mad.
　　　'Tis good you know not that you are his heirs,
　　　For if you <u>should</u>, O, what <u>would</u> come of it?
　　　4. Pleb. Read the will, we'<u>ll</u> hear it, Antony.
　　　You <u>shall</u> read us the will, Caesar's will.
　　　Ant. <u>Will</u> you be patient?　<u>Will</u> you stay awhile?
　　　（…）
　　　Ant. You <u>will</u> compel me then to read the will?
　　　Then make a ring about the corpse of Caesar,
　　　And let me show you him that made the will.
　　　<u>Shall</u> I descend? and <u>will</u> you give me leave?　　　（JC 3.2.139–160）

〈市民一同：遺言状だ、遺言状だ、シーザーの遺言を聞かせろ。

アントニー：許してくれ、友人諸君、読んではならないのだ。シーザーがどんなに諸君を愛したか、諸君はそれを知らないほうがいい。諸君は木石ならぬ、人間だ、人間である以上、シーザーの遺言を聞けば、諸君は激昂するだろう、狂気のようになるだろう。諸君が彼の遺産相続人であることなど、諸君は知らないほうがいい、知れば、ああ、どうなる？

市民4：遺言状を読んでくれ、聞きたいのだ、アントニー。読んでくれ、遺言状を、シーザーの遺言状を。

アントニー：許してはくれないのか？　まあ待ってくれ。

アントニー：ではどうしてもこの私に遺言状を読めと？　やむをえん、シーザーの亡骸をかこみ輪になってくれ。まず遺言状をしたためた本人を諸君に見せたい。演壇からおりたいが、許してくれるだろうな？〉

　それまでのアントニーのさまざまな方略により、市民たちは演説に強い興味を持ち、近称の法助動詞 WILL、SHALL、'LL を使用して遺言状を読んできかせるように頼む[17]。アントニーは遺言状の中身をほのめかしながら、近称の法助動詞 MUST（動的モダリティ）と WILL（認識的モダリティ）を利用、その後すぐに遠称の SHOULD と WOULD（いずれも認識的モダリティ）に切り替える。これら遠称の法助動詞が持つ仮想的意味と WOULD を使用した修辞疑問が、遺言状の中身を知りたいという欲求をさらにかき立てている。アントニーは再び近称の法助動詞に切り替え、Will you be patient? Will you stay awhile?（動的モダリティ；依頼）、You will compel me then to read the will?（動的モダリティ；確認）、Shall I descend?（束縛的モダリティ；提案）、そして will you give me leave?（動的モダリティ；依頼）というように、相手の意志に関わるモダリティが重要な役割を果たす発話行為を次々と遂行し、説得される側を引き込むことに成功する。

　以上、説得する側、説得される側の双方が法助動詞の持つ意味・機能を巧みに利用しながら相互行為を行っていることを観察することができた。

5．おわりに

　本章では、歴史語用論の観点から、シェイクスピア劇における説得の場面を取り上げ、法助動詞が説得の方略としてどのように用いられているのかに関して分析を行った。

　最初に、説得とは何か、その定義と条件を典型的な発話行為と比較しながら議論を行った。単独の発話によってなされる発話行為とは異なり、よりマクロな視点から説得を分析しなければならないことを指摘した。次に、本章で使用するコーパスを提示し、分析の対象とする法助動詞の持つモダリティと近称・遠称の意味について検討した。第三に、説得の試みが成功した場合も成功しなかった場合も含め、説得する側と説得される側に分けて詳細に量的な分析を行った。説得する場合にはより主観的なモダリティの割合が高く、一方説得される場合には、より客観的なモダリティの割合が高い傾向があることを示した。発話行為に関しては、単独の発話で遂行できるため、予測など、一見して説得とは結びつかないものもしばしば利用される。最後に、談話の中で法助動詞が説得に重要な役割を果たしている例を分析した。近称・遠称の法助動詞がどのような機能を持つのか、発話行為、特に疑問がどのように説得という目的に寄与するのか、そして、対話において相手の使用した法助動詞を利用してどのように相互行為を行っているのかを観察した。

　本章の分析により、過去の話者たちが説得を試みたりそれをかわしたりしながら、どのようにコミュニケーションを行っていたのかに関する重要な示唆を得ることができた。すでに述べたように、歴史的なデータを説得という観点から分析した研究はいまだ多いとは言えない。過去に行われたコミュニケーションのダイナミズムを明らかにするために、今後の発展が期待されるところである。

注

1 例文中のアンダーラインは筆者による。そのパラグラフの議論の対象ではなくても、本研究が対象とする法助動詞にはアンダーラインを施してある。
2 説得研究には古代ギリシアからの長い歴史が存在するが、ここでは立ち入らない。Simons and Jones (2011) などの著作を参照されたい。
3 当然のことながら、説得が広義の発話行為である、あるいは一種の発話行為であるという見方ができるが、それは理にかなったものである。例えば、Walton (2007: 46–90) は説得を発話行為であると明示的に定義している。本章では説得の特徴を際立たせるため、典型的な発話行為との比較を試みており、このような見方を否定するものではない。
4 歴史的データにおける説得研究の数少ない例として、Halmari (2005) の枠組みに従い、ME における説得の方略を分析した Yoshikawa (2011)、チョーサーにおける説得を分析した Pakkla-Weckström (2001) がある。
5 例えば『ジュリアス・シーザー』第 2 幕第 1 場において、キャシアスがブルータスにシーザーを暗殺する陰謀を率いるよう説得するのだが、直接話すだけでなく、匿名の手紙も送っている。
6 シェイクスピアの例文の現代日本語訳は小田島 (1983) のものを引用する。
7 説得の成否は、その文脈における成否であり、のちに説得される側の気が変わったり、何らかの事情により行動に移すことができなかった場合は反映させていない。
8 遠称の法助動詞は、必ずしも過去時を表すわけではない。また、MUST には現在形 MOTE が歴史的に存在したが、本章のコーパスでは確認できなかった。また、MUST には過去時を表すものはなかった。遠称の法助動詞が過去時を表す場合は非常に限られており、3 例のみであった。
9 モダリティに関する用語の日本語訳は、一部を除き澤田 (2006) に従う。
10 本章ではモダリティの分類に三分法を取り入れているが、二分法を採用する研究もある (Coates (1983) など)。
11 パーセンテージの算出にあたっては、小数点第 2 位を四捨五入しているため、合計が 100.0 パーセントにならないことがある。
12 Coates (1983: 14–17) は、不確定性には漸次的推移性 (gradience)、両義性 (ambiguity)、融合 (merger) の 3 タイプがあるとしているが、本章では両義性と融合を不確定性とみなし、漸次的推移性はそれぞれのモダリティの中に含めることとする。
13 このリストは SHALL/SHOULD、WILL/WOULD、'LL を分析した Nakayasu

(2009) をもとに、CAN/COULD、MAY/MIGHT、MUST を含む発話が遂行する発話行為を考慮に入れて改訂を加えたものである。具体的には、宣言を削除し、拒否を追加している。詳細は Nakayasu (2009) を参照されたい。
14 意志と決定の違いについては Nakayasu (2009: 88–89; passim) を参照のこと。
15 本章では法助動詞 DARE は扱わない。
16 Walton (2007: 37–41) は、文化や価値観の異なる3つの種族に同一のミッションを依頼するというスター・トレックの例を紹介しており、大変興味深い。この例では、このミッションが成功すればどのような利点があるのかを、艦長がそれぞれの種族が重視する点(勇敢さ、利益、新たな知識)に合わせて説明を行っている。
17 遺言状 will が法助動詞 WILL と同音異義語であることが、アントニーとローマ市民たちのコミュニケーションがいっそう密なものになってきていることを印象づけていると思われる。

参考文献

Austin, John L. (1962) *How to Do Things with Words: The William James Lectures Delivered at Harvard University in 1955*. Oxford: Oxford University Press.

Busse, Ulrich. (2008) An Inventory of Directives in Shakespeare's *King Lear*. In Andreas H. Jucker and Irma Taavitsainen. (eds.) *Speech Acts in the History of English* (Pragmatics & Beyond New Series 176), pp.85–114. Amsterdam and Philadelphia, PA: John Benjamins Publishing Company.

Coates, Jennifer. (1983) *The Semantics of the Modal Auxiliaries* (Croom Helm Linguistics Series). London, Sydney and Dover, NH: Croom Helm.(コーツ・ジェニファー 澤田治美(訳)(1992)『英語法助動詞の意味論』研究社出版)

Culpeper, Jonathan and Dawn Archer. (2008) Requests and Directness in Early Modern English Trial Proceedings and Play Texts, 1640–1760. In Andreas H. Jucker and Irma Taavitsainen. (eds.) *Speech Acts in the History of English* (Pragmatics & Beyond New Series 176), pp.45–84. Amsterdam and Philadelphia, PA: John Benjamins Publishing Company.

Evans, G. Blakemore (general editor). (1997) *The Riverside Shakespeare*. 2nd edition. Boston, MA and New York: Houghton Mifflin Company.

Halmari, Helena. (2005) In Search of "Successful" Political Persuasion: A Comparison of the Styles of Bill Clinton and Ronald Reagan. In Helena Halmari and Tuija Virtanen.

(eds.) *Persuasion across Genres: A Linguistic Approach* (Pragmatics and Beyond New Series 130), pp.105–134. Amsterdam and Philadelphia, PA: John Benjamins Publishing Company.

Jucker, Andreas H. (1997) Persuasion by Inference: Analysis of a Party Political Broadcast. In J. Blommaert and C. Bulcaen. (eds.) *Political Linguistics* (Belgian Journal of Linguistics 11), pp.121–137.

Jucker, Andreas H. and Irma Taavitsainen. (eds.) (2010) *Historical Pragmatics* (Handbook of Pragmatics 8). Berlin and New York: De Gruyter Mouton.

Kohnen, Thomas. (2004) Methodological Problems in Corpus-based Historical Pragmatics: The Case of English Directives. In Karin Aijmer and Bengt Altenberg. (eds.) *Language and Computers, Advances in Corpus Linguistics: Papers from the 23rd International Conference on English Language Research on Computerized Corpora (ICAME 23), Göteborg 22–26 May 2002*, pp.237–242. Amsterdam: Rodopi.

Kohnen, Thomas. (2009) Historical Corpus Pragmatics: Focus on Speech Acts and Texts. In Andreas H. Jucker, Daniel Schreier, and Marianne Hundt. (eds.) *Corpora: Pragmatics and Discourse. Papers from the 29th International Conference on English Language Research on Computerized Corpora (ICAME 29)* (Language and Computers: Studies in Practical Linguistics 68), pp.13–36. Amsterdam and New York: Rodopi.

Nakayasu, Minako. (2009) *The Pragmatics of Modals in Shakespeare* (Polish Studies in English Language and Literature 30). Frankfurt am Main: Peter Lang.

Oakeshott-Taylor, John. (1984) Factuality, Tense, Intonation and Perspective: Some Thoughts on the Semantics of 'Think'. *Lingua* 62: 289–317.

O'Keefe, Daniel J. (2002) *Persuasion: Theory and Research* (Current Communication: An Advanced Text Series 2). 2nd edition. Thousand Oaks, CA, London, and New Delhi: Sage Publications.

Pakkala-Weckström, Mari. (2001) Prudence and the Power of Persuasion: Language and *Maistrie* in *The Tale of Melibee*. *The Chaucer Review* 35: 399–412.

Palmer, Frank R. (2001) *Mood and Modality* (Cambridge Textbooks in Linguistics). 2nd edition. Cambridge: Cambridge University Press.

Salmi-Tolonen, Tarja. (2005) Persuasion in Judicial Argumentation: The Opinions of the Advocates General at the European Court of Justice. In Helena Halmari and Tuija Virtanen. (eds.) *Persuasion across Genres: A Linguistic Approach* (Pragmatics and Beyond New Series 130), pp.59–101. Amsterdam and Philadelphia, PA: John

Benjamins Publishing Company.
澤田治美(2006)『モダリティ』開拓社.
Searle, John R. (1969) *Speech Acts: An Essay in the Philosophy of Language*. Cambridge: Cambridge University Press.
シェイクスピア・ウィリアム　小田島雄志(訳)(1983)『恋の骨折り損』『ヴェニスの商人』『ジュリアス・シーザー』『アントニーとクレオパトラ』(白水Uブックス：シェイクスピア全集 9, 14, 20, 30.)白水社.
Simons, Herbert W. and Jean G. Jones. (2011) *Persuasion in Society*. 2nd edition. New York and London: Routledge.
Spevack, Marvin. (ed.) (1968–1980) *A Complete and Systematic Concordance to the Works of Shakespeare*. 9 volumes. Hildesheim: Georg Olms Verlag.
Traugott, Elizabeth C. (1972) *A History of English Syntax: A Transformational Approach to the History of English Sentence Structure* (The Transatlantic Series in Linguistics). New York: Holt, Reinehart and Winston.
Verstraete, Jean-Christophe. (2001) Subjective and Objective Modality: Interpersonal and Ideational Functions in the English Modal Auxiliary System. *Journal of Pragmatics* 33: 1505–1528.
Walton, Douglas. (2007) *Media Argumentation: Dialectic, Persuasion, and Rhetoric*. Cambridge: Cambridge University Press.
Yoshikawa, Fumiko. (2011) Mapping of Rhetorical Strategies Related to Persuasion in Middle English Religious Prose. Paper presented at the 7th International Conference on Middle English (ICOME 7), Ivan Franko National University, Lviv, Ukraine.

第4部　ひとに伝える

第 9 章

ドイツ最古の週刊新聞の「書きことば性」をめぐって
―出来事をどのように報道するのか

芹澤円

1. はじめに

1.1 「最新報告」という印刷ビラ

　ドイツにおいてヨハネス・グーテンベルクが活版印刷術を発明したのは、1440年頃のことである。これにより、それまで筆写によって行われていた作業が印刷にとってかわっていくこととなった。そして15世紀の後半には、印刷された紙媒体によって情報を大衆に伝達することが始まった。そのような状況の中で、「最新報告（Neue Zeitung）」と称される印刷物も登場した[1]。「最新報告」とは、最近の出来事について書かれた一枚刷りの印刷ビラの総称であり、「多くの場合、挿し絵がつけられている」（Schröder 1995: 16）。最古の「最新報告」は、16世紀初めの1502年のものである（シュトラスナー（2002: 10）を参照）。この印刷物は定期的に刊行されていたわけではなく、なんらかの出来事が起こった際に出版されていた。挿絵の付いた「最新報告」は、16世紀半ばから17世紀半ばにかけて多く刷られ、ドイツにお

ける新聞の先駆けとして重要な役割を演じた(Schröder(1995: 13–14)を参照)。

　このような印刷物が当時刊行されていたからといって、ドイツの識字率が高かったわけではない。16世紀のドイツにおいて文字を読むことができたのは、全人口の1%未満にすぎなかった(Schön(1987: 36)を参照)。「最新報告」は、「行商人が市場など人の集まるところで人々を前に読んで聞かせたり、韻を踏んで歌ったり」(シュトラスナー 2002: 9–10)されていた。つまり、書かれたテクストが民衆に対して読み聞かされていたのである。その際、文字の読めない者にとって、挿し絵はテクスト内容の理解を促すものとして不可欠であった(芹澤(2011: 7)を参照)。

1.2　ドイツ最古の週刊新聞

　17世紀になると、ドイツでは週刊新聞が登場する。現存するドイツで最古の週刊新聞は、シュトラースブルクにおける"Relation"とヴォルフェンビュッテルにおける"Avisen"である。どちらも1609年のものであるが、実際にはこの年よりもう少し早い時期に発刊されていたと考えられている。この週刊新聞では、通信文が「さまざまな場所から新聞編集者へと送られ、1つの新聞に編成され」(Gieseler and Schröder, 1996: 33)ている。1つの週刊新聞は「平均して6から8の通信記事から構成されて」(同上、同頁)おり、挿し絵は付随していない。当時のドイツ近隣諸国の新聞事情に目をやると、これより少し遅れて、イギリスでは1621年に、フランスでは1631年に新聞が発行され始めた(鈴木(2000: 63)を参照)。ドイツは当時、ヨーロッパ諸国において印刷新聞の先進国であったことになる。

1.3　本章の狙いと分析対象

　では、このドイツ最古の週刊新聞はどのようなことばで書かれていたのだろうか。「最新報告」が音声によって読み聞かせられていたことを考えると、週刊新聞は「最新報告」よりも話しことば性が低い、つまり書きことば性が高かった可能性がある。はたして、本当に週刊新聞が「最新報告」と比

べて書きことば性が高いと言えるのか、この点について本章では考察を進めていきたい。

　本章が分析対象とする週刊新聞の記事は、1609 年の「3 月 18 日付けのウィーンからの報告」である。この記事にはオーストリアの最新の政治状況が書かれている。テクストの総単語数は 505 である（以下、これをテクスト A と呼ぶ）。これと比較する「最新報告」としては、同時代の 1610 年に流布した「アンリ 4 世の殺害」という印刷ビラを選んだ。フランスのアンリ 4 世が殺害された事件について書かれている。このテクストの総単語数は 394 である（以下、これをテクスト B と呼ぶ）。通時的な考察も可能となるように、これらよりも約半世紀古い 16 世紀中葉の「最新報告」も比較対象とした。これは、1549 年に流布した「エスリンゲンの乙女」と題する印刷ビラで、ドイツのエスリンゲンという町で原因不明でお腹が大きく膨れた乙女について書かれている。テクストの総単語数は 506 である（以下、これをテクスト C と呼ぶ）。なるべく分析対象とするテクストの単語数を同程度にしようと試みたが、テクスト B の単語数が他の 2 つと比べ 2 割ほど少ないことになる。今回の分析対象の 3 つは、以下の表 1 のようにまとめることができる。

表 1　分析対象とする資料

テクスト	時代	種類	総単語数
テクスト A	17 世紀初頭	週刊新聞	505 語
テクスト B	17 世紀初頭	「最新報告」	394 語
テクスト C	16 世紀中頃	「最新報告」	506 語

2. 話しことば性と書きことば性

2.1 「近い」ことばと「遠い」ことば

　ドイツの言語学者である Koch and Oesterreicher (1985) は、話しことば［性］と書きことば［性］に関して次のモデルを提案した。次の図 1 をみて

いただきたい[2]。

　このモデルでは、さまざまなテクストの話しことば性と書きことば性の度合いが相対的に位置づけられている。このモデルでは、「話されることばと書かれることばは、もはや単純な二分法で分類されていない」(高田・椎名・小野寺 2011: 13)。まず、図の上下によって、音声メディアであるのか、文字メディアであるのかが区別されている。さらに、横に走る座標軸によって、「近いことば」と「遠いことば」の程度が表わされている。この座標軸の両極に示された「近い」ことば、「遠い」ことばという概念は、総体として、とりわけ話し手と聞き手の間の心理的・コミュニケーション的な距離(親疎関係)を表している(渡辺(2009: 8)を参照)。Koch and Oesterreicher (1985) は、テクストの近さ・遠さを決めるパラメーターとして、会話かモノローグか、(話し手と聞き手が)親密な関係か、対面したコミュニケーションか、情緒的であるか、私的か公的かなどを挙げている (Koch and

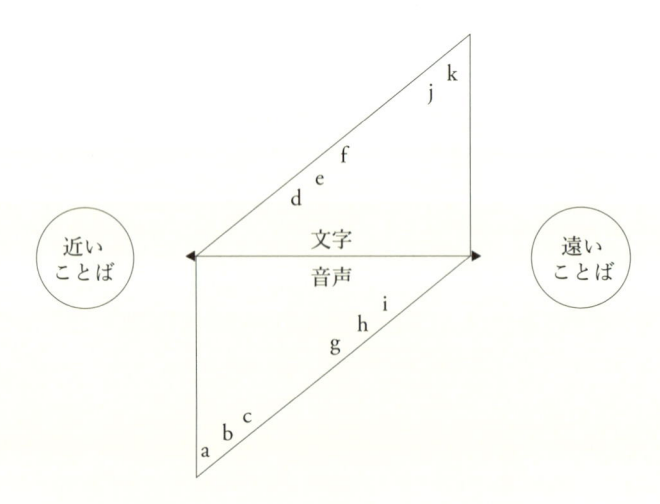

　　a：打ち解けた談話、b：友人との電話、c：インタビュー
　　d：印刷されたインタビュー、e：日記、f：個人的手紙
　　g：面接時の談話、h：説法、i：講演、j：新聞記事、k：行政上の規定文
　図1　Koch and Oesterreicher (1985) による「近い／遠い」ことばのモデル

Oesterreicher (1985: 23) を参照)。

　例えば、モデル内で示されている f の「個人的手紙」と i の「講演」に注目してみよう。「個人的手紙」は図の上側に位置しており、文字メディアである。一方で「講演」は下側に位置づけられており、音声メディアである。では、この 2 つは横軸のどの辺りに位置づけられているだろうか。「個人的手紙」は文字で書かれたメディアであるにもかかわらず、図表上では話されたことばである「講演」よりも左側に位置づけられている。これは、文字で書かれたことばが話されたことばよりも話しことば性が高いことがあり得ることを示している。心的・コミュニケーション的な距離の近さという点からみれば、「個人的手紙」は「講演」よりも送り手（話し手）と受け手（聞き手）の間の心理的距離が近い。そのために、相対的に「個人的手紙」の方が「近いことば性」つまり話しことば性が高いと言えるわけである。

2.2　話しことば性（書きことば性）を測定するモデル

　Ágel and Hennig (2006) は、Koch and Oesterreicher (1985) のモデルに依拠して、ドイツ語の話しことば性を具体的に測定する方法を提案した[3]。Ágel and Hennig は、当該テクストに確認できる近いことば性の高い要素を 1 つずつ数え上げていくことで、各テクストの話しことば性（近いことば性）を算出しようとしている。Ágel and Hennig (2006) のモデルでは、Koch and Oesterreicher (1985) と同様に横軸に座標が設定され、その両極に特定のテクストが置かれている。

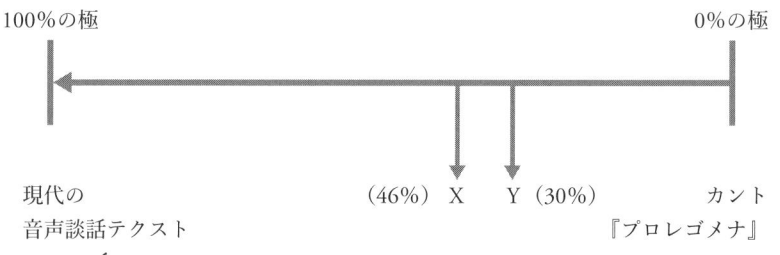

図 2　**Ágel and Hennig (2006)** によって設定された話しことば性の座標軸

左端には、規準テクストとして現代の音声談話(あるラジオの DJ と若い男の子の会話)を文字化したテクストが置かれている (Ágel and Hennig 2006: 36 を参照)。Ágel and Hennig (2006) は、このテクストから算出された話しことば性の値を便宜的に話しことば性が 100% あると設定した。同様に、右端にはカントの『プロレゴメナ』(1783)が、規準テクストとして置かれている。そしてこのテクストから算出された値を、便宜的に話しことば性が 0%、つまり書きことば性が 100% あると設定した。このように、あらかじめ両極に規準を設けなければ、話しことば性と書きことば性の度合いを比較できないからである。測定したテクストの値を最終的にこの座標軸上に位置づけることで、テクスト同士の話しことば性の高さを相対的に比較することが、このモデルの狙いとなっている(本章の第3節を参照)。例えばテクスト X の話しことば性が 46%、テクスト Y は 30% あるとする。この数値を座標軸上に位置づけると、テクスト X がテクスト Y よりもより左にあり、話しことば性 100% の極により近い距離に位置していることで、テクスト X のほうが話しことば性が高いということになる。このことに関連して、Ágel and Hennig は以下のように述べている。

> われわれの研究がパーセンテージの算出によって数学的な精密性を示唆することを意図していないことを、ここで明言しておきたいと思う。われわれが重要だと考えるのは、次の点である。すなわち、1つには、ある種類の談話もしくは(コーパス)テクストを近さの極と遠さの極の間のどこに位置づけるかに関して、純思弁的ではない方法を可能にすること。もう1つには、このようにすることで [...] われわれのコーパステクスト同士を比較することを保証することである。
>
> (Ágel and Hennig 2006: 35)

Koch and Oesterreicher のモデルでは、既に例として示した f「個人的手紙」と i「講演」の比較の際に、たしかに f の方が話しことば性がおおよそ高い

ことを示すことができる。しかし実際に f と i とがどの程度離れているのかという点について、数値化して示すことはできなかった。そこで Ágel and Hennig は独自の算出方法によってパーセントによる数値化を可能にした。

　Ágel and Hennig は、話しことば性の度合いを数値化するには、語や句単位によるミクロレベルと、基礎文（本章の 3.2 節を参照）を規準とするマクロレベルでの算出が必要だと考えており、最終的に両レベルの値を平均した値がテクストの口語性の高さであると述べている。以下では、まず Ágel and Hennig が示した具体的な測定法を紹介し、それに基づいて、本稿の分析対象である 3 つのテクストをこの測定法で測定していくことにする。

3.「最新報告」と週刊新聞の話しことば性と書きことば性

3.1　ミクロレベルでの分析

　Ágel and Hennig のモデルを、今回の分析対象に適用するに際してはドイツ語の歴史を考慮する必要がある。Ágel and Hennig のモデルは本来、1650 年から 2000 年までの「新高ドイツ語」期のドイツ語を分析対象とするよう構想されている。したがって、文章語の文法規範が基本的に確定した 17 世紀後半以降のドイツ語に関して、その文章語的な規範から逸脱するような言語現象に「話しことば性」という特徴付けが与えられている。今回分析対象とした 16 世紀、17 世紀前半の時代はドイツ語文章語の統一への途上にあり、まださまざまな異形が存在していたので、「初期新高ドイツ語」期（1350 年から 1650 年）においては話しことば的であるとは特徴づけられないような言語現象が、Ágel and Hennig の測定法では話しことばの要素としてみなされている。本章の分析では、このような初期新高ドイツ語期という言語状況を考慮した上で、Ágel and Hennig の測定法を援用した（この点についての詳細は、芹澤（2012: 120–122）を参照）。

　さて、17 世紀の週刊新聞の記事（テクスト A）の一節を例にして、ミクロ

レベルの分析の仕方を示してみよう（なお、この表示法は、Ágel and Hennig (2006)を一部修正したものである）。

(本文) Alhie　　　　　stehen　　　alle sachen　Gott lob　wol/
(分析)　→ Lokaldeixis　　→ Temporaldeixis　→ Interjektion
(訳)　ここでは、ありがたや、全てが上手くいっている。

例えば最初の単語 Alhie「ここでは」は、「場所の直示性（Lokaldeixis）」という話しことばの要素としてみなされ、1ポイントとして数えられる。つまり、「ここ」という意味を持つ直示的な表現は、話し手（送り手）と聞き手（受け手）との間に共通の認識があって初めて機能する表現であり、話しことば的（近いことば）であるとみなされる。また、2つ目の単語 stehen「（状況が）〜である」は、「時制の直示性（Temporaldeixis）」という話しことばの要素、そして5、6番目の Gott lob「ありがたや、やれやれ」は、「間投詞」としての機能を持ち、こちらも話しことばの要素として1ポイントが数えられる。このようにして全てを数え上げていくと、17世紀の週刊新聞の記事には「近いことば」の要素が25カウントされた。そのうち、22は時制の直示性であった。カウントされたすべての近いことばの要素を総単語数で割って、0.0495という数値が得られる。これは100語あたり約4.95回の話しことば性（近いことば性）の要素があったことを意味している（25 ÷ 505 = 0.0495…）。

この値は、上で説明した規準テクストと比較する必要がある。Ágel and Hennig が座標軸の一番左に想定した規準テクストである現代のラジオでの談話は、Ágel and Hennig の計算によると、ミクロレベルにおいて0.63という値が算出されている（Ágel and Hennig (2006: 39) を参照）。これは100語につき63回の話しことば性の要素があることを示している。そこで、この0.63という値が100%の話しことば性（座標軸の左端）とされるのであれば、17世紀の週刊新聞の記事は一体何%の話しことば性があると考えられるの

だろうか。その値を求めると、7.86%という値が算出される (0.63 (規準テクスト)：100 (％の話しことば性があると設定) = 0.0495: X (%))。これは、Ágel and Hennig が設定した談話テクストを 100％の話しことば性があるとしたときに、17 世紀の週刊新聞のテクスト A には 7.86%の話しことば性があることを示している。

　以上のような計算方法に基づいて、残り 2 つのテクストについても分析を行った。まず 16 世紀の「最新報告」(テクスト C) では、11.90％の話しことば性があった。話しことば性の要素は全体で 38 あり、そのうち、25 は時制の直示性であった。その他の要素として、付け足し (Nachtrag) や人称の直示性 (Personendeixis) が確認された。付け足しは「右側の文周縁部にある非統合的な構造」であり、先行する要素が「付け足しによって精密化される」と定義されている (Ágel and Hennig 2006: 394)。分析対象の 16 世紀の印刷ビラでは "Dise Junckfraw ist von from (m) en ehrlichen ältern Wingartleuten geporn/so wonhafftig seind zu Eßlingen/ in der vorstatt Bläsen/in der Schirmnacher gassen/"（下線引用者）「この乙女は信心深く正直者の葡萄畑労働者を両親として生まれ、その両親はエスリンゲンに住んでいる。ブレーゼン郊外の、シルムナッハーの小路内にて。」という文がみられた。この文では既に情報として提示された居住地エスリンゲンに対し、文の右方向に 2 つの付け足しの要素 (街の名前、路地の名前) を並べていくことで、既知の内容をさらに詳細に示している。また、この 16 世紀の印刷ビラの特徴とも言えるのが、人称の直示性である。Ágel and Hennig では 1 人称代名詞 (ich = 私、wir = 我々) と 2 人称代名詞 (du = きみ (親称)、Sie = あなた (敬称)、ihr = きみたち、Sie = あなた方) を話しことば的な要素としてカウントしている (Ágel and Hennig (2006: 58) を参照)。この 16 世紀の印刷ビラでは、"ich selbs persönlich gesehen"「私は自ら個人的に見聞し」という具合に 1 人称が登場している。なお、この人称の直示性は 17 世紀の印刷ビラ、週刊新聞には観察されなかった。

　同様に 17 世紀の「最新報告」(テクスト B) を測定すると、話しことば性が 3.22%あった。話しことばの要素は 8 あり、そのうち 5 つは、時制の直

示性であった。その他の要素としては場所の直示性や左方配置（Linksversetzung）がみられた。「左方配置」とは、「文の左端における文周縁構造」（Ágel and Hennig 2006: 393）であり、left dislocation（Elspaß 2005: 236）のことである。「ドイツ語の文構造の上で枠構造が形成される場合、文は最大3つの区域にまで分割される［…］枠の前域（Vorfeld）、枠に囲まれた区域を中域（Mittelfeld）、枠の後方の位置を後域（Nachfeld）と呼ぶ」（ドイツ言語学辞典：953）。左方配置とは、この前域よりも左側に位置される要素のことを指す。「左方配置の場合、外側へ出された要素は［…］核文内にある再帰的な代用形（Pro-Form）によって再度言及される」（Elspaß 2005: 236）ことになる[4]。17世紀の印刷ビラの "ein Fürst der hat [...] mitten vnder seinen Underthanen jederzeit gelebt"（下線引用者）「ある君主が、その彼が家臣らに囲まれながら常に生活していた」（原文は als = when に導かれた従属文であったが、語順を単純化するためにここでは主文にして示した）という文では、ein Fürst が左方配置された要素であり、der が核文内にて ein Fürst を再度指示する要素である。

　以上の結果をまとめると、表2の通りである。

表2　ミクロレベルにおける各テクストの話しことば性の値

	テクストA：17世紀の週刊新聞	テクストB：17世紀の「最新報告」	テクストC：16世紀の「最新報告」
話しことばの要素の総数	25	8	42
ミクロレベルでの値	7.86%	3.22%	11.90%

　分析の結果、ミクロレベルでは16世紀の「最新報告」（テクストC）が最も話しことば性が高いことがわかった。

3.2　マクロレベルでの分析

　次に、17世紀の週刊新聞の記事（テクストA）の分析を示しながら、マク

ロレベルでどのようにして話しことば性の高さを算出するのかを例示しよう。

（本文）Alhie　stehen alle sachen	Gott lob　wol/
（分析）→基礎文 1（主文：Alhie から wol まで）	→文相当表現（間投詞）
（本文）dann auff 12. diß durch bemühung der Mehrerischen	
（分析）　　　→基礎文 x（従属文：dann から geschehen まで）	
（本文）Stende zwischen Kön: May: vnd der Osterreichischen	
（分析）	
（本文）Stenden eine vergleichung geschehen/	
（分析）	

　マクロレベルで基本とされるのは、主語と動詞を 1 つずつ持ち合わせているような「基礎文（Elementar-Satz）」である。これを基本的単位にして、主文（主節）であるものは「基礎文 1」、従属文（従属節）は「基礎文 x」として数えていく。さらに形式的には文ではないが文と等しい要素、つまり「文相当表現（Nicht-Satz）」もマクロレベルで扱われる。例えば、間投詞のように感嘆を表す文相当表現は話しことば的な表現とみなされ、「近いことば的な文相当表現（NNS: Nähe-Nicht-Satz）」というカテゴリーで話しことば性の高い要素に分類される（以下、「話しことば的な文相当表現」を NNS と略記する）。上の文において、1 行目の Alhie から wol までの「ここでは、ありがたや、全てが上手くいっている」という文は、主語 alle sachen と述語 stehen が作る主文であって基礎文 1 に分類される。この文中にある Gott lob はミクロレベルでは間投詞として分類されていた。これはマクロレベルでは、NNS に分類される。さらに例文 2–4 行目の「というのも、今月の 12 日に、国王陛下とオーストリアの諸階級の人々の間におけるメーレンの人々の尽力によって、調停が行われたからである」という文は、従属接続詞 dann によって導かれた従属文であり、基礎文 x に分類される。

　このようにして、テクスト内にそれぞれのカテゴリーに分類される要素が

いくつあるのかを数え上げていく。17世紀の週刊新聞の記事(テクストA)では次のような数値が得られる。

表3 マクロレベルでの要素の実数(テクストA)

総単語数	NNS	全ての基礎文	基礎文1(主文)	基礎文x(従属文)	I-UBS
505	1	50	23	27	4

表にある I-UBS (ein integrative unterbrochener Satz) とは、「別の基礎文によって統合的に中断された基礎文」(Ágel and Hennig 2006: 64) と定義されている。I-UBS とは、マトリョーシカ人形の構造のように、1つの基礎文の中にさらに別の基礎文が含まれているような入れ子構造を持つ文を示している。このような構造は、話しことば性とは反対の書きことば性が高いものとみなされる。この結果をさらに、Ágel and Hennig (2006) の計算法に従い、以下の4つa)-d)の計算式に当てはめて値を算出しなければならない。

表4 マクロレベルでの4つの計算値(テクストA)

a) NNS／全基礎文	b) 基礎文1(主文)／基礎文x(従属文)	c) 全基礎文／中断されている基礎文(I-UBS)	d) 総単語数／NNS と全基礎文
0.02	0.8518…	12.5	9.9019…

a)の計算式では、文相当表現と基礎文の割合を算出する。つまり、話しことば性の高い文相当表現(感嘆表現など)が多ければ多いほど、つまりこの数値が高いほど、話しことば性が高いことになる。b)では基礎文1(主文)と基礎文x(従属文)が使用されている割合を測る。基礎文xに比べ基礎文1が相対的に多い程、つまりこの数値が高いほど、話しことば性が高いことになる。c)ではいわゆる入れ子構造の基礎文の頻度を測定する。入れ子構造の基礎文が少ないほど、つまりこの計算式での数値が高いほど、話しことば性は高く

なる。d) では基礎文が何語で構成されているのかを分析している。基礎文を構成する語数が少ないほど、つまりこの数値が低いほど、話しことば性が高いことになる[5]。

この4つの計算式で得られた値から、マクロレベルでの話しことば性の高さをパーセントに換算する。マクロレベルにおいても、ミクロレベル同様に規準テクストが必要となる。

> そこでマクロレベルの近いことば性という領域においては、比較の基礎となるテクストが2つ必要である。つまり、典型的に近いことばと言えるテクストと、典型的に遠いことばと言えるテクストである。マクロレベルのチェックを受けるべきテクストは、文法的な領域において典型的に近いことばと言えるテクストと典型的に遠いことばと言えるテクストとの間に位置づけられるべきである。　　　（Ágel and Hennig 2006: 34）

Ágel and Hennig は、典型的に近いことばと言えるテクスト（座標軸左端）として、ミクロレベルのときと同じ座標軸左端のラジオの談話テクストを用いる。もう1つの典型的に遠いことばと言えるテクスト（座標軸右端）はカントの『プロレゴメナ』である（Ágel and Hennig（2006: 65）を参照）。この2つの規準テクストの4つの値は、Ágel and Hennig によって算出されており、以下の表の通りである[6]。

表5　規準テクストのマクロレベルの4つの計算値

規準テクスト	a) NNS／全基礎文	b) 基礎文1／基礎文x	c) 全基礎文／中断されている基礎文	d) 総単語数／NNS＋全基礎文
現代の音声談話	0.704	4.07	114.0	4.55
『プロレゴメナ』	0.041	0.75	8.1	8.74

この表5で示されている現代の音声談話のそれぞれの値を話しことば性

が100%あると仮定し、反対に『プロレゴメナ』の4つの値はそれぞれ話しことば性が0%とする。そしてa), b), c), d)各々の4つのカテゴリーについてそれぞれ座標軸を作り、17世紀の週刊新聞の記事で得られた値に何%話しことば性があるのかを算出する。例えばa)を例に解説してみると、現代の音声談話の値は表5にある通り0.704、『プロレゴメナ』の値は0.041である。つまり、座標軸全体の長さは0.663の値（0.704－0.041＝0.663）を持ったものであることになる。17世紀の週刊新聞の値のおおよその位置を座標軸で示すと次のようになる。

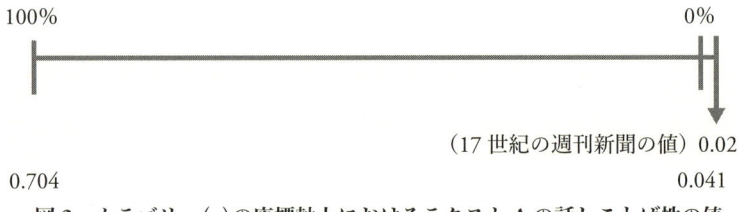

図3 カテゴリー(a)の座標軸上におけるテクストAの話しことば性の値

この図からもわかるように、17世紀の週刊新聞の記事のa)の値は0.02であり、話しことば性100％の値（0.704）からは0.684離れていることになる（0.704－0.02(17世紀の週刊新聞の記事の値)＝0.684）。つまり、話しことば性100％の値（座標の左端）から103.17％相当分、座標の右方に向けて離れていることになる（0.684÷0.663×100＝103.167...）。この結果から、17世紀の週刊新聞の値は－0.15％話しことば性がある（つまり、カントのテクストよりも話しことば性が低い）ことがわかる。同様に、残りのb), c), d)も値を算出すると、以下のような結果が得られた。

表6 マクロレベルでの話しことば性の値（テクストA）

分析対象	a)NNS／全基礎文	b)基礎文1（主文）／基礎文x（従属文）	c)全基礎文／中断されている基礎文	d)総単語数／NNS＋全基礎文
17世紀の週刊新聞	－3.17%	3.05%	4.16%	－27.73%

a) と d) に関する計算式の結果では、マイナスの値が得られた。これは、Ágel and Hennig が便宜上右端に設定した書きことば性が 100％あると想定した規準テクストより、17 世紀の週刊新聞の記事のほうがさらに書きことば性が高かったことを示している。d) の値の結果からわかるように、17 世紀の週刊新聞のテクストでは特に一文を構成する単語数が多く、それゆえ、書きことば性の度合いがより高くなっていると考えられる。

Ágel and Hennig は a)–d) の値を平均し、得られた値をマクロレベルでの話しことば性の値としている。その結果、17 世紀の週刊新聞では、最終的にマクロレベルにおいて −5.92％話しことば性があったことがわかる。

同様にしてもう 2 つの分析対象を分析すると、16 世紀の「最新報告」(テクスト C) では、以下のような結果が得られた。

表7 マクロレベルでの要素の実数(テクスト C)

総単語数	NNS	全ての基礎文	基礎文 1（主文）	基礎文 x（従属文）	I-UBS
506	4	56	23	33	3

表8 マクロレベルでの 4 つの計算値(テクスト C)

a) NNS／全基礎文	b) 基礎文 1 (主文)／基礎文 x (従属文)	c) 全基礎文／中断されている基礎文 (I-UBS)	d) 総単語数／NNS と全基礎文
0.0714...	0.6969...	18.6666...	8.4333...

表9 マクロレベルでの話しことば性の値(テクスト C)

分析対象	a)	b)	c)	d)
16 世紀の「最新報告」	4.59％	−1.59％	9.98％	7.33％

16 世紀の「最新報告」では、唯一 b) の項目でマイナスが算出された。主文と比べ、従属文を多く使用していることが、その要因と言える。ここで a)–d) の値を平均すると、16 世紀の「最新報告」にはマクロレベルにおいて

5.08%の話しことば性があったことがわかる。

さらに17世紀の「最新報告」(テクストB)についても、話しことば性の高さを算出すると、以下の表10で示す結果が得られた。

表10 マクロレベルでの要素の実数(テクストB)

総単語数	NNS	全ての基礎文	基礎文1(主文)	基礎文x(従属文)	I-UBS
394	—	40	10	30	8

表11 マクロレベルでの4つの計算値(テクストB)

a) NNS／全基礎文	b) 基礎文1(主文)／基礎文x(従属文)	c) 全基礎文／中断されている基礎文(I-UBS)	d) 総単語数／NNSと全基礎文
—	0.333…	5	9.85

表12 マクロレベルでの話しことば性の値(テクストB)

分析対象	a)	b)	c)	d)
17世紀の「最新報告」	—	−12.6%	−2.92%	−26.49%

a)–d)の結果を平均すると、17世紀の「最新報告」は、マクロレベルにおいて−14%の話しことば性がある、つまり書きことば性がきわめて高いということがわかった。17世紀の「最新報告」が全体的にマクロレベルにおいて高い書きことば性を示した要因としては、従属文の使用が主文に比べて多かったことと、1つの基礎文を構成する単語数が多かったことが挙げられる。

表13は、3つの分析対象のマクロレベルでの値を示したものである。

第 9 章　ドイツ最古の週刊新聞の「書きことば性」をめぐって　235

表 13　マクロレベルにおける各テクストの話しことば性の値

	テクスト A：17世紀の週刊新聞	テクスト B：17世紀の「最新報告」	テクスト C：16世紀の「最新報告」
マクロレベルの値	−5.92%	−14%	5.08%

3.3　最終値から言えること

Ágel and Hennig は、ミクロレベルとマクロレベルの値を平均化した値を、テクストの最終的な話しことば性の値であるとしている。そこで、以下の表で 3 つの分析対象のミクロレベルとマクロレベル 2 つの平均値を示す。

表 14　各テクストの近いことば性の最終値

	分析対象 A：17世紀の週刊新聞	分析対象 B：17世紀の「最新報告」	分析対象 C：16世紀の「最新報告」
平均値：最終的な話しことば性の値	0.97%	−5.39%	8.49%

最終的に得られた各々のテクストの話しことば性の値を、座標軸に示してみる。ここでは座標軸の右端周辺のみを示すことにする。

話しことば性 0%（書きことば性 100%）

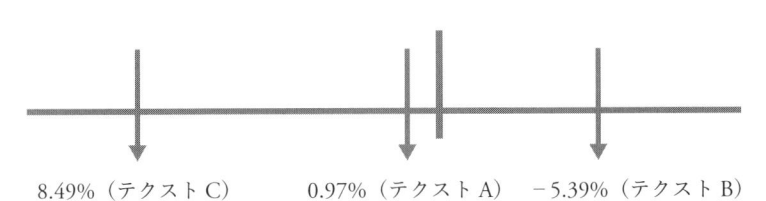

8.49%（テクスト C）　　0.97%（テクスト A）　−5.39%（テクスト B）

図 4　座標軸上でみるテクスト A–C の話しことば性の最終値

今回の分析では、17 世紀の週刊新聞（テクスト A）と 17 世紀の「最新報告」（テクスト B）を比較すると、話しことば性がより高いと想定していた

「最新報告」のほうが週刊新聞よりも書きことば性が高いという結果となった。16世紀中葉の「最新報告」(テクストC)が3つのテクストの中で最も書きことば性が低いことを考え合わせると、16世紀中葉から17世紀初頭にかけて、報告・報道的内容のテクストにおいては、全体として、書きことば性が高まっていたと解釈することが可能である。その場合は、17世紀の「最新報告」はもはや読み聞かせられて耳で聞くテクストではなく、目で読むテクストとなっていたことになる。

　ここで1つ重要な疑問点が浮かんでくる。17世紀初頭においてどちらも書きことば性がきわめて高い「最新報告」(テクストB)と週刊新聞(テクストA)とを明確に区別するような言語的特徴は存在しないのであろうか。言い換えると、週刊新聞の記事の言語に「新聞」らしさ、ないし報道文らしさを与えている特徴はないのであろうか。この点について、次節で検討したい。

4. 週刊新聞の言語的特徴

　17世紀の週刊新聞の言語に関するDemske-Neumann (1996) やStraßner (1997)などの先行研究において、この時代の週刊新聞の言語的特徴として、以下の3点が挙げられている。それは、(1)受動態の頻繁な使用、(2)複合的な名詞句の使用、(3)「数珠つなぎ複合文(abperlendes Satzgefüge)」の使用である。しかし、これらは先行研究において、同時代の別の報道印刷物と比較した上で週刊新聞の言語的特徴であると述べられているわけではない。そこで以下では、同時代の印刷ビラ(テクストB)と17世紀の週刊新聞(テクストA)とを比較することによって、この3つの特徴が週刊新聞のみにみられるのかどうかを考察していく。

4.1　受動態の頻繁な使用

　Demske-Neumann (1996)によれば、週刊新聞において「目を引くのは、

受動的な構造が高い頻度で」出てくることであるという（Demske-Neumann 1996: 94）。ここで言及されている受動態は、a) werden/sein（英語での be 動詞の機能）＋他動詞の過去分詞、b) sein ＋ zu ＋不定詞（英語での be 動詞＋ to 不定詞）、c) lassen ＋ sich ＋不定詞（英語での let ＋ oneself ＋不定詞）の 3 つの形式である（Demske-Neumann（1996: 94）を参照）。17 世紀の「最新報告」（テクスト B）では、以下の 2 回の受動態の使用がみられた。

（1） die Hertz ［...］gestochen gewesen
　　　〈心臓は刺されていた〉
（2） der Mörder ［...］gefangen worden
　　　〈殺人者は捕まえられた〉

一方 17 世紀の週刊新聞（テクスト A）には、以下のような受動態が、13 回使用されていた。

（3） diese fürsichtigkeit gebraucht worden
　　　〈このような慎重さが必要とされた〉
（4） so offt einer ［...］vnderschrieben worden
　　　〈1 つ（項目）に署名されるときはいつも〉

　この使用回数から使用頻度を算出するために、本章の 3.2 節において Ágel and Hennig のモデルで使用した基礎文を利用する。受動態の総数と基礎文の総数の割合を比較し、テクスト内における受動態のおおよその使用頻度を％で算出する。その結果は以下の通りである。

表15　受動態の実数と頻度

	テクストB： 17世紀の「最新報告」	テクストA： 17世紀の週刊新聞
受動態の使用数	2	13
基礎文の総数	40	50
1基礎文あたりの受動態の使用頻度	5%	26%

17世紀の印刷ビラでは20回の基礎文の内、1回が受動態であるのに対し、17世紀の週刊新聞では4回の基礎文の内、1回が受動態であることが示された。以上の結果から、確かに17世紀の週刊新聞には、相対的に17世紀の印刷ビラよりもはるかに高い頻度で受動態が使用されていると言える。

4.2　複合的な名詞句の使用

次に複合的な名詞句の使用についてみていこう。当時の週刊新聞には「複合的な名詞句が目立って」(Straßner 1997: 37)使用されているという。複合的な名詞句を使用することで、「要約された形式の中で、出来事の詳しい状況を述べ」(同上、同頁)ることができる。さらに、「接尾辞-ung[7]を伴う前置詞句［...］その他の名詞化[8]を伴った前置詞句も要約することに貢献する」(同上：38)と指摘されている。

まず、17世紀の「最新報告」(テクストB)では、以下のような、2つの名詞句が使用されていた。

（5）　wegen gedachter Krönung
　　　〈上述の戴冠式のために〉
（6）　durch verhinderung eines Wagens
　　　〈(別の)馬車による妨害によって〉

次に、17世紀の週刊新聞(テクストA)での使用例をみてみよう。

（ 7 ） durch bemühung der Mehrerischen Stende zwischen Kön: May: vnd der Oesterreichischen Stenden
〈国王陛下とオーストリアの諸階級の人々の間におけるメーレンの人々の尽力によって〉

（ 8 ） mit fürweissung ihrer Privilegien
〈（皇帝の）特権の提示とともに〉

（ 9 ） die Ersetzung der Oberkeit vnd Empter aus jhrer May: Cämmerer vnd geheimer Rähten
〈国王陛下、国会そして枢密市参事会からの権威職と上層部そして公職者の代理〉

（10） nach gelegenheit jhrer qualidet
〈それぞれの特性のあり方に応じて〉

以上 4 回の使用がみられた。このことから、17 世紀の週刊新聞の名詞句使用回数は、「最新報告」よりも多いことがわかった。さらに、複合的な名詞句という特徴から、いくつの単語で名詞句が構成されているのかをみてみる。そこで、分析対象ごとに、名詞句の構成単語数の平均値を割り出してみた。「最新報告」では平均構成語数が 3.5 語、週刊新聞では 8.25 語という結果が得られた。名詞句に関する結果は、以下の表 16 の通りである。

表 16　名詞句の実数と平均構成語数

	分析対象 B： 17 世紀の「最新報告」	分析対象 A： 17 世紀の週刊新聞
名詞句の使用数	2 回	4 回
平均構成語数	3.5 語	8.25 語

以上の結果、週刊新聞には「最新報告」と比べ、相対的に長い名詞句がより多く使用されていたことがわかった。このことは週刊新聞のほうがより書きことば性が高いことを示している。

4.3 数珠つなぎ複合文の使用

最後に、数珠つなぎ複合文の使用についてみていこう。数珠つなぎ複合文とは、「主文の後に従属文の複合体がつながっていく」(Demske-Neumann 1996: 78)構文のことを意味している。すなわち、先頭の主文を出発点とし、いくつもの従属文が後方へと続く文のことを意味している。つながる1つ1つの文が、図5のようにまるで連なる数珠のようであるからである。

図5 数珠つなぎ複合文の図式化

Polenz(1994)によれば、数珠つなぎ複合文においては、「報告される出来事の中心部分となる主文のあとに、2つ以上の従属文 […] が続いている」(Polenz 1994: 371)。Demske-Neumann の研究によれば「1609 年の Relation, Aviso (36885 語からなる総数で 1445 文)において、全従属文のうち 63.5%が数珠つなぎ複合文」(Demske-Neumann 1996: 79)であった。Demske-Neumann は、この結果から、「この数珠つなぎ複合文の高い使用頻度は、17世紀の新聞における複合文の典型的な構造であるということに帰することができる」(同上、同頁)と主張している。

17 世紀の「最新報告」(テクスト B)には、数珠つなぎ複合文は観察されなかった。一方、17 世紀の週刊新聞(テクスト A)には、数珠つなぎ複合文が計 4 回使用されている。

(11) Alhie stehen alle sachen Gott lob wol (主文) /dann auff 12. diß […] eine vergleichung geschehen (従属文)/welche *Tactaion* […] gewehrt.(従属文)
〈ここでは、ありがたや、すべてが上手くいっている(主文)。というのも今月の 12 日に［…］ある調停が行われたからである(従属文)。その調停は［…］承認された(従属文)。〉

(12)　[…] diese vergleichung aber hat Erzherzog Leopoldo […] sehr mißfallen（主文）/deßwegen sie darwider protestirt, haben aber nichts damit außgericht（従属文）/dann diese fürsichtigkeit gebraucht worden（従属文）das man jeden *puncten* ab sonderlich *tractiert*.（従属文）

〈［…］この調停はしかし、大公レオポルド［…］にとっては全く気に入らないことであった（主文）。そのことに対して、大公らは異議を申し立てたのだが、それは無駄であった（従属文）。というのも、次のような慎重さが必要とされたからである（従属文）。それは、それぞれの項目が別個に論じられるということである（従属文）。〉

(13)　Sonst vernimbt man beyläufftig soviel（主文）/das Kön: May：［…］vrsachen［…］zu bewegt haben（従属文）/［…］weil dieselbe［…］einiger rechten hülff nit vergewisset/vnd［…］in so grossen Schulden läßt stecken.（従属文）

〈さらに付随的に次のことが聞こえてきている（主文）。それは国王陛下が［…］［暗殺の］原因を［…］作ったということである（従属文）。なぜなら、その人が［…］付き添いの者が信頼の置ける人物であるかを確かめることをせず［…］、これほどに大きな責任を負わせたからである（従属文）。〉

(14)　［…］diese zulassung oder bewilligung soll sich［…］weiter nicht erstrecken（主文）［…］als［…］sie sich derselben mit fürweissung ihrer *Privilegien* hinfüro gebrauchen mögen（従属文）/inmittelst aber die newe *exercitia*［…］bescheid einstellen（従属文）/dargegen aber alle 4 Stende［…］den freyen außgang vngehindert haben［…］solle.（従属文）

〈［…］この許可もしくは承認は、次のこと以上に広げられるべきでない（主文）。つまり［…］皇帝自らが今後、皇帝自身の特権を提示する必要があろうとき以外はである（従属文）。新しい法令によって［…］事情を伝えることによって（従属文）。しかし、それに対して、4つの階級の人々は［…］妨げなく自由に出入りできるということである（従属文）。〉

この結果をまとめると、以下の表 18 の通りである。

表 18　数珠つなぎ複合文の使用数

	テクスト B： 17 世紀の「最新報告」	テクスト A： 17 世紀の週刊新聞
数珠つなぎ複合文	0 回	4 回
従属文の数		主文＋従属文 2 つ(2 件) 主文＋従属文 3 つ(2 件)

17 世紀の週刊新聞では、1 つの主文に対して 2 つの従属文が連なる数珠つなぎ複合文が 2 つ、さらに 3 つの従属文が連なる数珠つなぎ複合文が 2 つ観察された。この数珠つなぎ複合文の特徴として、例えば、先頭の主文に出来事の現状を示し、後続する従属文によって出来事の原因や付帯状況を正確に伝えるという傾向が挙げられる。すなわち、週刊新聞はより伝達する上で正確性に重点をおいた文体だと考えられる。

以上の考察から、先行研究で 17 世紀初頭の週刊新聞の特徴とされている 3 つの項目は、「最新報告」にはほとんどみられなかったが、週刊新聞には確認できた。すなわちこれら 3 つの言語的特徴が、当時の週刊新聞の文体の特徴だと確かに言うことができる。

5．おわりに

今回の分析結果から次のことが言える。ドイツ最古の週刊新聞の言語的特徴は、Ágel and Hennig (2006) の測定法で測れる意味での書きことば性の高さにある点と同時に、受動態、複合的な名詞句、そして理由や付帯状況などを表示する「数珠つなぎ複合文」の相対的頻度、もしくは大きさという点にある。したがって、これらの特徴を持った伝え方こそが週刊新聞の言語的特徴であり、この点が「最新報告」(印刷ビラ) と週刊新聞とを区別する特徴なのである。

現代ドイツ語による新聞の文体を研究したエガースは、「凝縮度の高い情報への努力」(エガース 1975: 72) が現代ドイツの新聞文体の特徴だと指摘している。名詞が支配的な名詞文体のことである (エガース (1975: 65) を参照)。17 世紀には数珠つなぎ複合文が果たしていた、出来事の理由や付帯状況を表示するという役割が、現代では名詞句を連ねることで表されていると考えることができるかもしれない。言語手段は従属文か名詞句かと異なっていても、現実に起こった出来事に関して、因果関係やそのときの付帯状況などを正確に伝えようという報道の基本は、17 世紀から時代を経て今も変わらないと言える。この意味において、17 世紀初頭に登場したドイツ最古の週刊新聞が、現代にまで続くドイツ語による新聞文体にとっての基礎を成したと考えてもよいだろう。

注

1　現代ドイツ語で「新聞」を意味する Zeitung という単語は、「1300 年頃にケルン地域において zidung として出現し、報告を意味する中世低地ドイツ語・中世オランダ語の *tiding* に基づいている」(Straßner 1997: 1) という。
2　ここでは高田・椎名・小野寺 (編著) (2011: 13) により一部修正されたものを使用している。
3　Ágel and Hennig (2006) は、Koch and Oesterreicher に倣って、話しことば性を「近いことば性 (Nähesprachrichkeit)」という名称で呼んでいる。
4　ミクロレベルでカウントされる話しことば的な要素は、Ágel and Hennig (2006) のモデルに先駆けて、Elspaß (2005) において研究されている。Elspaß は 19 世紀のドイツ人移民者らの手紙をもとに、書かれた日常語と高尚な文章語を比較し、その相違を明らかにした。彼の研究には左方配置を始め、定動詞欠如の構文や縮小語尾など、文レベルから語彙レベルまでに及ぶ違いが示されている。
5　下記に示した表 5 を参照。a)–c) では話しことば性 100% の規準テクストの値の方が、話しことば性 0% の規準テクストの値よりも大きいことがわかる。しかし、d) の値だけは、数値の大きさが逆転している。この値のために、d) のカテゴリー

に限っては数値が低い方が話しことば性が高いことを示している。
6　Ágel and Hennig (2006: 68) の表を参照し、一部変更した。
7　接尾辞 -ung を使用することで、動詞から名詞を派生することができる。
8　接尾辞 -heit は、形容詞や名詞に使用することで名詞を派生することができる。

使用テクスト

テクスト A：(1609 年 3 月 18 日付けのウィーンからの報告)
Schöne, Walter. (ed.) (1940)：*Die Relation des Jahres 1609 in Faksimiledruck*. Leipzig: Otto Harrassowitz.

テクスト B：(アンリ 4 世の殺害)
Harms, Wolfgang. (ed.) (1980)：*Die Sammlung der Herzog August Bibliothek in Wolfenbüttel, kommentierte Ausgabe. Deutsche illustrierte Flugblätter des 16. Jahrhunderts*. Vol. 2. Historica. p.146. München: Kraus International Publications.

テクスト C：(エスリンゲンの乙女)
田辺幹之助・佐藤直樹 (編) (1995)『ゴーダ市美術館所蔵作品による宗教改革時代のドイツ木版画』p.39. 国立西洋美術館.

参考文献

Ágel, Vilmos and Mathilde Hennig. (ed.) (2006) *Grammatik aus Nähe und Distanz: Theorie und Praxis am Beispiel von Nähetexten 1650–2000*. Tübingen: Max Niemeyer.

Demske-Neumann, Ulrike. (1996) Bestandsaufnahme zum Untersuchungsbereich Syntax. In Gerd Fritz and Erich Straßner. (eds.) (1996) *Die Sprache der ersten deutschen Wochenzeitungen im 17. Jahrhundert*. pp.70–125. Tübingen: Max Niemeyer.

エガース、ハンス　岩﨑英二郎 (訳) (1975)『二十世紀のドイツ語』白水社. (Hans Eggers. (1973) *Die deutsche Sprache im 20. Jahrhundert*. München: Piper.)

Elspaß, Stephan. (2005) *Sprachgeschichte von unten. Untersuchungen zum geschriebenen Alltagsdeutsch im 19. Jahrhundert*. Tübingen: Max Niemeyer.

Gieseler, Jens and Thomas Schröder. (1996) Bestandsaufnahme zum Untersuchungsbereich Textstruktur, Darstellungsformen und Nachrichtenauswahl. In Gerd Fritz and Erich Straßner. (eds.) (1996) *Die Sprache der ersten deutschen Wochenzeitungen im 17. Jahrhundert*. pp.29–69. Tübingen: Max Niemeyer.

川島淳夫(編集主幹)(1994)『ドイツ言語学辞典』紀伊國屋書店.

Koch, Peter and Wulf Oesterreicher. (1985) Sprache der Nähe-Sprach der Distanz: Mündlichkeit und Schriftlichkeit im Spannungsfeld von Sprachtheorie und Sprachgeschichte. In *Romanistisches Jahrbuch*. 36: pp.15–43. Berlin: Walter de Gruyter.

Polenz, Peter von. (1994) *Deutsche Sprachgeschichte vom Spätmittelalter bis zur Gegenwart*. Vol. 2.17. und 18. *Jahrhundert*. Berlin: Walter de Gruyter.

Schröder, Thomas. (1995) *Die ersten Zeitungen: Textgestaltung und Nachrichtenauswahl*. Tübingen: Gunter Narr.

Schön, Erich. (1987) *Der Verlust der Sinnlichkeit oder die Verwandlungen des Lesers: Mentalitätswandel um 1800*. Stuttgart: Klett-Cotta.

Straßner, Erich. (1997) *Zeitung*. Tübingen: Max Niemeyer.

シュトラスナー、エーリヒ　大友展也(訳)(2002)『ドイツ新聞学事始―新聞ジャーナリズムの歴史と課題』三元社．(Erich Strassner. (1997) *Zeitung*. Tübingen: Max Niemeyer.)

鈴木将史(2000)「フォス新聞：ドイツ語圏最初の教養新聞(その1)」『人文研究』(99)：61–83．小樽商科大学．

芹澤円(2011)「宗教改革期の印刷ビラにみる説得的効果―民衆の心をつかむレトリック」『学習院大学ドイツ文学会研究論集』(15)：1–30．学習院大学ドイツ文学会．

芹澤円(2012)「16世紀の印刷ビラ・小冊子の話しことば性　テクストの種類と意図との関連において」『学習院大学ドイツ文学会研究論集』(16)：105–130．学習院大学ドイツ文学会．

高田博行・椎名美智・小野寺典子(編著)(2011)『歴史語用論入門―過去のコミュニケーションを復元する』大修館書店．

渡辺学(2009)「話しことばの特性をどのように測定したらよいのか？」高田博行(編)『話しことば研究をめぐる4つの問い』『日本独文学会研究叢書』(65)：1–21．日本独文学会．

第10章

申し出表現の歴史的変遷
―授受表現の運用史として

森勇太

1. はじめに

　人々がコミュニケーションを行う際に、利益を導く言語行動は多くある。例えば、"依頼"の行為によっては、話し手の利益が導かれるし、本章で扱う"申し出"の行為によっては、聞き手の利益が導かれる。その際に、それぞれの言語行動を行うための形式は言語ごとに異なり、同じ言語でも時代によって異なることがある。
　例えば、現代語(標準語)では、目上の人物に対して申し出の際に「～てあげる」「～てさしあげる」を用いて申し出を行うことはできない。

（1）　　［学生から先生への発話］
　　　a. #先生、かばんを {持ってあげましょうか／持ってさしあげましょうか}。
　　　b. 　先生、かばんをお持ちしましょうか。

(1a)では、"聞き手のかばんを持つ"という聞き手への利益が想定される。そのような場面で「〜てあげる」「〜てさしあげる」を用いると、押しつけがましい印象があり、これらの表現は用いにくい。

しかし、この状況は近世(江戸時代、1603–1868年)以前では異なっていたようである。「〜てあげる」は上位者に対する申し出を行う表現として用いることができた[1]。

(2) a. ［北八たちは遊郭に行こうとする］〔北八→亭主〕「遠いかね」〔亭主→北八〕「爰(ここ)から廿四五町(にじゅうしご)ばかしもあります。なんなら馬でも、雇てあげましやうか。」 (東海道中膝栗毛(1802)、二編下：124)
b. 〔女房→やす〕「ヲヽ、長ばなしで骸(からだ)が乾くのも忘れた」〔やす→女房〕「私が［お湯を］汲で上ませう」 (浮世風呂(1809)、二編下：128)

このことから、目上の人物に対する申し出表現に「〜てあげる」などの表現を用いるかどうかは、現代と近世以前では差異があったことが窺える。

以下、「〜てあげる」「〜てさしあげる」などの表現を"与益表現"と呼ぶ。本章では、申し出表現において与益表現がどのように用いられているかを文献資料からたどることで、日本語の利益の運用に関するルールとその変化を明らかにする。結論を先に述べると、近世以前では上位者への申し出に与益表現を用いることができたが、近代以後は用いにくくなることを示す。その背景として、利益を言語形式で示す方法に歴史的変化があったことを述べ、このような語用論的な原則が生み出す新たな文法現象を指摘する。また、日本語の授与動詞「くれる」は類型論的に稀な存在であることが知られているが、運用の歴史においても「くれる」の用法の変化が大きく影響していることを述べる。

本章の構成は以下の通りである。言語行動を調査する上では、当該の言語がどのような言語形式を持っているかを整理しておく必要がある。そのため、2節では日本語の授受表現の類型論的特徴を確認する。3節では申し出

表現における与益表現の運用の歴史について調査する。4節では歴史的変化の要因について述べ、日本語の授受表現の運用史として位置づける。最後の5節はまとめである。

2. 日本語の授受表現

2.1 本動詞の体系と類型論的特徴

　本節ではまず、授受動詞の体系的特徴を確認する。日本語の授受動詞は基本的に「やる（あげる）」「くれる」「もらう」の3語が対立し、その敬語形「あげる（さしあげる）」「くださる」「いただく」が重なるという三項対立の体系を持つ（山田 2004、日高 2007 等）[2]。この対立は「やる」・「もらう」と「やる」・「くれる」という性質の違う二対の対立からなると説明できる。まず、(3)の「やる」・「もらう」の組について述べると、(3)は同じ内容を表しているが、主格と与格の位置が入れ替わっている受身の関係として対立している。この組み合わせは「勝つ」・「負ける」のような語彙的な受身の関係と等価のものとして捉えられる。

（3）a.　太郎が花子に花束をやった。
　　 b.　花子が太郎に花束をもらった。

　次に、「やる」・「くれる」の組を考える。(4)の二つの文も同じ動作を表しているが、格関係が変わっているわけではない。変わっているのは話し手側の人物がどちらかということである。(4a)では主格の人物（太郎）が話し手側の人物と解釈される可能性が高いが、(4b)では与格の人物（花子）が必ず話し手と親しい、あるいは話し手側の人物であると解釈される。

（4）a.　太郎が花子に花束をやった。［太郎＝話し手側、花子＝話し手側でない］

b. 太郎が花子に花束を<u>くれた</u>。[太郎＝話し手側でない、花子＝話し手側]

このように、現代語の授受動詞の三項対立は、語彙的な受身の関係による対立である「やる」・「もらう」、および話し手の位置による対立の「やる」・「くれる」の二対が組み合わされたものとして説明できる。

さて、現代日本語の授受動詞体系の特徴はどの点にあるだろうか。授受表現体系を類型論的に観察した山田（2004）によると、「やる」・「もらう」のように語彙的な受身の関係にある対立を持つ言語はいくつか例がある。しかし、「やる」・「くれる」のように話し手の位置によって語彙を区別する言語は他に見られない。「くれる」の存在は、日本語の授受動詞体系における特徴といえる。

2.2 補助動詞の体系とその類型論的特徴

日本語において特徴的なのは、利益を表す補助動詞（構文）が、他言語と比較しても発達していることにある（山田 2004、井上 2011 等）。補助動詞の体系について、山田（2004）は表1のようにまとめている。

表1 物の授受を表す表現と行為の授受を表す表現の体系（山田 2004: 354）

言語	物の授受			行為の授受		
	ヤル	クレル	モラウ	テヤル	テクレル	テモラウ
日本語（東京語など）	◆	■	●	◆	■	●
カザフ語	◆	◆	●	◆	◆	◆
モンゴル語	◆	◆	●	◆	◆	◎
韓国語、ヒンディ語等	◆	◆	●	◆	◆	×

（同じ記号は同一の形式を用いていることを示す。◎：特別な語形を用いる、×：形式を欠く）

表1は各言語に物の授受・行為の授受の表現がどのように存在するかを示したものである。例えば、日本語は、「やる」「くれる」「もらう」という

異なる3語の授与動詞があり、表1の物の授受の項では三つの異なる記号が配置されている。一方、カザフ語では、「やる」「くれる」にあたる動詞の区別はないが、「もらう」は「やる」「くれる」とは別の動詞を用いている。そのため、「やる」「くれる」は同じ記号（◆）が充てられているが、「もらう」には異なる記号（●）が充てられている。

　英語などそもそも行為の授受を表す構文を持たない言語も存在する中、表1の言語は行為の授受を構文的に、あるいは補助動詞や接辞として表すことができる。日本語は、「やる」「くれる」「もらう」および「〜てやる」「〜てくれる」「〜てもらう」というように、物の授受（主に動詞で表す）・行為の授受（主に補助動詞や構文的手段を用いて表す）両方において、3語を区別する。しかし、このような区別は世界の言語においては必ずしも一般的ではない。例えば、カザフ語では、物の授受においては、「やる」と「くれる」の区別がなく、行為の授受においては「やる」・「くれる」・「もらう」三つの区別がない。韓国語も同様に「やる」と「くれる」の区別は物の授受でも行為の授受でも見られない。山田（2004）が言及する範囲には、日本語と同じタイプの体系を持つ言語は見られていない。

　つまり、日本語の授受表現体系の特徴は、与格が話し手のときに用いられる授与動詞「くれる」が存在し、行為による利益の授受を表すため補助動詞としても用いられることであるといえる。

　なお、付言しておくと、「くれる」の与格に話し手をとるという人称的制限は、文献資料で確認できる範囲（京都を中心とした地域の言葉）では、主に中世末期・近世（1603–1868年）以降のことである（古川1995、森2011b）。ただし、少数ではあるが、近世以降の資料でも話し手から話し手以外の人物への授与（以下、"遠心的用法" と呼ぶ）で「くれる」が用いられることがある。現代語の諸方言でも遠心的用法で「くれる」を用いる地域があり（日高2007）、「くれる」の人称的制限が徹底されているのは現代標準語の特徴と考えられる。

2.3 授受表現使用の語用論的特徴
2.3.1 現代語の授受表現使用の原則

本節では授受表現の使用に関する語用論的特徴について考える。現代語では、"話し手に利益のある事態は受益表現で示さなければならない"という強い語用論的制約があると考えられる。例えば、文脈的に話し手に対する利益が示されている場合［→(5a)］や感謝表現の前［→(5b)］など、必ず受益表現（「～てくれる」「～てもらう」等）を用いなければならない環境が存在する。

(5) a. #引っ越しはあまり疲れませんでした。後輩が手伝いましたから。

(守屋 2001: 1)

　b. ［卒業の日に、学生から先生への発話］先生、今まで多くのことを｛教えてくださり／#お教えになり｝、ありがとうございます。

ところが、現代日本語では、聞き手に対する利益を表明することが、必ずしも丁寧さと結びついていないといえる。典型的には、(1)で見たように目上の人物に対する申し出表現のとき、与益表現は用いにくく、(6b)のように謙譲語「お～する」「お～いたす」を用いるほうが適切である。

(6) a. ?先生が私の国にいらっしゃったら、いろいろな所へ｛案内してあげます／案内してさしあげます｝よ。

　b. 先生が私の国にいらっしゃったら、いろいろな所へご案内いたします。

(山岡 2004: 30–31)

2.3.2 現代語の丁寧さの原則

ここで、前節で述べた日本語の運用は、どのように一般化できるだろうか。Leech (1983) は、"丁寧さの原則"として、利益をどのように言語的に表明するかについての原則を示している。例えば英語では、(7a)のように、

聞き手の利益に言及して招待などを行うことは丁寧であるが、(7b) のように話し手の利益に言及して述べることは丁寧ではないという。

（7）a.　You must come and have dinner with us.〈あなたはご来宅の上、食事をご一緒してくれなければなりません。〉
　　　b.　#We must come and have dinner with you.〈#私たちはお宅にうかがい、食事をご一緒しなければなりません。〉

（Leech 1983: 133、池上・河上訳 1987: 193）

このことから、Leech (1983) では利益を表明する際の丁寧さの原則を (8) のように示す。

（8）a.　他者に対する利益を最大限にせよ［気配りの原則(b)］
　　　b.　自己に対する利益を最小限にせよ［寛大性の原則(a)］

（Leech 1983: 132、池上・河上訳 1987: 190）

一方 2.3.1 節の状況［→ (5)・(6)］から、現代語の丁寧さの原則は (9) のように示される（姫野 2003: 68）。(8) にならった原則として述べると、以下のように表せる。

（9）a.　自己に対する利益を最大限にせよ。
　　　b.　他者に対する利益を最小限にせよ。

ここまで日本語の授受表現の体系的特徴、語用論的特徴を述べた。一方で、近世以前の日本語では、必ずしも (9) の一般化があてはまらないようである［→ (2)］。以下、この"他者に対する利益を最小限にせよ"という制約がどのように形成されてきたのかについて、申し出表現の運用から考える。

3. 与益表現の運用の歴史的変遷

3.1 "申し出表現"の定義

まず、"申し出表現"の定義を行う。申し出表現は話し手が当該の発話によって"話し手が聞き手に利益をもたらす行為を行う"ことを述べる表現である。日本語では、申し出表現は意志を表す表現によって行われる。本章では与益表現と意志表現（「―（よ）う」や動詞終止形）による申し出表現を考察の対象とした。

(10)　　［コンビニに行く際に聞き手にパンを買ってくることを申し出る］
　　　a.　パン買ってきてあげようか。［与益「あげる」＋「（よ）う」＋疑問］
　　　b.　パン買ってきてあげるよ。［与益「あげる」］＋「（動詞終止形）」］

当該の表現が申し出を表すか、意志を表すかについて、仁田（1991: 215–216）が聞き手の存在／非存在で申し出表現か意志表現かを区別できるとする。本章においてもそれに従い、聞き手（利益の受け手）が発話場に存在していることを申し出表現と認める条件とする。

3.2 調査の概要

3.2.1 調査内容と調査対象

以下、"与益表現による上位者への申し出表現"が、各時代どれだけ見られるかを調査する。対上位者の場面を観察したのは、特に聞き手への配慮が必要となる場面であると考えられるからである。そのため、上位者に用いられやすい形式として、対象とする与益表現を謙譲語形式に限定する。文献資料で与益表現謙譲語と呼べる機能を持つのは、(11) の形式である（湯澤1929, 1936, 1981[2]）。

(11) a. 「〜てまいらす」(中世〜近世前期、おおよそ 16–18 世紀、これを語源として音声変化を経たと考えられる「〜ておまらす」「〜てまっする」も含む [3])
　　b. 「〜てしんずる」(中世〜近世後期、おおよそ 16–19 世紀)
　　c. 「〜てあげる」(近世前期〜現代、おおよそ 17 世紀 –)
　　d. 「〜てさしあげる」(近代〜、おおよそ 20 世紀 –)

　これらの表現は、意味的にも聞き手や第三者への利益を想定できる場面がほとんどであり、与益表現として用いられていたと考えられる [4]。

(12) a. ［売り手が太郎冠者に雁を売る］〔売り手→太郎冠者〕「それならはやすけれ共、まけてしんぜう」　（虎明本狂言(1642)、雁盗人：上 168)
　　b. ［孫は祖父が恋をしたと聞いた］〔孫一→孫二〕「なるならは［祖父の希望を］かなへておまらせう」　　　　　（同、枕物狂：中 224)
　　c. ［孫右衛門は梅川が駆け落ちした相手・忠兵衛の父。孫右衛門が下駄の鼻緒を付け替える］〔梅川→孫右衛門〕「よい紙がござんする。紙捻ひねってあげませう」　（近松浄瑠璃、冥途の飛脚(1711)：184)

3.2.2　調査資料

　与益表現の用例は 16 世紀頃から見られるようになる（宮地 1981 等）。そのため、調査は与益表現の用例が一定程度見られる中世末期（16 世紀末）以降を対象とした。日本語における歴史語用論的研究においても、他の言語と同様文献資料に頼る他ないが、言語行動の歴史をたどるため、比較的よく口語を反映するとされている資料を用いて調査を行った。用いたのは、以下に挙げる狂言・浄瑠璃など演劇の台本、洒落本、滑稽本、小説などの文芸作品等である。

中世末期〜近世前期（上方）：『天草版平家物語』[1592]、『大蔵虎明本狂言』[1642]、『狂言六義』[1645頃]、『狂言記』[1660]、『狂言記外五十番』[1700]、『狂言記拾遺』[1730]、近松世話物浄瑠璃（『日本古典文学大系』49所収作品、[1703-1722]）

近世後期（江戸）：『東海道中膝栗毛』[1802]、『浮世風呂』[1809]、『春色梅児誉美』[1832]、その他黄表紙・洒落本作品（『日本古典文学大系』59所収作品）

近代〜現代：小説作品（『明治の文豪』、『新潮文庫の100冊』所収作品）

　資料について注記すると、近世前期は上方、近世後期は江戸という異なる地域の資料を用いている。これは近世前期のまとまった江戸語資料が不足しているためである（松村1986）。この点については問題が残るが、もともと江戸に敬語がなく、上方の敬語が移入されて用いられていること、また、現代語で東京（首都圏）・関西の両地域で「くれる」の人称的制限がある（日高2007）こと等の点から、これらの資料は本章の範囲では連続的なものと考え、さしつかえないものとしておく。

3.2.3　上下関係の認定

　上下関係は以下の手順で認定する。基本的には①によるが、②、③でも上下関係を認める。

①言葉づかいによる認定：当該の人物が話す言葉づかいによって上下関係が認定できることがある。具体的には対者敬語の使用関係（非対称的な使用）、対称代名詞による。

②家族関係：家族間では"親―子"の関係には上下関係があると判断する。ただし、夫婦関係・兄弟姉妹関係はそれだけでは上下関係を認める条件とはしない（ただし、①の条件により夫婦・兄弟姉妹関係でも上下関係を認めているときがある）。

③主従関係：当該の人物が身分や役割上の上下・主従関係によって結びつけ

られている場合、上下関係があると判断する。具体的には、狂言などの"大名―冠者"、会社における"管理職―部下"、学校における"先生―生徒"などの関係が相当する。

3.3 調査結果

調査した与益表現の用例数を表2に示す。表2で、申し出表現全数に対する上位者への申し出表現の割合を確認すると、近代以後は、近世以前より著しく割合が落ちている。以下、時代別に詳細について見ていく。

表2　与益表現による申し出表現[5]

時代	与益表現による申し出表現 全数	対上位者
中世末期～近世前期(上方)	72	37 (51.39%)
近世後期(江戸)	49	24 (48.98%)
明治期	116	11 (9.48%)
大正・昭和期：『新潮』前半	97	8 (8.25%)
昭和期：『新潮』後半	133	15 (11.28%)

3.3.1 中世末期～近世前期

中世末期～近世の資料では、与益表現を用いた申し出表現が一定数見られ、それらの半数程度の例が上位者に対して用いられている。

(13) a. ［雷は風邪ぎみであると診断された］〔雷→医師〕「今までさやうの事はしらなんだ、いそひでなをせ」〔医師→雷〕「私は第一針が上手でござる、<u>たてなをひてしんぜう</u>」〈針を立てて(病気を治して)あげましょう。〉
　　　　　　　　　　　　　　　　　　　　　（虎明本狂言(1642)、雷：中、15）
　　b. ［孫右衛門は梅川が駆け落ちした相手・忠兵衛の父。孫右衛門が転んだのを見て］〔梅川→孫右衛門〕「お年寄のおいとしや、お足もすすぎ鼻緒も<u>すげてあげませう</u>。」

(近松浄瑠璃、冥土の飛脚(1711)：184)

このような例から近世前期の上方語では、与益表現を用いた申し出表現が上位者にも用いうる丁寧な表現であったと考えられる。

3.3.2 近世後期

近世後期でも同様に、与益表現を用いた上位者への申し出表現が一定数見られる。与益表現による申し出表現が、上位者にも用いうる丁寧な表現であったことが推測される。

(14) a. ［北八たちは遊郭に行こうとする］〔北八→亭主〕「遠いかね」〔亭主→北八〕「爰から廿四五町ばかしもあります。なんなら馬でも、雇てあげましやうか。」　　（東海道中膝栗毛(1802)、二編下：124、再掲）

b. 〔女房→やす〕「ヲヲ、長ばなしで骸が乾くのも忘れた」〔やす→女房〕「私が［お湯を］汲で上ませう」

（浮世風呂(1809)、二編下：156、再掲）

3.3.3 明治期

明治期以降、上位者への申し出表現の例が減少する。上位者に対して与益表現で申し出を行うことが丁寧ではないという認識が反映されたためと考えられる。ただし、次のように上位者への与益表現による申し出表現が全く見られないわけではない。

(15) a. ［昇、お勢、文三が三人で話している］〔昇〕「これだもの……大切なお客様を置去りにしておいて」〔お勢〕「だって貴君があんな事をなさるもの」〔昇〕「どんな事を」［…］〔お勢〕「そんなら云ッてもよう御座んすか」〔昇〕「宜しいとも」〔お勢〕「ヨーシ宜しいと仰しゃッたネ、そんなら云ッてしまうから宜い。アノネ文さん、今ネ、本田さ

んが……」ト言懸けて昇の顔を凝視めて、〔お勢〕「オホホホ、<u>マアかにして上げましょう</u>」〈堪忍してあげましょう〉

(浮雲、第 10 回(1887))

b. 〔石田→婆さん〕「どうするのだ。」〔婆さん→石田〕「旦那さんに玉子を<u>見せて上ぎょう</u>と思いまして。」〔石田→婆さん〕「廃せ。見んでも好い。」

(鶏(1909))

(15a)はお勢と昇の関係について、丁寧語を非対称的に使用していることから、上下関係を認めておいた。一方でこの表現は、丁寧に使おうとして用いたものというよりは、遊戯的に使用した表現のようにも見える。

3.3.4 大正・昭和期〜現代

大正期以降の作品にも上位者への申し出で使う例は見られるものの、数は多くない[6]。

(16) a. ［五助は秋太郎の家へ奉公に来ている。秋太郎が宿題を頼んできた］〔秋太郎→五助〕「今度やっていかなかったら、先生はもう、おれのこと、教室に入れないって言っているんだ。」〔五助→秋太郎〕「それじゃあ、<u>やっといてあげましょう</u>。」〔秋太郎→五助〕「やってくれる。ほんとうかい。ああ、助かった。［…］

(路傍の石(1937)、やぶ入り、1)

b. フン先生はホテル・ノークラで、ブンに歴史を盗まれて以来、なにもわからない。〔ブン→フン先生〕「フン先生、いま、先生の歴史——過去を<u>かえしてさしあげます</u>」　(ブンとフン(1970)、第 5 章)

いずれも上位者に用いているものであるが、(16b)のように不敬なキャラクターをわざと描こうとしていると考えられるものも混ざっている。

ここまで、近世までと近代以後では与益表現の運用法が異なることを述べ

た。与益表現による上位者への申し出表現は近代以降減少している。近代以降もわずかに例は見られるが、対上位者でも比較的近い間柄で用いられたものと考えられ、基本的に上位者への申し出表現として、与益表現を用いる頻度は低くなったと考えられる。現代における新しい与益表現である「てさしあげる」も、上位者への申し出表現に使いにくいことから、この歴史的な状況の相違は、話し手が聞き手に対して利益のある行為を行うことをどのように表現するか、という運用法の異なりの反映と考えられる。次節では、その運用法がどのように変化したのかについて考える。

4. 歴史的変化の要因

4.1 利益に関する原則の変化

4.1.1 "自己に対する利益を最大限にせよ"

さて、申し出表現の運用に関わる"他者に対する利益を最小限にせよ"という原則はなぜ生まれたのだろうか。これは、"自己に対する利益を最大限にせよ"という原則が原因と考える。本節ではこの"自己に対する利益を最大限にせよ"という原則の成立について考える。この制約は中世から近世にかけては、現代語ほど強く運用されていなかったと考えられる。

例えば、尊敬語と受益表現による行為指示表現を調査したところ（森2010）、近世には上位者に対しても話し手利益の行為指示で受益表現が用いられない例がある。

(17) a. ［三吉は乳母が自分の母とわかり、一緒に暮らしてもらえるように説得する］〔三吉→乳母〕「これ守袋を<u>見さしやんせ</u>、なんの嘘を申しませう。［…］［依頼］　　　　　　　　　（近松浄瑠璃、丹波与作：99）
　　 b. ［とめ女は旅人の手を強く引いて客引きをする］〔旅人→とめ女〕「コレ手がもげらア」〔とめ女→旅人〕「手はもげてもよふございます。<u>おとまりなさいませ</u>」［依頼］　　　　　　　　（東海道中膝栗毛、初編：59）

しかし、明治期以降、上位者に対し"勧め（聞き手利益）"では「なさい」など受益表現でない形式が用いられているが、"依頼（話し手利益）"では受益表現（「ください」等）がほとんどであり、尊敬語のみの表現（「なさい」等）は用いにくくなる[7]。

また、感謝表現の近くなど、現代語で受益表現が必須となる環境［→(5)］でも、近世以前は(18)のように受益表現が付されないところがある。

(18) a. 〔清十郎→お夏〕「涙がこぼれて忝（かたじけな）し。それ程に此の男を不便に思召さるるかや。冥加に尽きん、勿体なや」〈そんなにまでこの男をかわいいと｛思ってくださる／?お思いになる｝のか。〉

(近松浄瑠璃、五十年忌歌念仏：139)

b. ［藤兵衛はお由の苦労をねぎらい、優しい言葉をかけた］〔お由→藤兵衛〕「そふやさしく被仰（おっしゃる）と真に嬉しく思ひますけれど、どふもおまへさん方に限らず、男子達といふものは浮薄なものだから、［…］」〈そう優しく｛おっしゃってくださる／?おっしゃる｝と本当に嬉しく思いますけれど［…］〉

(春色梅児誉美、巻9：171)

このことから、受益表現の運用に関して、"自己に対する利益を最大限にせよ"という原則が近代以降に成立したことが窺える。

4.1.2 丁寧さの原則の読み替え

では、申し出表現の変化の根底にある"他者に対する利益を最小限にせよ"［→(9b)］という変化はどのようにして成立したのだろうか。

授受の表現は上下関係と密接に結びついている。日高(2007: 14)は、現代語の利益の授受においては与え手上位・受け手下位という立場上の上下関係があると述べる。この関係のもとでは、"利益を受けること"の表明は利益の与え手を上位者に、また話し手を下位に置くために適切な待遇となるが、"利益を与えること"の表明は、話し手自身を上位に、聞き手を下位に置く

ことになり、不適切である。

　"自己に対する利益を最大限にせよ"という運用は、受け手となる話し手を下位に置くという意味で、立場上の上下関係に沿ったものであり、強化されやすかったと考えられる。この運用が通常のものとなると、授受による上下関係が強く意識されるようになり、利益を与えることの表明は待遇的な違反とみなされるようになった。このようにして"自己に対する利益を最大限にせよ"という原則が再解釈され"他者に対する利益を最小限にせよ"［→(9b)］という原則が導き出されたと考えられる。

　また、近世から近代にかけての社会的な変化も運用の変化の一因となっていると考えられる。近世以前の上下関係が歴然とある社会では、それに従っている限り、授受表現によって上下関係を言語化することは問題とならないと思われる。しかし、近代以後対等な社会関係が標榜されるようになると、聞き手への配慮のために話し手を上位にしないように運用するという動機が生まれやすくなる。

4.2　利益の表明と謙譲語の変化―受益者を高める用法の成立

　このような語用論的原則の変化は敬語の運用とも密接に関連しており、新しい文法変化を導くものであった。本節では、利益の表明の原則が波及した現象として、オ型謙譲語（「お〜する」等）の文法変化について述べる（森2012）。

　現代語に見られる利益を表さない謙譲語形式「お〜する」は、江戸後期に見られる「お〜申す」「お〜いたす」を基盤として明治30年頃に成立したとされる（小松1967）。本節ではこれらの接頭辞「お」を冠してつくられる敬語を"オ型謙譲語"と呼ぶ。

　現代語では、このオ型謙譲語では、「〜のために」にあたる参与者を高める用法（以下、"受益者を高める用法"）がある（蒲谷1992、菊地1994等）。

(19) a. ［先生に東京に 12 時に着くには何時の新幹線に乗ればよいか尋ねられた］少しお待ちください。今から（先生のために）<u>お調べします</u>。
 b. ［先生が両手で荷物を持っていてドアの前に立っていたので］（先生のために）研究室のドアを<u>お開けした</u>。

　いずれも「＊先生に調べる」「＊先生に開ける」のように与格をとれない動詞に「お～する」が接続しているのは、「お～する」に「～のために」にあたる人物を高める機能があるからだといえる。
　この受益者を高める用法が見られるのは近世後期・近代以降である。例えば、(20)では動詞「まける」は「人物＋ニ」という項をとらないように思われる（「太郎｛＊に／のために｝まける」）がオ型謙譲語が用いられている。この例では受益者となる侍（聞き手）を高めるために用いられている（「あなたのためにまける」）と考えられている。

(20) 〔侍→北八〕「それは高直じゃ」〔北八→侍〕「すこしは<u>おまけ申ませう</u>」〈少しはおまけしましょう〉　　（東海道中膝栗毛(1802)、二編上：104）
(21) a. 〔主人→女中〕これ、早う［お客の］御味噌汁を<u>お易へ申して</u>来ないか」〈＊客に味噌汁を替える〉　　（金色夜叉(1897)、続続、第 2 章）
 b. 〔道子→理学士〕「まあ、辛うござんすよ、これじゃ、」と銅壺の湯を注して、杓文字で一つ軽く圧えて、〔道子→理学士〕「<u>お装(つ)け申しましょう</u>、」と艶麗に云ふ。〈？あなたにごはんをつける〉
　　　　　　　　　　　　　　　　　　　　　（婦系図(1907)、30）
 c. 〔門附→女房〕「早速一合、酒は良いのを」／〔女房→門附〕「ええ、もう飛切りのを<u>おつけ申します</u>よ」〈＊あなたに酒をつける（温める）〉
　　　　　　　　　　　　　　　　　　　　　（歌行燈(1910)、3）

　この受益者を高める用法が成立した要因は、"他者に対する利益を最小限

にせよ"という原則の成立である。もともと受益者を高める用法は与益表現の機能であった。"他者に対する利益を最小限にせよ"という原則が成立すると、与益表現で上位者に対する配慮を示すことは難しくなるが、依然として上位者に対して敬語使用によって配慮を示そうとする動機は存在する。このことから、これらの動機をともに満たすものとして、既存のオ型謙譲語の用法が拡張したと捉えられる。

4.3 日本語の授受表現の運用史

これまで授受表現の運用史を見てきたが、最も重要な点は「くれる」の存在であろう。「くれる」は語彙体系の上でも重要であったが、授受表現の運用史の上でも重要であった。そもそも「くれる」には、中世頃まで"与格に話し手を必ず置く"という人称的制限はなく、「くれる」は上位者から下位者への授与を表していた。中世頃に「くれる」使用の上では上位者である与え手（主格）に話し手を置かないことが丁寧さと結びつき、与格が話し手（話し手側の人物）に固定される人称的制限が生まれたと考えられる（日高2007、森2011b）。

「くれる」の運用が丁寧さと結びつくと、話し手に対する利益があるときには、「くれる」を用いる表現が丁寧なものとなり、「くれる」の運用が強化されるようになった。このことによって、"自己に対する利益を最大限にせよ"という原則が形成された。さらに、"自己に対する利益を最大限にせよ"との原則は 4.1.2 節のように"他者に対する利益を最小限にせよ"という原則を派生し、申し出表現の運用において与益表現が用いられなくなった。その結果、オ型謙譲語にも新しい用法が成立した。

このように、授受表現の運用の変化は「くれる」の用法の変化に端を発するものである。授受の上下関係や利益の意識が聞き手への配慮・丁寧さと結びつき、それによって既存の敬語形式にも文法変化が起こった。この受益者に関わる文法およびその発達が、近世以降の日本語における大きな特徴である。

4.4 丁寧さの原則の変異

　本章では、利益をどのように示すか、という原則には歴史的に変化が起こっていることを述べた。最後に日本語の中でこの制約の運用にはどのような変異があるか、という点を述べておきたい。与益表現による申し出表現を容認するかどうかには、地域差が存在する(沖 2009)。『方言文法全国地図』第 320 図では申し出表現が取り上げられている。

(22)　320 図：「土地の目上の人にむかって、ひじょうにていねいに」「その荷物は、私が持ちましょう」というとき。

　全国的に「持ちましょう」等の謙譲語も与益表現も用いない回答が見られる地域が多いが、与益表現「〜てあげる」を用いた回答が見られる地域が、"岡山以西中四国九州と千葉茨城福島下越以北東北地域に広く分布(沖 2009: 20)"する。また、敬語形「〜てあげる」のみならず、非敬語形である「てやる」「てくれる(遠心的用法)」を上位者に用いることができる地点もある。語形の例を(23)に挙げる。

(23) a.　［あげる］モッテアゲマショー(熊本県球磨郡五木村)
　　 b.　［やる］モッテヤルモノー(山梨県北巨摩郡長坂町)
　　 c.　［くれる］モッテクレッガ(山形県東田川郡朝日村)

　一方、「てもらう」を用いる形式が、"近畿にまとまった分布をみせ、長野新潟、広島鳥取まで点在(同：21)"している。

(24)　［もらう］モタシテモライマス(京都府京都市他)

　このことは授受表現を用いる上での丁寧さの原則(の適用の強さ)が各地で異なっており、どの程度重視するかに地域差があることを示唆する。与益表

現を用いている方言の状況は、中世から近世の状況との類似性を感じさせる。逆に受益表現を用いる方言では、聞き手の利益となる申し出を言語形式の上では話し手への利益があるように表現している。この運用は(9a)"自己に対する利益を最大限にせよ"との原則が一層強化されているように見える。これに関しては、各方言における敬語体系内の位置づけが問題となり、各方言の観察を重ねる必要があるが、少なくとも 2、3 節で述べた現代語における丁寧さの原則が、標準語以外の日本語にも通底する規則でないことは確かであろう。

5. まとめ

本章では以下のことを述べた。

1) 現代語では「～てあげる」などの与益表現による申し出表現は上位者に対して用いにくい。しかし、中世末期～近世後期では上位者への申し出表現として与益表現が使用されており、与益表現による申し出表現が丁寧であったと考えられる［→ 3.3.1 節］。
2) 与益表現による申し出表現の待遇価値の低下は、近代に入ってからと考えられる。明治期以降、基本的には上位者への申し出には与益表現を用いない［→ 3.3.2–3.3.4 節］。
3) 与益表現による申し出表現の待遇価値の低下は"他者に対する利益を最小限にせよ"という原則の成立が原因である。近代までに受益表現「くれる」「くださる」が発達し、"自己に対する利益を最大限にせよ"という原則が成立した。その意識から逆に"利益を与える"ことの表明が話し手を高めてしまう表現と再解釈され、聞き手に利益のあることの表明が抑制されるようになった［→ 4.1 節］。
4) オ型謙譲語は近代以降の新用法として受益者を高める用法が生まれている。この用法は、"他者に対する利益を最小限にせよ"という原則に

よって与益表現の待遇価値が低下したため形成されたと考えられる［→ 4.2 節］。

　本章で述べた申し出表現の歴史は、待遇に関してより保守的に、つまり、丁寧さの原則になるべく違反せず、むしろその原則を強化する方向に変化してきたものと位置づけられる。

　これまでの敬語の歴史に関する研究では、用いられる形式の変化や一形式の運用の変化が注目されることはあったものの、特定の発話機能における形式(形式群)の運用や、発話に際する語用論的規則の変化という観点から研究が行われることは少なかったと思われる。しかし、これらの点についても歴史的・地理的な差異が存在する。今後はこれらの点を明らかにするとともに、標準語の敬語やその運用を相対的に捉える視点が必要となる。

注

1　用例には読みやすさのため、ふりがなを付したところがある。(　　)内のふりがなは筆者が私に読みを付したもの、それ以外は注釈書や底本に付されているものである(注釈書にあるふりがなすべてを掲載しているわけではない)。また、各用例には文献名の右に資料の成立年代を示している。この年代は『日本語学研究事典』(明治書院)に従ったものである。成立に幅のある資料は示された中で最も早い年号を示している。

2　現代語において、「あげる」は「やる」と並ぶ非敬語形として捉えるのが適切とも思われるが、このように捉えられるようになった(「あげる」の美化語化)は近年のことである。本章では歴史的変化を追うという目的から、「あげる」は「やる」の敬語形と捉えておく。

3　「〜てまいらす」の変異形としては他にも「ておます」等があるが、テクストによっては下位者にのみ用いている。その場合は形式の待遇価値がそもそも高くないと考え、表への計上はしなかった。

4　筆者は与益表現を認めるための統語的根拠を、受益者を必須補語(寺村 1982)とし

て指定することと考える。(11) の表現は (12a) のように、前接の動詞「まける」の必須補語に高めるべき人物を想定できないときも用いられる。このため、これらの表現が高めているのは受益者としての聞き手であると考えられる。

5　『新潮文庫の 100 冊』は便宜上作者の生年で、前半 (1870 年 –1900 年代生作者) と後半 (1910 年 –1940 年代生) の作者とで区切って調査した。また、文語体など文体に問題があるものは運用の上でもそれより前の時代の運用がなされている可能性があるため、除いた。

6　この時代になると、与益表現の運用を逆手にとって、わざと不敬な人物を描こうとする例も見られる。

　　［i ］すると猫は肩をまるくして眼をすぼめてはいましたが口のあたりでにやにやわらって云いました。／「先生、そうお怒りになっちゃ、おからだにさわります。それよりシューマンのトロメライをひいてごらんなさい。きいてあげますから。」／「生意気なことを云うな。ねこのくせに。」[中略]「いやご遠慮はありません。どうぞ。わたしはどうも先生の音楽をきかないとねむられないんです。」／「生意気だ。生意気だ。生意気だ。」／ゴーシュはすっかりまっ赤になってひるま楽長のしたように足ぶみしてどなりました［…］　　（セロ弾きのゴーシュ）作者の宮沢賢治は明治 29 (1896) 年生まれ、作品の発表は昭和 9 (1934) 年であるが、明治後期から昭和前期までには、この意識が存在していたことが窺える。

7　森 (2010) の調査では、明治期は依頼 6 例、勧め 42 例（尊敬語命令形総数 244 例）、大正期は依頼が 2 例、勧め 17 例（総数 154 例）が見られている。

参考文献

井上優 (2011)「日本語・韓国語・中国語の「動詞＋授受動詞」」『日本語学』30 (11)：38–48、明治書院

沖裕子 (2009)「発想と表現の地域差」『月刊言語』38 (4)：16–23、大修館書店

蒲谷宏 (1992)「「お・ご～する」に関する一考察」辻村敏樹教授古稀記念論文集刊行会（編）『辻村敏樹教授古稀記念　日本語史の諸問題』pp.141–157、明治書院

菊地康人 (1994)『敬語』角川書店 (1997 年再刊、講談社学術文庫)

古川俊雄 (1995)「授受動詞『くれる』『やる』の史的変遷」『広島大学教育学部紀要第二部』44: 193–200、広島大学

小松寿雄 (1967)「「お―する」の成立」『国語と国文学』44 (4)：93–102、東京大学国語国文学会

仁田義雄(1991)『日本語のモダリティと人称』ひつじ書房
寺村秀夫(1982)『日本語のシンタクスと意味Ⅰ』くろしお出版
日高水穂(2007)『授与動詞の対照方言学的研究』ひつじ書房
姫野伴子(2003)「配慮表現からみた日本語①　利益って負担！」『月刊日本語』16(4)：66–69、アルク
松村明(1986)『日本語の世界2　日本語の展開』中央公論社
宮地裕(1981)「敬語史論」宮地裕(他)(編)『講座日本語学9　敬語史』、pp.1–25、明治書院
森勇太(2010)「行為指示表現の歴史的変遷―尊敬語と受益表現の相互関係の観点から」『日本語の研究』6(2)：78–92、日本語学会
森勇太(2011a)「申し出表現の歴史的変遷―謙譲語と与益表現の相互関係の観点から」『日本語の研究』7(2)：17–31、日本語学会
森勇太(2011b)「授与動詞「くれる」の視点制約の成立―敬語との対照から」『日本語文法』11(2)：94–110、日本語文法学会
森勇太(2012)「オ型謙譲語の歴史―受益者を高める用法をめぐって」『語文』98：40–50、大阪大学国語国文学会
守屋三千代(2001)「必須成分としての授受形式」『日本語日本文学』13: 1–14、創価大学日本語日本文学会
山岡政紀(2004)「日本語における配慮表現研究の現状」『日本語日本文学』14: 17–39、創価大学日本語日本文学会
山田敏弘(2004)『日本語のベネファクティブ―「てやる」「てくれる」「てもらう」の文法』明治書院
湯澤幸吉郎(1929)『室町時代の言語研究　抄物の語法』大岡山書店(風間書房から復刊、1955年)
湯澤幸吉郎(1936)『徳川時代言語の研究』刀江書院(風間書房から復刊、1962年)
湯澤幸吉郎(1981^{2})『増訂江戸言葉の研究』明治書院(初版1954年)
Leech, Geoffrey (1983) *Principles of pragmatics.* London: Longman.(池上嘉彦・河上誓作(訳)(1987)『語用論』紀伊國屋書店)

第11章

『源氏物語』に現れた手紙
―求愛の和歌の贈答を中心に

　　　　　　　　　　　　　　　　　　　　　　　　　　高木和子

1. はじめに

　本章は「申し出る・口説く」というテーマに従って、まず『源氏物語』の時代の文献から求婚のプロセスを確認した上で、『源氏物語』において手紙や和歌が男女間で交わされる事例を取り上げ、それらが男女いずれの側の働きかけによって始まるのか、その応じる態度、言葉、和歌の表現などに見られる意思表示と真意のずれなどについて概観する。

2. 結婚に到る男女間の手紙や和歌のやり取り

2.1 求愛のプロセス―『蜻蛉(かげろう)日記』『落窪(おちくぼ)物語』の場合

　平安時代の男女は、結婚(正妻に限らず、複数の妻妾の一人として数えられる程度の関係を含む、以下同じ)に到る過程で、男が女に和歌を含む手紙を贈るのが作法であった。結婚には、家と家で決められた政略的なものもあれば、物語に描かれるような男が女を垣間見ることから始まる自由恋愛によ

るものもあったが、その事情に関わりなく、関係が進行する過程で男は和歌を含む手紙を贈り、求愛を「申し出て」「口説く」のが手続きであった。

　求愛から結婚に到る過程については、たとえば『蜻蛉日記』冒頭に、この日記の筆者が、夫となる藤原兼家から和歌を贈られる様子が描かれている。

（1）　　　音にのみ聞けばかなしなほととぎすこと語らはむと思ふ心あり
　　　とばかりぞある。「いかに。返りごとはすべくやある」など、さだむるほどに、古代なる人ありて、「なほ」とかしこまりて書かすれば、
　　　語らはむ人なき里にほととぎすかひなかるべき声なふるしそ
　　　　　　　　　　　　　　　　　　　（上巻・天暦8年夏・90–91）
　　　〈噂に聞くだけなので悲しい事よ、ホトトギスさん、貴女とお話ししようと思う気持ちがある。
　　　とだけある。「どうしようか。返事はするのがよいだろうか」などと思案しているうちに、古風な人がいて、「やはりお返事を」と恐縮して書かせるものだから、
　　　お話をするのにふさわしい者もいない里に、ホトトギスさんよ、甲斐があるはずもない声をお立てなさいますな。〉

兼家からの最初の贈歌とそれに対する返歌である。女側の返歌は、「古代なる人」、母親らしき人が書かせるので、とある。一般には道綱母の返歌とされる歌だが、その実、和歌を詠んだのが母親か日記の筆者か、それを書いたのが、日記の筆者か周辺の女房（侍女）かなどは明瞭でない（高木 2008: 55–56）。贈答歌の大意は、兼家が「噂に聞くばかりで悲しい事よ、ホトトギスさん、貴女とお話ししようと思う気持ちがある」と歌いかけたのに対し、女側は「お話をするのにふさわしい者もいない里に、ホトトギスさんよ、無駄な鳴き声をお立てなさいますな」と応じている。歌意を字義通りに取れば女側は求婚を断っているが、「ほととぎす」「語らはむ」といった贈歌の語彙を引き受けた礼儀正しい応対とも言える。その後、「またまたもおこすれど、

返りごともせざりければ(またまた手紙を贈ってよこすが、返事もしなかったので)」(91)と兼家から和歌が贈られてきても、女側は返事もしない。さらにその後、「さるべき人して、あるべきに書かせてやりつ」〈しかるべき女房に、ふさわしいように手紙を書かせて遣わした〉(92)と侍女に代わりに返事をさせるが、それらの返歌は日記には記されない。その間に正式な結婚の約束が取り付けられたのだろう、やがて筆者自身から返歌がされるようになり、兼家が三日続けて通って結婚が成立する。

このように、男の求愛に対して女がいかにも気のない言葉や態度で応じながらも両者の関係が進展していくというプロセスは、この時代の物語にしばしば見受けられる。『落窪物語』は、継母に苛められている継娘が、理想的な夫を得て結婚して厚遇され、夫が継母に復讐するという典型的な継子物語である。ここでは、右近少将からの求愛の和歌に対する落窪の君からの返歌は代作も含めてなく、初めての女の返歌は少将が強引に関係を持った後である。

結婚に到るまで、男は女に幾度も和歌や手紙を贈って口説くものの、女は当初はそれに容易には応じず、女の親族や侍女などの代作の返歌がなされ、女自身の返歌は関係の成立の直前か、成立後となることさえあった。また女の返歌の表現は、贈歌の表現を引き受けつつも素直に応じない傾向にあった(久保木1973、鈴木日出男1991)。したがって、男からの和歌に対して女側がつれない態度や断りの趣旨を含んだ返歌をしても、必ずしも字義通りの意ではなく、女側は実は関係の継続を望んでいる場合もあったのである。

2.2 求愛を断る意思表示――『竹取物語』の場合

男に口説かれた女側が断りの返事を贈っても、それが真の拒否を意味しないのだとすれば、本当に断りたい場合にはどのように応じたのであろうか。

『竹取物語』は、竹から生まれたかぐや姫が三カ月で美しく成人すると、多くの男たちが求婚し、最後には帝までもが求婚してくるが、結果的にはかぐや姫は誰とも結婚せずに月の国に帰るという物語である。求婚者の五人の

男たちはかぐや姫に、珍しい品を持ってくるようにそれぞれ難題を与えられる。やがて課題の品の偽物を作ったり掴まされたりしつつも、かぐや姫に届ける際には求愛の和歌を添えて贈る。これに対して、かぐや姫は総じて贈り物が偽物と判明した時点で返歌をする。女が返歌すれば結婚の承諾に通じるから、結婚の可能性がなくなった時点で返歌するのである（鈴木日出男 1991）。

次は、石作皇子がかぐや姫に求められた「仏の御石の鉢」を手に入れたというので、和歌を添えて贈ってきた場面である。

(2) 　　　海山の道に心をつくしはてないしのはちの涙ながれき
　　かぐや姫、光やあると見るに、蛍ばかりの光だになし。
　　　　　置く露の光をだにもやどさまし小倉の山にて何もとめけむ
　　とて、返しいだす。鉢を門に捨てて、この歌の返しをす。
　　　　　白山にあへば光の失するかとはちを捨てても頼まるるかな
　　とよみて、入れたり。かぐや姫、返しもせずなりぬ。　　　　(26)
　　　〈筑紫を出て海の道山の道を行くのに心をすっかり尽くし果てて、ありもしない石の鉢のために血の涙が流れました。
　　かぐや姫が、光があるかと見ると、蛍程度の光さえない。
　　　　　置く露程度の光だけでもせめて宿せばよかったのに、小倉山のように小暗い山に何を求めに行ったのでしょうか。
　　と鉢を返した。皇子は鉢を門のところに捨てて、この歌の返歌をする。
　　　　　白山のように美しい貴女に会ったので光が失せたのかと、鉢を捨てても、恥を捨てても期待されることですよ。
　　と和歌を詠んで中に差し入れた。かぐや姫は返歌もせずに終わった。〉

石作皇子は「筑紫を出て、海の道山の道を行くのに心をすっかり尽くし果てて、ありもしない石の鉢のために血の涙が流れた」と歌うが、届けられた鉢はわずかな光もなく、かぐや姫は「置く露程度の光だけでもせめて宿せばよ

かったのに、小倉山のように小暗い山に、何を求めに行ったのでしょうか」と、贈歌の「涙」から「露」を連想させつつも、露ほども光らないと贈り物を突き返した。すると皇子は「白山のように美しい貴女に会ったので光が失せたのかと、鉢を捨てても、恥を捨てても期待されることです」と再度和歌を贈るが、かぐや姫は返事もしない。この小話の結末部には、「かの鉢を捨てて、またいひけるよりぞ、面なきことをば、「はぢをすつ」とはいひける」〈例の鉢を捨てて、また求愛したことによって、羞恥心のないことを「恥を捨てる」と言った〉(27)との落ちがついている。課題の品を持ち帰れなかったにもかかわらず、かぐや姫から返歌をもらったことで、関係の継続に期待を寄せて再度求愛の和歌を贈ってきたことを、厚顔無恥と評しているのである。

　女が男の和歌や手紙を無視すれば、求婚拒否の意味合いになる。返歌をする場合には、表面上拒否する意味合いであっても、その後求愛に応じる場合もあれば、応じない場合もあった。だからこそ石作皇子は、一縷の望みをかけたのだろう。かぐや姫は、帝の求愛に訪れた際には姿を「きと影に」〈さっと光に〉(61)して逃げており結婚の意志はなかったが、帝とは三年間手紙のやりとりを続けた。かぐや姫は自らが月に帰る身と知りながら、結婚を前提にせずとも文通していたことにもなる。

　それでは女の諾否の真意はどのように見分けられるのか。以下、『源氏物語』の事例を考察したい。

3.『源氏物語』における求愛の和歌と応じ方

3.1 当人が応じない事例(1)―紫の上の場合

　『源氏物語』は11世紀初頭に成立したとされる長編物語で、現存の全54帖のうち、桐壺巻から幻巻の41帖は光源氏の生涯の物語、残りの13帖は光源氏没後の次世代の物語となっている。この物語中の手紙の総数は、271例(久曽神1974)とも672例以上(田中1988)ともされる。口上か手紙か紛ら

わしいもの、予期せず誰かに見られた文面など、どこまで広義の手紙に含めるかで、大きな認定の差が生じるようだ。一方、作中の和歌は795首を数え、すべて作中人物の作という建前になっている。儀礼や宴席の歌もあるものの、多くは私的な場で詠まれており、紙などに文字で記されるほか、声に出しても朗詠された。その意味で、和歌は手紙や会話の一部である。とはいえ和歌は、手紙における地の文や通常の会話における話し言葉とは異なる、独特の言語でもある。通常の手紙や会話の言語とは異なる次元にありながら、一面では手紙や会話の性格を抱えているのが和歌だと言えようか。

『源氏物語』若紫巻では、光源氏は北山に病の治療に出かけ、憧れの藤壺の姪にあたる少女を垣間見た。生涯の伴侶となる紫の上である。光源氏は求愛の和歌を贈り続けるものの、当初少女自身の返事はなく、祖母にあたる尼君や乳母の少納言が代わりに応じた。

（3）　「ともかくも、ただ今は聞こえむ方なし。もし御心ざしあらば、いま四五年を過ぐしてこそはともかうも」とのたまへば、さなむと同じさまにのみあるを本意なしと思す。御消息、僧都のもとなる小さき童して、
　　　　夕まぐれほのかに花の色を見てけさは霞の立ちぞわづらふ
　　御返し、
　　　　まことにや花のあたりは立ちうきとかすむる空のけしきをも見む
　　とよしある手のいとあてなるを、うち棄て書いたまへり。

（若紫巻・1・222）

〈「どうもこうも、ただ今は申し上げる術がない。もし貴方にお気持ちがあるならば、あと四五年を過ごしてから、ともかくも」と仰るので、僧都もそのようで、と同じ応対だけなのを、光源氏は本意ではないとお思いになる。ご消息を、僧都のもとにいる小さな童に持たせて、
　　　　夕暮れ時にほのかに花の色、美しいお姿を見て、今朝は霞が立つようには、私は出立しかねております。

御返歌に、
> 本当に花のあたりは立ち去りづらいものなのかと、霞んではっきりしない空の様子、貴方のお気持ちのほどをも見届けましょう。

と由緒のある筆跡でたいそう高貴な風情であるのを、さりげなくお書きになっている。〉

　もしお気持ちがあったら数年してから、としか応じない少女の祖母の尼君に、光源氏は「夕暮れ時にほのかに花の色、美しいお嬢さんのお姿を見て、今朝は霞が立つようには、私は出立しかねております」と歌う。尼君は、「本当に花のあたりを立ち去りづらいものなのかと、霞んではっきりとしない空の様子、貴方のお気持ちのほどをも見届けましょう」、とすぐには承諾しない。とはいえ尼君の返歌は「花」「立ちぞわづらふ―立ちうき」「霞―かすむる」と光源氏の贈歌の語彙を反復していて、礼儀は欠いていない。

　帰京後も重ねて和歌を贈ってくる光源氏に、祖母の尼君は「まだ難波津をだにはかばかしうつづけはべらざめれば、かひなくなむ」〈まだ「難波津」の歌をさえしっかりと続けて書くこともできないようですので、甲斐のないことで〉(1・229)と、少女がまだ幼くて「難波津」の歌[1]のような和歌や運筆の稽古の最初に学ぶ程度の和歌も書けないから、と言い訳している。しかし、平安時代の社会的常識、すなわち求婚の当初は男の贈歌に返事をせず、じらした挙句に返歌をするのが慎み深い応じ方だという通念を勘案すれば、これは高貴な光源氏からの求愛に対して失礼のない方法で当人に返事をさせないための、祖母の尼君、ひいては物語の作り手の、体のいい逃げ口上ではなかろうか (高木 2008: 5–7)。少女は十歳余にしては確かに幼い印象だが、和歌を作るに充分な年齢でもある。紫の上は先帝の子である兵部卿宮の娘であり、やすやすと求愛に応じるべき身分ではない。尼君は、数年後もお気持ちが変わらなければと、光源氏の真剣さを試してもいる。光源氏が尼君の固辞に容易に納得せず、求愛を重ねるのはそれ故であろう。尼君の没後、少女が父親の兵部卿宮に引き取られる直前に光源氏は略奪同然に自邸に引き取

り、紫の上も自然に光源氏に思慕を寄せるのは、そもそも祖母の尼君が、表面上の固辞とは裏腹に光源氏に期待をかけ、周囲もそれを察していたからではなかろうか。

　平安時代の和歌や手紙における言葉、またそれを描く文学テクストに、現代人の日常感覚を無防備に持ち込むと、大きな誤読をしかねない。ましてや作中の人物間に交わされる会話や手紙や和歌の言葉を、字義通り額面通りに信用するわけにはいかない。とはいえ、字義通りでないならば、どのようなバイアスをかけて理解するのがふさわしいのかと言えば、個々の例により多様な事情があり、単純に法則化するわけにはいかないようである。

3.2　身分差のある関係における代作の是非―玉鬘・明石の君の場合

　紫の上の祖母の尼君が光源氏の求愛に丁重に応ずるのは、身分高い男から求愛の和歌を贈られた場合、身分劣る女は返歌を余儀なくされるからであり、時には代作の返歌では失礼にあたるからでもある。
　たとえば玉鬘の例を見てみよう。玉鬘は頭中将と夕顔との娘だが、頭中将の正妻に意地悪をされて、夕顔と玉鬘は別々に身を隠している。その間に夕顔は光源氏と恋に落ち、逢瀬の最中に頓死してしまう。玉鬘は母の死も知らぬままに乳母たちに連れられて筑紫に下り、その地で成長する。その玉鬘に肥後国の有力者大夫監が求愛し、訪問してきた帰り際に和歌を詠むが、玉鬘自身は応じず、乳母が代わりに返歌をした。

（４）　　「君にもし心たがはば松浦なる鏡の神をかけて誓はむ
　　　この和歌は、仕うまつりたりとなむ思ひたまふる」と、うち笑みたるも、世づかずうひうひしや。我にもあらねば、返しすべくも思はねど、むすめどもに詠ますれど、「まろは、ましてものもおぼえず」とてゐたれば、いと久しきに思ひわづらひてうち思ひけるままに、
　　　　　年を経て祈る心のたがひなば鏡の神をつらしとや見む
　　　　　　　　　　　　　　　　　　（玉鬘巻・3・97–98）

〈「貴女に対してもし心変わりするならば、松浦の神にかけて誓いましょう。
　　この和歌は、上手に詠み申したと思います」とちょっと微笑んでいるのも、世間並みでなく物馴れないことよ。乳母は我を忘れているので、返歌ができるとも思わないけれど、娘達に詠ませるが、「私は、ましてや物の分別も付きません」と言って座っているので、たいそう久しく時が経つのに困ってしまって思いつくままに、
　　歳月をかけて祈る心が叶わないならば、鏡の神を恨めしいと見ましょう。〉

　大夫監の歌は「貴女に対してもし心変わりするならば、（いかようにも不誠実の報いを受けようと）松浦の鏡の神にかけて誓いましょう」と、やや舌足らずな和歌を詠む。対する乳母の返歌が、「心たがはば―心のたがひなば」「鏡の神」「む」と、相手の語彙を反復するのは、贈答歌の作法通りである。しかし表面上の礼儀正しさとは裏腹に、「歳月をかけて姫の幸せを願って祈る私の心が叶わないならば、鏡の神を恨めしいと見ましょう」と、大夫監から逃れられるよう神に祈るのが真意であった。大夫監は、真意を理解できないまでも、何か不都合な事を言われたと感じて詰め寄るが、乳母の娘たちが上手に言いくるめて追い返す。なるほど「大夫監のような立派な方との結婚が実現しないならば神を恨もう」という解釈も成り立つ和歌なのである。

　このように、贈歌の語彙に返歌の語彙を照応させるという贈答歌の作法にのっとって表面上の礼儀正しさを示しつつ、相手の意向に反した趣旨を歌うことも可能であった。さらには一首の解釈が必ずしも一義に限定されず、大夫監への見せ掛けのメッセージと、乳母の真意という二種の解釈を同時に成り立たせることもできた。それぞれが自分に都合のよい別種の解釈をすることで、その場に収拾が付けられていく事例である。

　さてその後、大夫監から逃れるために都に上った玉鬘たち一行は、偶然に夕顔の女房であった女と再会し、その仲介で光源氏の邸に身を寄せることに

なる。その際、光源氏はまず和歌を贈って玉鬘の人柄や教養を試した。玉鬘は「まづ御返りをとせめて書かせたてまつる」〈まずはお返事をと無理に書かせ申し上げる〉(玉鬘巻・3・124)と周囲の者にせっつかれて自らが返歌する。光源氏の手紙に対して代作の返歌では失礼すぎるし、何より周囲は光源氏との縁を大事にして玉鬘の将来を安定させたかったのだろう。大夫監に乳母の返歌で応じたのとは全く異なる応対であった。

　このように、格段に高貴な相手からの贈歌には代作ではすませられず、当人が応じるのが原則であろうが、これを逆手に取った事例もある。たとえば、光源氏が一時不遇の身となって明石に下っていた頃に、明石国の前国守が、自身の娘を光源氏に勧め、多少は心動かされて光源氏も求愛の手紙を贈るが、当人は応じず、父親が返事をよこした。

（5）　をちこちも知らぬ雲居にながめわびかすめし宿の梢をぞとふ(中略)
　　　ながむらん同じ雲居をながむるは思ひも同じ思ひなるらむ
　　　　　　　　　　　　　　　　　　　　　　　（明石巻・2・248–249）
　　〈遠くか近くかもわからない雲居を眺めて物思いにふけっては、宿の梢を問うことです。
　　貴方が物思いにふけっているという同じ雲居を我が娘も眺めていますのは、娘の思いも貴方と同じ思いであるからでしょう。〉

「遠くか近くかもわからない雲居を眺めて物思いにふけっては、お話に聞いた家の梢を問うことです」「貴方が物思いにふけっているという同じ雲居を我が娘も眺めていますのは、娘の思いも貴方様と同じ思いだからでしょう」という意である。明石の入道の返歌は、贈歌と同じ「雲居」「ながむ」の語を詠み、同じ思いだと言っており、拒む趣旨ではない。しかし、第三句以下で娘の明石の君の気持ちを推量しているから、庇護者としての立場を明瞭にした返歌である。明石の君は「いと恥づかしげなる御文のさまに、さし出でむ手つきも恥づかしうつつましう、人の御ほどわが身のほど思ふにこよなく

て」〈まことにこちらがきまり悪くなるほどご立派なお手紙の様子に、お返事する筆跡もきまりわるく慎まれて、相手のご身分と我が身の上の違いを思うにつけても格別で〉（2・248）と、身分低い自分が光源氏と関わっても甲斐がないから返歌しなかったとあるが、これは光源氏には非常に高飛車な応対に見えただろう。「めざまし」と分不相応な気位の高さに舌打ちし、翌日「宣旨書きは見知らずなん」〈代筆の返事は経験がない〉（2・249）と代作の返事など心外だと言わんばかりに再度歌を贈り、今回はさすがに明石の君自身が応じる他なかった。

　明石一族には、光源氏に女房として仕えるべき身分でありながら、まがりなりにも一人前の女として光源氏と向き合い妻妾の一人になるために、自らを格式高く見せる振舞いが随所に見られる（阿部1959）。もともと明石の君の父親が提案した関係で、光源氏との間の格段の身分差を考えれば、何度ももったいぶって代作の返事ですませられるはずもない。それを承知で一度は代作で応じるのは、高貴な女を装う演出と考えられよう（高木2008: 33–34）。

3.3　当人が応じない事例（2）—末摘花(すえつむはな)の場合

　それでは、求愛の和歌に返歌をしなければ、拒否の意思表示となるのか。そこで、光源氏が求愛の手紙を何度贈っても応じなかった末摘花を取り上げたい。常陸宮(ひたちのみや)の姫君が両親に死別して侘び住まいをしていると耳にした光源氏は、何度も求愛の手紙を贈るが、一向に返事がない。垣間見に行くと程よい琴の音が聞こえて興味をそそられる。光源氏の後を追ってきた頭中将も関心を抱き、二人で競うように求愛の手紙を贈った。光源氏は、返事がないのは頭中将に靡(なび)いたからかと焦りを募らせて、ついに訪問した。

(6)　　　「いくそたび君がしじまに負けぬらんものな言ひそといはぬたのみに

　　　のたまひも棄ててよかし。玉だすき苦し」とのたまふ。女君の御乳母

子、侍従とて、はやりかなる若人、いと心もとなうかたはらいたしと思ひて、さし寄りて聞こゆ。

　　鐘つきてとぢめむことはさすがにてこたへまうきぞかつはあやなき　　　　　　　　　　　　（末摘花巻・1・283）
〈「何度貴女の沈黙に負けてしまっているでしょう、何も言うなと貴女が言わないことを頼みにして。

捨てると仰ってもくださいよ。中途半端が苦しい」と仰る。女君の御乳母子の侍従といって軽薄な若い女房が、まことにじれったくて傍目にもはらはらすると思って、近くに寄ってお返事申し上げる。

　　鐘を撞いて終わりにすることはやはり難しく、かといって答える気にならないのも不思議なことです。〉

　光源氏が「何度貴女の沈黙に負けてしまっているのでしょう、何も言うなと貴女が言わないのを頼みにして」と歌いかけると、「鐘を撞いて終わりにするのは難しく、かといって答える気にならないのも不思議なことです」との返歌だった。語彙は必ずしも対応していないが、拒絶する和歌でもない。全く返歌がなかったこれまでよりは、光源氏とて多少の進展を感じたことだろう。これは女房の侍従が、「いと若びたる声の、ことに重りかならぬを、人づてにはあらぬやうに聞こえなせば」〈たいそう若々しい声で、格別に重厚な様子でもないのに、人づての伝言ではないようにあえて演じて申し上げるので〉(1・283)と、主君の姫君になりすまして返歌したものだったが、光源氏は姫君の歌と誤解して、身分の割には軽々しいと思いつつも、そのまま姫君と関係を持ってしまう。

　当時男女が関係を持った翌朝に贈られる風習であった後朝（きぬぎぬ）の文は、翌朝早々に贈るのが誠意の証であった。ここでは贈られたのは翌夕だったため、光源氏はよほど失望したのだろう。これに対して末摘花も、周囲に勧められて応じている。とはいえ、「え型のやうにもつづけたまはねば」〈型通りにもお続けになることができないので〉(1・286)と、本人はなかなか返歌が作れ

ず、侍従が作って末摘花に書かせた。古ぼけた紙に、およそ恋文らしからぬ筆跡だったから、光源氏はさすがに書き手が末摘花本人とわかったが、作者が誰かまではわからなかったかもしれない。その後、雪の日の朝に末摘花を露わに見て、その驚くべき風貌に愕然とした。この日は侍従が不在で、光源氏の和歌に末摘花は「むむ」と笑うだけで返歌もできず、この日はついに光源氏も末摘花の作歌能力のほどを確かに知ることになった。にもかかわらず、末摘花の面倒を見ようとも決意するのだが。

　末摘花は、手紙の風情を繕う常識も、当意即妙に和歌を作る能力もなかった。光源氏のたびたびの贈歌に応じなかったのは、実は応じる能力がなかったからだった。だが光源氏にしてみれば、高貴な深窓の姫君だからこそ容易には返事をくれないのだ、と格別の期待を膨らませたのである。求愛の手紙に返事をしないという末摘花の応じ方は、深窓の令嬢だから慎み深いのだという光源氏の誤読と、和歌が作れないという末摘花の側の真相と、どちらの解釈をも同時に成り立たせる。このずれがあってこそ、読者は光源氏と驚きを共に味わえる趣向なのである。

4. 和歌は男から詠みかけるものか

4.1 女から詠む歌(1)—藤壺の場合

　このように結婚に到る過程での和歌や手紙の贈答は、まずは男から贈り、女が応じるのが一般的であるから、男女間で和歌を贈答する場合は男から和歌を詠むのが通常で、女から和歌を詠みかけるのは関係への危機意識によるものだというのが、長く通説であった(鈴木一雄1968)。

　とはいえ『源氏物語』桐壺巻から幻巻までの光源氏の物語における589首の和歌のうち、二者間交わされる贈答歌は218組、その中で、恋愛や結婚またはそれに準ずる男女間の贈答歌を、今仮に155組と数えるならば、そのうち男から詠みかけた贈答歌は103組、女から詠みかけた贈答歌は52組[2]である。例外にしては多すぎる女からの贈歌が、この物語には描かれて

いるのである。

　たとえば光源氏が憧れる藤壺は、光源氏の父桐壺帝の中宮で、心ならずも光源氏との密会の果てに不義の子を産んだ。二人の間では和歌や手紙は基本的には光源氏から藤壺に贈られるのだが、次の場面では例外的に藤壺から光源氏に和歌を詠みかけている。

（7）　　ここのへに霧や へだつる雲の上の月をはるかに思ひやるかな
　　　と命婦して聞こえ伝へたまふ。ほどなければ、御けはひもほのかなれど、なつかしう聞こゆるに、つらさも忘られて、まづ涙ぞ落つる。
　　　「月かげは見し世の秋にかはらぬを へだつる霧のつらくもあるかな
　　　霞も人のとか、昔もはべりけることにや」など聞こえたまふ。
　　　　　　　　　　　　　　　　　　　　　　　（賢木巻・2・126）
　　　〈幾重にも霧が隔てているのか、雲の上の月、宮中にいる東宮をはるか遠くから思いやりますよ。
　　　と藤壺は王命婦を介して申し伝えなさる。距離も遠くないので、藤壺の御気配もほのかではあるが、慕わしい様子にうかがえるので、光源氏は日頃の恨めしさも忘れられて、まず涙がこぼれ落ちる。
　　　「月の光はかつてのあの頃の秋に変わらないのに、その光を隔てる霧が恨めしくもあることですよ。
　　　『霞も人の』とか、昔の和歌にもあったことではないですか」などと申し上げなさる。〉

　桐壺院の没後、藤壺と光源氏との対面の場面である。藤壺は「幾重にも霧が隔てているのか、雲の上の月、宮中にいる東宮をはるか遠くから思いやりますよ」と詠む。弘徽殿大后らによって二人の不義の子である東宮の立場が危うくされることを懸念したもので、光源氏と関係についての不安ではない。一方の光源氏は、日頃はつれない藤壺が進んで和歌を詠みかけたことに感動し、「月の光はかつてのあの頃の秋と変わらないのに、その光を隔てる

霧が恨めしくもあることですよ」と、霧の隔てに藤壺のつれなさを喩え、東宮を案じる藤壺の意向を理解しつつも、それを少しずらして自らを避ける藤壺の隔てを恨み、慕情を訴える。贈歌と返歌とがともに「へだつる」「霧」を詠みこんで、少しずれた光源氏と藤壺との思いを繋ぎとめる。ここでの贈答歌は、二者のそれぞれの異なる思いを同じ言葉に託すことで、いくばくかの共感を確かめるものとなっていよう。

4.2 女から詠む歌（2）—六条御息所（ろくじょうのみやすどころ）の場合

次も女から詠みかける事例だが、少し事情が異なる。光源氏の情愛の薄さを嘆く愛人の六条御息所が、訪れのない光源氏に和歌を贈る場面である。

（8）「日ごろすこしおこたるさまなりつる心地の、にはかにいといたう苦しげにはべるを、え引き避かでなむ」とあるを、例のことつけと見たまふものから、
　　「袖濡るるこひぢとかつは知りながら下(お)り立(た)つ田子(たご)のみづからぞうき山(やま)の井(い)の水もことわりに」とある。御手はなほここらの人の中にすぐれたりかしと見たまひつつ、いかにぞやもある世かな、心も容貌もとりどりに、棄つべくもなく、また思ひ定むべきもなきを苦しう思さる。御返り、いと暗うなりにたれど、「袖のみ濡るるやいかに。深からぬ御事になむ。
　　　浅みにや人は下り立つわが方は身もそぼつまで深きこひぢを
おぼろけにてや、この御返りをみづから聞こえさせぬ」などあり。
（葵巻・2・34–35）

〈「ここ数日少し落ち着いていた妻の容体が、急にまことにひどく具合悪そうですので、放っておくこともできなくて」と手紙にあるのを、六条御息所は、どの道いつもの言訳と御覧になるけれども、
　　袖が濡れると知っていながらそこに下りて立つ農夫のように、袖が涙で濡れる恋路と知りながら分け入る我が身がつらいことです。

「山の井の水」というのももっともで」とある。ご筆跡はやはり多くの女性の中にも優れているよと御覧になっては、どうしたらよいのだろう、性格も容貌もそれぞれに見棄てることもできず、またどの一人に思いを定めるにもできないのを苦しくお思いになる。お返事は、たいそう暗くなったけれども、「袖だけ濡れるとはどうしたことですか。さほど深くもないお気持ちだからでしょう。

　　　浅いから貴女は下りて立てるのです、私の方は全身もぐっしょり濡れてしまうまでの深い恋路ですのに。

いい加減な気持ちで、このお返事を自ら申し上げないわけではない」などとある。〉

　<ruby>葵<rt>あおい</rt></ruby><ruby>祭<rt>まつり</rt></ruby>の<ruby>車争い<rt>くるまあらそ</rt></ruby>ののち心身を患っている六条御息所を、光源氏は見舞った。その翌夕、妻の病気を理由に今夜は訪問できないと、伝言の使者が訪れた。御息所はいつもの言い訳と思いながらも、「袖が濡れると知っていながらそこに下りて立つ農夫のように、袖が涙で濡れる恋路と知りながら分け入る我が身がつらいことです」と歌を贈った。光源氏は見事な筆跡に感動しつつも、御息所には心満たされていない。

　この贈答歌は、御息所側が歌いかけたやりとりである。物語は時には作中で起こった事態を意図的に省略するから、あったはずの光源氏の贈歌を省略した可能性もなくはない。だが和歌を贈れば両者の感情は高揚するから、その夜訪問する気のない光源氏は、もともと和歌を贈らなかったと考えるのが妥当だろう。とはいえ光源氏から遣わされた使者は、また光源氏のもとに帰る。風流人を自認し、光源氏に心を奪われている御息所には気丈には応じられず、風流人らしく自ら和歌を詠みかけて光源氏の使者に託し、光源氏の感動を促して訪問を待つほかない。また光源氏の側も、自分が使者を遣わせば、御息所はきっと和歌を寄越すに違いないと見越して、自ら進んで和歌を贈る必要を感じなかった、とも解釈できる(高木2009)。

　光源氏は、御息所の贈歌の語彙を、「袖濡るる—袖のみ濡るる」「こひぢ」

〈泥・恋路〉「下り立つ」「みづから」〈水・自ら〉と、散文と和歌の中に語順をあまり変えずに引き受けて、礼儀正しく応じている。「袖だけ濡れるとはどうしたことですか。さほどの深くもないお気持ちだからでしょう」と切り返し、「浅いから貴女は下りて立てるのです、私の方は全身もぐっしょり濡れてしまうまでの深い恋路ですのに」と、粗略な思いで今夜訪問しないわけではない、と誠意を訴える。

　女の訴えかけに、一貫して自らの愛情の深さを訴えるのが男の恋の歌の常道である。しかしここでの光源氏が、思いの深さを主張するあまりに、御息所の思いを浅いと難じたのは行き過ぎだったろう。光源氏の返歌は、『伊勢物語』107 段の和歌の表現を踏まえるが[3]、この物語後半は、訪問できないと言ってきた男に対して女側が見事な和歌を贈ることで、男が雨を厭わず訪問する顚末となる、いわゆる歌徳説話（かとくせつわ）である。ところが光源氏は、御息所から和歌を詠まねばならない状況を作っておきながら、結局、形ばかりは丁重でも、意を翻して御息所を訪問することはない。ほどなく六条御息所が生霊（いきりょう）となって懐妊中の光源氏の正妻の葵の上に取り殺すのも、それゆえであろう。

4.3　男の働きかけに応じる女の贈歌―六条御息所・夕顔の場合

　光源氏の正妻である葵の上は出産直後に亡くなり、六条御息所は娘の斎宮（さいぐう）とともに伊勢に下ることになった。別れの挨拶に野宮を訪問した光源氏は、ここでも自ら進んでは歌を詠まない。

（9）　月ごろの積もりを、つきづきしう聞こえたまはむもまばゆきほどになりにければ、榊（さかき）をいささか折りて持たまへりけるをさし入れて、「変らぬ色をしるべにてこそ、斎垣（いがき）も越えはべりにけれ。さも心憂く」と聞こえたまへば、

　　　神垣（かみがき）はしるしの杉もなきものをいかにまがへて折れるさかきぞ

と聞こえたまへば、

　　　少女子（さをとめ）があたりと思へば榊葉（さかきば）の香（か）をなつかしみとめてこそ折れ

おほかたのけはひわづらはしけれど、御簾ばかりはひき着て、長押に
　　　おしかかりてゐたまへり。　　　　　　　（賢木巻・2・87-88）
　　　〈この数カ月の無沙汰を、それらしく言い訳申し上げなさるのも気恥ずか
　　　しいくらいになったので、榊を少し折ってお持ちになったのを御簾のう
　　　ちに差し入れて、「変わらない榊の枝の色を目印にして、神聖な斎垣も越
　　　えて来ましたのに。それにしても、つらいことで」と申し上げなさると、
　　　　　三輪のふもとの家と違って、ここには目印の杉もないのに、どの
　　　　　ように間違えて折った榊でしょうか。
　　と御息所が申し上げなさるので、
　　　　　少女子、貴女のいるあたりと思うので、榊葉の香を慕わしく思って、
　　　　　心を留めて折ったのです。
　　　周囲の様子が煩わしく思われるけれど、光源氏は御簾だけは引き着て、長
　　　押に身を寄せかけて座っていらっしゃる。〉

　光源氏は長い無沙汰の言い訳もできず、手折ってきた榊の枝を差し出して、
「変らない榊の常緑の枝の色を目印にして、神聖な垣根を越えて来ましたの
に」と訴える。すると御息所は、「わが庵は三輪の山もと恋しくはとぶらひ
来ませ杉立てる門」〈私の庵は三輪山のふもと、恋しいのならば訪ねてい
らっしゃい、杉の立っている門に〉（『古今集』雑下・982）を踏まえて、「三
輪のふもとの家と違って、ここには目印の杉もないのに、どのように間違え
て折った榊でしょうか」と問いかける。変わらぬ情愛を訴える光源氏に、口
先だけでしょう、と切り返すのである。しかし御息所は心底拒んでいるわけ
ではなく、これは光源氏の愛情を確かめるための一種の媚態であろう。光源
氏は「少女子、貴女がいるあたりと思うからこそ、榊葉の香を慕わしく思っ
て、心を留めて手折ったのです」と返歌をし、忌まわしい物の怪事件を乗り
越えて、その夜を共に過ごしたのである。
　男から贈られた花の枝をきっかけに女が和歌を詠む例としては、『和泉式
部日記』冒頭、為尊親王の没した翌年、弟の敦道親王が、兄の愛人だった和

泉式部に橘の花の枝を童に届けさせる場面がある。和泉式部は、「ことばにて聞こえさせむもかたはらいたくて」〈口頭でお返事申し上げるのもみっともなくて〉と自ら進んで和歌を贈る。ここでも、一見女の側から和歌を贈っているかのようだが、高貴な人から和歌によく詠まれる「橘」の枝を贈られて、仮にも風流人を自認する女が、和歌をもって応じないわけにはゆくまい。六条御息所に差し出された榊の枝にせよ、和泉式部に贈られた橘の枝にせよ、男の側が、女に和歌から詠むように暗黙に強要する振舞いとも言える。男が進んで求愛の和歌を詠んで、女にすげなくされるのでは自らの体面が傷つくから、まずは女の反応を見ようということでもあろう。

『源氏物語』夕顔巻冒頭、乳母の病気見舞いに訪れた光源氏が、隣家に咲く花を所望すると、和歌を添えた扇が差し出された場面にも類似の要素がある。隣家の女、夕顔から和歌を詠んだことについては、愛人の頭中将との誤認説、女の抱える遊女性、花盗人に対する挨拶歌、など諸説があった[4]が、身分が上位にある男からの働きかけに風流に応じようとすれば、女は自ら和歌を詠むほかなく、男の側も暗にそれを要求しているというのが、身分差のある男女間の関係の力学だったのではなかろうか。

4.4 手習から贈歌へ──紫の上・明石の君の場合

　光源氏の生涯の愛妻である紫の上とて、常に光源氏から和歌を贈られるわけではない。当時の男女も日常的には、男からも女からも、柔軟に和歌を詠みかけたことだろう。物語中の紫の上も、光源氏との関係が長くなるにつれて、紫の上側からの贈歌が目立つようになる(鈴木宏子2009)。

(10)　うちとけたりつる御手習を、硯の下にさし入れたまへれど、見つけたまひてひき返し見たまふ。手などの、いとわざとも上手と見えで、らうらうじくうつくしげに書きたまへり。
　　　　身にちかく秋や来ぬらん見るままに青葉の山もうつろひにけり
　　　とある所に、目とどめたまひて、

水鳥の青羽は色もかはらぬを萩のしたこそけしきことなれ
　など書き添へつつすさびたまふ。　　　　　（若菜上巻・4・89–90）
〈くつろいでいた御手習を、紫の上は硯の下に差し入れてお隠しになったが、光源氏はお見つけになって繰り返し御覧になる。筆跡などが、まことに格別に上手とも見えないで、心配りがあって可愛らしい様子にお書きになっている。
　　　我が身に近く、秋が来るのとともに貴方の心に飽きが来ているのだろうか、見ているうちに青葉の山の色も、貴方の心も変わってきてしまった。
とある所に、光源氏は眼をお留めになって、
　　　水鳥の青い羽根の色、私の心も変わらないのに、萩の下葉、貴女の様子がおかしいですよ。
などとお書き添えになっては興じていらっしゃる。〉

　新たな妻女三宮の降嫁後、紫の上は孤独に苦しむ。紫の上が隠す手習を光源氏が奪って見ると、「我が身に近く、秋が来るのとともに貴方の心に飽きが来ているのだろうか、見ているうちに青葉の山の色も、貴方の心も変わってしまった」とある。光源氏は、「水鳥の青い羽根の色、私の心も変わらないのに、萩の下葉、貴女の様子がおかしいですよ」と自らの誠意を誓う。女の恨み言に男がひたすら誠意を訴える典型的なやりとりである。
　手習とは、狭義には習字の運筆の意だが、古い和歌を書き写すだけでなくそこに新たな習作を書き添えて新たな創作を生む契機ともなった。手持無沙汰な時間の癒しでもあり、時には意図せずに、時には意識的に人目に触れることで手紙の役割を果たすこともあった（山田 1986、吉野 1987、高木 2002: 90–95）。紫の上が光源氏に自らの思いを訴えかける和歌を詠む場面では、手習や独り言が装われることが多い（澪標巻・2・293、若菜上巻・4・89–90）。女から和歌を詠みかけて訴えることに一定の恥じらいがあるため、とも言えようか。

次は、明石の君の場合である。

(11) 手習どもの乱れうちとけたるも、筋変り、ゆゑある書きざまなり。ことごとしう草がちなどにもざえかかず、めやすく書きすましたり。小松の御返りをめづらしと見けるままに、あはれなる古言ども書きまぜて、
　「めづらしや花のねぐらに木づたひて谷のふる巣をとへる鶯
　声待ち出でたる」などもあり。　　　　　（初音巻・3・149–150）
〈手習いなどのくつろいで乱れて書かれたものも、筆跡の風情も尋常ではなく由緒ある風情である。仰々しく草仮名がちにも才気走っては書かず、感じよくさっぱりと書いている。小松のお返事を珍しいと見たままに、風流な古歌などを交えて書いて、
　「珍しい事よ、花のねぐらに木伝って谷の古巣を訪れてくれた鶯よ。声を待っていましたよ」などともある。〉

　新年の挨拶に訪れた光源氏は、明石の君の手習の歌を見つける。「珍しい事に元の古巣を訪ねてくれた鶯よ」と歌っているのは、今は紫の上の養女となり、容易には対面できない娘からの歌に接した感動だった。だが手に取った光源氏には、実の娘と引き離した自分、あるいは、なかなか訪れのない自分自身への皮肉に見えたかもしれない。それは、あえて光源氏の目に触れるべく置かれたものかもしれなかった。心動かされた光源氏は、この夜は明石の君のもとに泊まった。
　光源氏に直接恨み言を訴えず、手習の歌を通して自らの内面の苦悩や欲望を訴えるのは、女が自ら進んで露骨な感情を吐露することに、ある種の抵抗感があったからだろう。それは、慎みがない、はしたない、といった体ではなかろうか。明石の君が手習の歌を通して自らの感情を訴えるところには、その出自を超えた一種の高貴さの演出も見て取れる。
　男女間で和歌を詠み交わす場合、結婚当初を除けば女からの贈歌も多く、

その中には男からの贈り物や使者等の働きかけに応じる形で女から和歌を詠みかけたり、独り言を装って女の心情を吐露する事例は少なくない。しかし一種の装いが必要なのは、裏を返せば、何のきっかけもなく女から歌を贈ることに心理的抵抗感があったからとも言える。それは男女の関係への危機感による場合もあるが、格下の者や軽薄な者の振舞いといった意識もあったのではないか。たとえば女房でありながら主君の寵愛を受ける「召人」、鬚黒大将と木工君(真木柱巻・3・368–369)や、光源氏と中将の君(幻巻・4・538–539, 544)などが、女の側から和歌が詠みかけることも参考になろう。

4.5 女の積極性と身の程意識―花散里・源典侍・朧月夜の場合

こうした中で、光源氏の妻妾の一人である花散里は、光源氏に一貫して自ら歌いかける。花散里は、光源氏の父桐壺帝の麗景殿女御の妹だが、かくたる庇護者もおらず、容貌も優れない女である。

(12) 水鶏のいと近う鳴きたるを、
　　　　水鶏だにおどろかさずはいかにして荒れたる宿に月を入れまし
といとなつかしう言ひ消ちたまへるぞ、とりどりに捨てがたき世かな、かかるこそなかなか身も苦しけれ、と思す。
　　　　「おしなべてたたく水鶏におどろかばうはの空なる月もこそ入れうしろめたう」とは、なほ言に聞こえたまへど、あだあだしき筋など疑わしき御心ばへにはあらず。　　　　　　　　　　(澪標巻・2・298)
〈水鶏がたいそう近くで鳴いているのを、
　　　　水鶏だけでも戸を叩いて貴方を気づかせないのならば、いったいどうして荒れた宿に月を招き入れようか、貴方を迎えられましょうか。
とまことに慕わしく言葉を濁すように仰るのが、それぞれに捨て難い関係だな、こうしたことでかえって我が身も苦しいのに、とお思いになる。
　　　　「通りいっぺんに戸を叩く水鶏にはっとして戸を開けるのなら、上の空である月、浮気な男が入るといけないね。

気がかりなことで」とはやはり言葉では申し上げなさるけれど、好色がましい方面などを疑われる御性格ではない。〉

「水鶏だけでも戸を叩いて知らせないのならば、どうしてこの荒れた宿に貴方を迎えられましょうか」と詠みかける花散里に対し、光源氏は「どの家の戸をも叩く水鳥の音にはっとして戸を開けるのなら、上の空の浮気な男が入るといけないね」と答える。本気で花散里の浮気を疑うわけではない、と地の文で説明される通り、気がかりだというのは光源氏の花散里への世辞、お互い本心ではないと承知の上で親愛の情を確かめた贈答歌と言えようか。

　花散里の場合、六条御息所のように、光源氏に使者を遣わされたり、花の枝を差し出されたりして和歌を詠まされることもない。訪問してきた光源氏を送り出す折に自ら進んで和歌を歌いかけるのは、男女としての対等な関係を諦め、女房に準じる格下の者としての謙虚な振舞いと見るのがよいのではなかろうか。花散里は、光源氏との実質的な夫婦関係も物語半ばには終わり、光源氏の息子の夕霧や養女の玉鬘の母親代わりを務めて、かろうじて体面を保つことになる。光源氏にとっては、気位の高い六条御息所のように手間をかけて和歌を引き出す必要すらない、気安い女なのだろう。

　そのほか積極的に和歌を贈る女には、60歳に近い老女で派手な化粧をした源典侍もいる（紅葉賀巻・1・338, 340, 344、葵巻・2・29–30）（高野2009）。『伊勢物語』63段、九十九髪の女の物語では、普通は男が相手の邸でする垣間見を、老女がしている。恋愛適齢期を超えた女は、通常の作法からも逸脱して当然ということか。大臣の落胤で田舎育ちの近江の君も自ら進んで夕霧に和歌を詠みかけるが（真木柱巻・3・399）、これも女を戯画的に仕立てる方法であろう。

　朧月夜の場合、女が古歌の一節を口ずさむのをきっかけに、光源氏が和歌を歌いかけて口説く形で出会っている。南殿の桜の宴の夜、光源氏が藤壺のもとに忍び込む隙をうかがっていたところ、警備の堅固な藤壺とは対照的に、弘徽殿女御のあたりには人の気配があり、「朧月夜に似るものぞなき」

〈朧月夜に似るものはない〉(花宴巻・1・356)と口ずさむ女がやってくる。光源氏は女の袖を捉えて和歌を詠みかけ、そのまま関係を結んでしまう。この場合、和歌は光源氏からの贈歌だが、きっかけは女の古歌の一節の朗詠[5]にある。女の側の隙を突いて、男が言い寄ったと言えるだろう。のちに尚侍として朱雀帝に仕え、その寵愛を受けながらも光源氏との関係を続ける女にふさわしい出会いの形と言えよう(高木 2008: 17–19)。朧月夜と光源氏の贈答歌では、その後も朧月夜の側から詠みかけた贈答歌が目立つ(賢木巻・2・106, 127)。尚侍として朱雀帝の寵愛を受けながらも、光源氏と情を通じる中での朧月夜の切迫した心理故でもあろうが、軽々しい印象も否めない。とはいえ、その朧月夜も晩年の朱雀院出家後には、むしろ光源氏の贈歌を受ける立場に変わる(若菜上巻・4・81, 84, 若菜下巻・262–263)。作中人物の関係の力学に応じて和歌を詠みかける側が変転する。換言すれば、どちらから和歌を詠む形で描かれるかを通して、その時点での人物間の関係が微細に描き分けられているのである。

5. おわりに

『源氏物語』において、男が女を口説く場合の手紙や和歌の表現、あるいは、男が女に和歌を詠ませるように仕向ける行為などを見てきた。贈答歌は、贈られた和歌の表現を丁寧に引き受けるのが礼儀正しく、男はひたすら誠意を訴え、女は男の愛情への懐疑を訴えるのが一定の型である。求愛を受けた女の躊躇いや拒否が儀礼的な手続きとしてのポーズなのか、心底嫌がっているためなのか、判別は難しい。型にのっとりつつも、真に関係の進展を望んでいる場合と、いわば口先だけの世辞の場合とが混在するからである。

口説き、口説かれる場においては、とりわけ口説く側の当事者に期待や欲望が強いために、誤読が生じやすい。とはいえ、明瞭な符牒によって拒否が拒否として明らかならば、それは礼儀正しい断り方とはもはやいえないだろう。表層の言葉の字義通りの意味合いがどこまで有効かが明瞭でなく、和歌

の詠み手と受け手との、それぞれの思い入れを含んだ解釈、多少のズレのある解釈を可能にするところに、微妙に重なり、微妙にずれる男と女の心の機微を包摂する贈答歌が成り立っているのである。

　そうした中で、和歌を詠みかける、申し出る側が男女のいずれであるかによって、暗黙に両者の関係の力学が物語られる場合も多い。結婚に到る求愛の過程においては男から女に和歌を贈るのが基本であるが、その後の関係においては女から和歌を詠む場合も少なくない。その中には、男の働きかけに女が応じる流れを男側が演出する場合や、女側が手習や独白を装って振舞う場合もあれば、そうした作為や配慮も全くなく女側が積極的に男に歌いかける場合もある。『源氏物語』におけるこれらの描き分けは、虚構としての物語の方法であると同時に、いくばくかは当時の人々の生活感覚の反映でもあったことだろう。

注

1　「難波津に咲くや木の花冬こもり今は春べと咲くや木の花」(『古今集』仮名序)の歌。
2　贈答歌の認定には困難が多いが、ここでは便宜的に、二者間で交わされた各1首以上の贈歌と返歌が完結して1組の贈答歌と認め、1往復半で3首となっても1組とし、贈歌のみで返歌がない場合は贈答歌とは認めない、本来独詠歌であったものでも返歌が添えられれば贈答歌として認める、という方針をとった。恋歌であるか否かの認定は、恋愛や結婚関係にある場合のほか、男が女房などに戯れて歌いかける場合、本来詠みかけたとおぼしい相手周辺の親族や女房が代作したと思われる場合なども広く認めた。
3　男の贈歌「つれづれのながめにまさる涙河袖のみひちてあふよしもなし」、女の返歌「あさみこそ袖はひつらめ涙河身さへながると聞かば頼まむ」。
4　夕顔巻の歌についての諸説は、高木(2008: 15–16)に整理した。
5　「てりもせずくもりもはてぬ春の夜のおぼろ月夜にしく物ぞなき」(『千里集』)を踏まえる。

使用テクスト

『蜻蛉日記』『竹取物語』『源氏物語』『古今和歌集』の本文は小学館新編日本古典文学全集によったが、一部表記を改めた。『古今和歌集』の数字は歌番号。

参考文献

阿部秋生(1959)『源氏物語研究序説』pp.767–865．東京大学出版会
天川恵子(1975)「代作歌の流れ」『平安文学研究』53: 47–65．平安文学研究会
伊藤慎吾(1968)『風俗上よりみたる源氏物語描写時代の研究』pp.499–503, 853–951．風間書房
久曽神昇(1974)「源氏物語の書状」紫式部学会(編)『源氏物語の和歌　研究と資料　古代文学論叢第四輯』pp.117–153．武蔵野書院
久保木哲夫(1973)「平安期における贈答歌」和歌文学会(編)『和歌文学の世界第1集』pp.35–51．笠間書院
久保木哲夫(2003)「『源氏物語』における代作歌」伊藤博・宮崎壮平(編)『王朝女流文学の新展望』pp.385–401．竹林舎
小町谷照彦(1988)「和泉式部日記の贈答歌の達成」和歌文学会(編)『論集和泉式部　和歌文学の世界第12集』pp.291–315．笠間書院
陣野英則(2006)「『源氏物語』の言葉と手紙」『文学』7(5)：58–70．岩波書店
鈴木一雄(1968)「源氏物語の和歌」『国文学』13(6)：38–42．学燈社
鈴木日出男(1991)『古代和歌史論』pp.22–63．東京大学出版会
鈴木宏子(2009)「紫の上の和歌―育まれ、そして開かれていく歌」池田節子・久富木原玲・小嶋菜温子(編)『源氏物語の歌と人物』pp.26–45．翰林書房
高木和子(2002)『源氏物語の思考』風間書房
高木和子(2008)『源氏物語の贈答歌　女から詠む歌』青簡舎
高木和子(2009)「花散里・朝顔の姫君・六条御息所の物語と和歌」池田節子・久富木原玲・小嶋菜温子(編)『源氏物語の歌と人物』pp.46–67．翰林書房
高野晴代(2009)「内侍の歌―朧月夜・源典侍・玉鬘」池田節子・久富木原玲・小嶋菜温子(編)『源氏物語の歌と人物』pp.314–323．翰林書房
田中仁(1988)「源氏物語の手紙―数と形と」『親和女子大学研究論叢』21: 39–117
土方洋一(2008)「「古言」としての自己表現―紫の上の手習歌」小嶋菜温子・渡部泰明(編)『源氏物語と和歌』pp.150–174．青簡舎
藤岡忠美(2003)「「後朝歌」攷」『平安朝和歌　読解と試論』pp.428–462．風間書房

増田繁夫 (1986)「贈答歌のからくり」和歌文学会 (編)『論集和歌とレトリック　和歌文学の世界第 10 集』pp.211–230．笠間書院

松村雄二 (2005)「和歌代作論」『国文学研究資料館紀要　文学研究篇』31: pp.3–30

吉見健夫 (2001)「源氏物語の文の贈答歌―歌を書くことの文化と物語の方法」河添房江・神田龍身他 (編)『叢書　想像する平安文学第 8 巻　音声と書くこと』pp.143–163．勉誠出版

山田利博 (1986)「源氏物語における手習歌―その方法的深化について」『中古文学』37: 31–40．中古文学会

吉野瑞恵 (1987)「浮舟と手習―存在とことば」『むらさき』24: 20–30．紫式部学会

編者紹介

金水敏 （きんすい さとし）
大阪大学大学院文学研究科教授。（主な著書、編著書）『ヴァーチャル日本語　役割語の謎』（岩波書店、2003年）、『役割語研究の地平』（くろしお出版、2007年）、『役割語研究の展開』（くろしお出版、2011年）、『日本語存在表現の歴史』（ひつじ書房、2006年）、『シリーズ日本語史3　文法史』（共著、岩波書店、2011年）ほか。

高田博行 （たかだ ひろゆき）
学習院大学文学部ドイツ語圏文化学科教授。（主な著書、編著書）*Grammatik und Sprachwirklichkeit von 1640–1700* (Max Niemeyer、1998年)、『歴史語用論入門―過去のコミュニケーションを復元する』（共編著、大修館書店、2011年）、『言語意識と社会―ドイツの視点・日本の視点』（共編著、三元社、2011年）、『講座ドイツ言語学第2巻　ドイツ語の歴史論』（共編著、ひつじ書房、2013年）、『ヒトラー演説』（中公新書、2014年）ほか。

椎名美智 （しいな みち）
法政大学文学部英文学科教授。（主な編著書、論文）『歴史語用論入門―過去のコミュニケーションを復元する』（共編著、大修館書店、2011年）、"How Playwrights Construct their Dramatic World: A Corpus-Based Study of Vocatives in Early Modern English Comedies", *The Writer's Craft, the Culture's Technology* (Rodopi、2005年)ほか。

執筆者紹介（論文掲載順）

小野寺典子 （おのでら のりこ）
青山学院大学文学部英米文学科教授。（主な著書、編著書）*Japanese Discourse Markers: Synchronic and Diachronic Discourse Analysis* (John Benjamins、2004年)、*Journal of Historical Pragmatics* 8.2 [Special issue on Historical Changes in Japanese: Subjectivity and Intersubjectivity]（共編著、2007年）、『歴史語用論入門―過去のコミュニケーションを復元する』（共編著、大修館書店、2011年）ほか。

福元広二 （ふくもと ひろじ）
広島修道大学商学部教授。（主な著書）「初期近代英語における Comment clause」『Comment Clause の史的研究―その機能と発達』（英潮社フェニックス、2010年）、『歴史語用論入門―過去のコミュニケーションを復元する』（共著、大修館書店、2011年）ほか。

森山由紀子　(もりやま　ゆきこ)
同志社女子大学表象文化学部日本語日本文学科教授。(主な論文)「『古今和歌集』詞書の「ハベリ」の解釈―被支配待遇と丁寧語の境界をめぐって」『日本語の研究』6巻2号(2010年)ほか。

諸星美智直　(もろほし　みちなお)
国学院大学文学部日本文学科教授。(主な著書・論文)『近世武家言葉の研究』(清文堂出版、2004年)、「ビジネス文書における「あしからず」の機能―ビジネス文書文例集を資料として」『国学院大学日本語教育研究』3号(2012年)ほか。

片見彰夫　(かたみ　あきお)
青山学院大学理工学部准教授。(主な著書・論文) "Metadiscursive Practices for Guiding the Addressee from Middle to Modern English," *Studies in Modern English: The Thirtieth Anniversary Publication of the Modern English Association* (英潮社、2014年)、「ME神秘主義散文における Word Pairs―*A Revelation of Love* を中心に」『英語研究の次世代に向けて―秋元実治教授定年退職記念論文集』(ひつじ書房、2010年)ほか。

中安美奈子　(なかやす　みなこ)
浜松医科大学医学部医学科総合人間科学講座教授。(主な著書) *Meaning and Context: Studies in English and Japanese Linguistics* (Kaibunsha、2002年)、*The Pragmatics of Modals in Shakespeare* (Peter Lang、2009年)ほか。

芹澤円　(せりざわ　まどか)
学習院大学大学院人文科学研究科ドイツ語ドイツ文学専攻博士後期課程在学中。2013–2014年、ザルツブルク大学留学。(主な論文)「宗教改革期の印刷ビラにみる説得的効果―民衆の心をつかむレトリック」『学習院大学ドイツ文学会研究論集』15号(2011年)、「ドイツにおけるモード誌の文体的特徴をめぐって―1786年と1814年の服装記事を例として」『学習院大学ドイツ文学会研究論集』17号(2013年)ほか。

森勇太　(もり　ゆうた)
関西大学文学部総合人文学科准教授。(主な論文)「近世上方における連用形命令の成立―敬語から第三の命令形へ」『日本語の研究』9巻3号(2013年)、「発話行為からみた日本語文法史」『日本語学』32巻12号(2013年)ほか。

髙木和子　(たかぎ　かずこ)
東京大学大学院人文社会系研究科准教授。(主な著書)『源氏物語の思考』(風間書房、2002年)、『女から詠む歌―源氏物語の贈答歌』(青簡舎、2008年)、『男読み源氏物語』(朝日新書、2008年)、『コレクション日本歌人選　和泉式部』(笠間書院、2011年)、『平安文学でわかる恋の法則』(ちくまプリマー新書、2011年)ほか。

歴史語用論の世界　文法化・待遇表現・発話行為

Horizons of historical pragmatics: Grammaticalization, politeness and speech act
Edited by Satoshi Kinsui, Hiroyuki Takada and Michi Shiina

発行	2014年6月6日　初版1刷
定価	3600円＋税
編者	ⓒ金水敏・高田博行・椎名美智
発行者	松本功
装丁者	山本翠
印刷・製本所	三美印刷株式会社
発行所	株式会社 ひつじ書房
	〒112-0011 東京都文京区千石2-1-2 大和ビル2階
	Tel. 03-5319-4916　Fax. 03-5319-4917
	郵便振替 00120-8-142852
	toiawase@hituzi.co.jp　http://www.hituzi.co.jp/

ISBN 978-4-89476-690-7

造本には充分注意しておりますが、落丁・乱丁などがございましたら、小社かお買上げ書店にておとりかえいたします。ご意見、ご感想など、小社までお寄せ下されば幸いです。